ACCESO GRATIS *a la Lectura en la Nube*

Para visualizar el libro electrónico en la nube de lectura envíe junto a su nombre y apellidos una fotografía del código de barras situado en la contraportada del libro y otra del ticket de compra a la dirección:

ebooktirant@tirant.com

En un máximo de 72 horas laborables le enviaremos el código de acceso con sus instrucciones.

La visualización del libro en **NUBE DE LECTURA** excluye los usos bibliotecarios y públicos que puedan poner el archivo electrónico a disposición de una comunidad de lectores. Se permite tan solo un uso individual y privado.

DEMOCRACIA CONSTITUCIONAL Y AUTONOMÍA LOCAL EN ESPAÑA

DEMOCRACIA CONSTITUCIONAL Y AUTONOMÍA LOCAL EN ESPAÑA

Ana Torrecillas Martínez

Prólogo:

Roberto Viciano Pastor
Gabriel Moreno González

tirant lo blanch
Valencia, 2025

En caso de erratas y actualizaciones, la Editorial Tirant lo Blanch publicará la pertinente corrección en la página web www.tirant.com.

© TIRANT LO BLANCH
EDITA: TIRANT LO BLANCH
C/ Artes Gráficas, 14 - 46010 - Valencia
TELFS.: 96/361 00 48 - 50
FAX: 96/369 41 51
Email: tlb@tirant.com
www.tirant.com
Librería virtual: www.tirant.es
DEPÓSITO LEGAL: V- 4564-2024
ISBN: 978-84-1071-984-2
MAQUETA: Dissset Ediciones

Si tiene alguna queja o sugerencia, envíenos un mail a: *atencioncliente@tirant.com.* En caso de no ser atendida su sugerencia, por favor, lea en *www.tirant.net/index.php/empresa/politicas-de-empresa* nuestro procedimiento de quejas.

Responsabilidad Social Corporativa: http://www.tirant.net/Docs/RSCTirant.pdf

ÍNDICE

SEGUNDA PARTE: LA AUTONOMÍA LOCAL COMO FUNDAMENTO CONSTITUCIONAL DEL MUNICIPALISMO Y LA DEMOCRACIA LOCAL

Agradecimientos

La investigación que se aborda en esta obra nace del amor hacia mis tierras: Villamalea, Extremadura y Valencia. Vivir, y querer, en y a todas ellas, ensanchó mi concepto de patria. Dedico, en especial, este agradecimiento a todas las personas que, paulatinamente, dieron un sentido a este estudio y me hicieron comprender la riqueza inmaterial de este país. Estas personas impulsaron mis ansias y mi convicción por hacer del mismo un lugar más amable.

Gracias, en primer término, a la tierra de las "cepas arrugadas en el tostado suelo y mustios pastos como raído terciopelo", a la del "seco llano de sol y lejanía, en donde el ojo alcanza su pleno mediodía". A mi Manchuela, a Villamalea, donde me enseñaron que la comunidad va mucho más allá de compartir un mismo gentilicio. Que a decir de Machado a quien la pisa le sucede lo mismo que al pobre hidalgo, que anduvo ciego de amor un día, "amor núblole el juicio: su corazón veía". Por cuidar de mi familia y de mis amigas y amigos, quienes forjaron mi visión sobre la vida y todo lo que se imbrica sobre ella. Y también por cuidar de mí, tanto y tan bien. Gracias, en especial, a mis padres, María Mercedes y Juan Carlos, y a mi hermana Carmen y a Sergio Pérez Montes, por haberme querido incondicionalmente y haber confiado en mí cuando ni yo misma fui capaz de hacerlo.

A Extremadura y a mis seres queridos en esta tierra, a los de dentro y a los de la diáspora, jamás podré agradecerles suficientemente todo lo que me han dado. A Sergio y a su familia, que también es la mía, por demostrarme que "todo lo hace el amor y los amores del pueblo en su batalla y su proceso" como un día mantuvo Neruda. A los que han tenido que emigrar de esta tierra durante el proceso de gestación de esta obra, y a los pocos que todavía la siguen habitando, gracias por su apoyo, sus cuidados y su cariño. A la Universidad de Extremadura, y a mis compañeros y compañeras, y también a mi alumnado, por su hospitalidad y compromiso por mejorar nuestra ciencia. La pequeña escala, también en el plano institucional, me ha permitido sentir la Facultad de Derecho de la Universidad de Extremadura como si fuera mi casa. Particularmente debo este agradecimiento a mi compañera Silvia Soriano Moreno por enriquecer esta investigación con su experiencia y sus consejos; a mi compañero, y amigo, Juan Francisco Barroso Márquez, por su apoyo constante y mantenido. Y, por supuesto, a mi compañero y director Gabriel Moreno González, por guiarme vital y académicamente durante estos años y por ser el responsable de mi afección por este proyecto de vida en común que tenemos todas y todos los españoles.

En Valencia recorrí mis primeros pasos en esta disciplina, y crecí profesional y personalmente gracias, también, a las personas que me acompañaron, cuya extraordinaria calidad humana merece un singular reconocimiento, como es el caso de mi querida amiga María Luisa Madrid Ruiz, y de sus padres, Conchi Ruiz Rambla y Juan Madrid Arroyo. En la Universidad de Valencia no solo tuve el placer de formarme, sino de conocer a los que hoy son más amigos que compañeros, como Mar Sánchez Montell y Pedro García Guijarro. Y gracias, sobre todo, a mi maestro y director Roberto Viciano. Pocas son las personas que, como él, podrían formar el equilibrio perfecto entre la enseñanza y la fraternidad. Su incesante invitación a combinar la reflexión teórico-crítica con el conocimiento de la realidad sobre la que opera la norma me ha permitido observar la cara más humana del derecho, y me ha alentado en la pretensión de querer mejorarlo a través del constitucionalismo crítico.

Prólogo

De entre los temas olvidados o relegados en el estudio del Derecho Constitucional sobresale y destaca el ámbito local, a pesar, paradójicamente, de la virtualidad que presenta para los paradigmas de la democracia y el constitucionalismo. Es en lo local donde la ciudadanía se forma y da forma a la democracia en sus primeros estadios, donde ve con sus ojos cómo la participación y el compromiso cívico sí pueden cambiar para bien la realidad que le rodea. Y sin embargo, los constitucionalistas españoles parecemos no percatarnos de que el espacio por donde comienza el Estado, la comunidad política y nuestra forma de vida democrática merece una atención igual o superior a la que ya le damos, no sin cierto ensimismamiento a veces, a la articulación de la España de las autonomías o al problema competencial, por mencionar solo dos objetos preferenciales de nuestras reflexiones.

El libro que ahora prologamos, "Democracia constitucional y autonomía local en España", viene a colmar ese vacío doctrinal en tanto perfila teóricamente el origen, el desarrollo, la definición, los límites y las potencialidades de nuestros entes locales, especialmente de los municipios, llamados a una segunda descentralización siempre inacabada y nunca abordada. El recorrido que hace la joven profesora Ana Torrecillas, a quien hemos tenido el placer de dirigir su tesis doctoral en la materia, es lo suficientemente amplio, detallado y riguroso como para suponer un punto y aparte en el tratamiento jurídico-constitucional que ha venido recibiendo lo local en la academia española. Una obra que se enmarca además en el constitucionalismo crítico, con la pretensión sincera y manifiesta de descubrir las tensiones reales y las problemáticas auténticas que esconden las formas jurídicas y la mera fachada del Derecho. Por eso el libro es doblemente interesante, puesto que al tiempo que aborda con sobrados conocimientos el vacío doctrinal aludido, realiza un diagnóstico de las carencias, errores y obstáculos que presenta la autonomía local en España. Y presidido ello siempre por una visión realista, apegada al terreno (al territorio), de las problemáticas que poco a poco va desgranando, poniendo la teoría al servicio no de la práctica, sino de la transformación y mejora de nuestras instituciones y de nuestra democracia constitucional. Una perspectiva esta que quizá procede en la autora de su preocupación y compromiso por su entorno, por el mundo rural de sus dos grandes regiones, Castilla-La Mancha y Extremadura. Al ser además investigadora durante casi tres años en el proyecto "La necesaria reforma de las administraciones y las políticas públicas ante el reto demográfico", de la Universidad de Extremadura, ha podido enriquecerse con el conocimiento directo de los retos y desafíos que hoy acechan a los gobiernos locales, especialmente a los de los pequeños municipios rurales de España (la inmensa mayoría), y al hacerlo ha aquilatado a su vez la adquisición de conocimientos que a lo largo de estos últimos años de formación doctoral ha realizado con tesón y constancia. Más meritorio si cabe cuando a dicha tarea investigadora ha debido sumar las propias de la labor docente, en un contexto laboral no siempre favorable a la estabilidad y a las certezas que demanda el sereno trabajo del investigador social. Algo que no es achacable a la autora, por supuesto, sino al diseño de la carrera académica en el sistema universitario español, tan necesitada de reforma como carente de racionalidad y sentido. Por eso en muchas ocasiones la deuda real no es la del autor con la Universidad, sino la de la Universidad con el autor, dada la carrera de obstáculos y dificultades que se erige ante el joven investigador que inicia su formación con el doctorado. Si, con todo, se ha conseguido realizar un libro serio, riguroso, amplio y (estamos seguros de ello) destacado en el ámbito de estudio en el que se inserta, el logro no puede por menos que reconocerse con sinceridad. No es extraño que la tesis, defendida en la Universitat de València, recibiera los más calurosos parabienes y felicitaciones por parte del tribunal que la examinó, presidido por el profesor Caamaño.

Esperamos que el elogio de estas palabras encuentre la debida justificación por parte del lector cuando avance por las páginas que siguen y que las mismas le sean tan gratas como a quienes hemos podido seguir, de cerca, la trayectoria académica y personal de la profesora Torrecillas. Para mejorar la democracia española y seguir profundizando en las potencialidades que guarda necesitamos, ineluctablemente, garantizar eficazmente la autonomía local en tanto instrumento esencial para un paradigma participativo, cívico y de compromiso ciudadano que aún está lejos de alcanzarse. Partir de un marco teórico claro, pensado desde la preocupación por la realidad y su complejidad material, es imprescindible para cualquier proyecto transformador que se pretenda. La obra que ahora tiene entre manos el lector justifica por sí mismo el esfuerzo de la autora que subyace a estas recomendables páginas.

ROBERTO VICIANO PASTOR
Catedrático de Derecho Constitucional
Universitat de València
GABRIEL MORENO GONZÁLEZ
Profesor de Derecho Constitucional
Universidad de Extremadura

Compilación de abreviaturas

BOE	Boletín Oficial del Estado
CCAA	Comunidades Autónomas
CE	Constitución Española
CEAL	Carta Europea de la Autonomía Local
CEDH	Convenio Europeo de Derechos Humanos
EEAA	Estatutos de Autonomía
EELL	Entidades locales
FJ	Fundamento Jurídico
ITE	Ingresos Tributarios del Estado
LOEPSF	Ley Orgánica 2/2012, de 27 de abril, de Estabilidad Presupuestaria y Sostenibilidad Financiera
LOFCA	Ley Orgánica 8/1980, de 22 de septiembre, de Financiación de las Comunidades Autónomas
LOTC	Ley Orgánica 2/1979, de 3 de octubre, del Tribunal Constitucional
LRBRL	Ley 7/1985, de 2 de abril, Reguladora de las Bases del Régimen local
LRHHLL	Real Decreto Legislativo 2/2004, de 5 de marzo, por el que se aprueba el texto refundido de la Ley Reguladora de las Haciendas Locales
LRSAL	Ley 27/2013, de 27 de diciembre, de racionalización y sostenibilidad de la Administración Local
POM	Plan de Ordenación Municipal
SSTC	Sentencias del Tribunal Constitucional
STC	Sentencia del Tribunal Constitucional
TC	Tribunal Constitucional

Introducción

La obra que el lector tiene entre sus manos nace con la pretensión de estudiar los fundamentos jurídico-constitucionales y políticos del municipio en la teoría política y de la democracia, así como en el constitucionalismo histórico patrio. A tal fin, la primera parte de esta obra analiza el vínculo inmanente entre democracia, municipalismo y autonomía local para avanzar, a continuación, hacia una segunda parte centrada en el estudio del municipio en el marco del constitucionalismo español.

El municipio como escala para la práctica del buen gobierno y como entidad territorial gestora de poder político ha ocupado un lugar sustancial en las principales corrientes políticas en las que se fundamentan nuestros actuales modelos políticos y constitucionales. La ciudad Estado griega en la que Aristóteles centró *La Política*, el municipio del Imperio Romano en virtud del cual Marco Tulio Cicerón enarboló sus aportaciones republicanas sobre el bien común, o el cantonalismo suizo que inspiró a Rousseau para la formulación de su teoría sobre la voluntad general, tuvieron una fuerte impronta municipalista. Los más clásicos planteamientos de las corrientes políticas más paradigmáticas para nuestros órdenes políticos actuales, tanto en sus formulaciones remotas como en las contemporáneas, encontraron en el municipio el nivel propicio para la práctica del buen gobierno, dadas las grandes potencialidades que se despliegan en esta escala para la práctica del principio democrático. Es en el municipio, el de antaño y el actual, donde convergen la comunidad política más básica y las instituciones de toma de decisiones más cercanas a la ciudadanía, aspecto que coloca a este nivel de gobierno en una posición ventajosa de cara a la consolidación de una democracia avanzada en lo local, en lo estatal y en lo global.

Creemos que es conveniente poner de manifiesto la escasez de estudios realizados sobre la problemática de la escala y el gobierno local, desde el Derecho Constitucional, con el ánimo de justificar la dificultad intrínseca de esta investigación y con la intención de destacar la ínfima relevancia que ha caracterizado el tratamiento de lo local en nuestra disciplina, como tuvo ocasión de advertir, críticamente, el profesor García Morillo en 1998[1], y las consecuencias inherentes a este hecho. Es, por este motivo, por el cual hemos recurrido a estudios sociológicos, filosóficos y políticos, con el fin de completar nuestras hipótesis, y esquivar los relatos parciales sobre lo local y lo democrático. Es igualmente relevante destacar que a esa escasez de estudios se suma la casi ausencia de toma en consideración de lo rural y, por tanto, del pequeño municipio dentro de los mismos. La mayoría de las investigaciones realizadas sobre el análisis de la escala y la democracia en sede municipal centran sus aportaciones e indagaciones en los entornos urbanos, especialmente en las ciudades de medio y gran tamaño, aspecto que dificulta más la tarea de teorizar acerca de la pequeña escala, comprendida en toda su complejidad; en la cual, por supuesto, ha de integrarse la ruralidad. Máxime teniendo en cuenta que en España el 80% del territorio nacional pertenece al medio rural, es decir, al "espacio geográfico formado por la agregación de municipios o entidades locales menores definido por las administraciones competentes que posean una población inferior a 30.000 habitantes y una densidad inferior a los 100 habitantes por km2"; y se organiza en pequeños municipios rurales, esto es, aquellos que además de integrarse en el medio rural cuentan con "una población residente inferior a los 5.000 habitantes" [2].

---

1 Joaquín García Morillo, *La configuración constitucional de la autonomía local* (Madrid: Marcial Pons, 1998): pp. 10-13.

2 Ambas definiciones se encuentran dispuestas en el artículo 3 de la *Ley 45/2007, de 13 de diciembre, para el desarrollo sostenible del medio rural.* Los porcentajes de ruralidad existentes en España pueden consultarse en el Informe del Ministerio de Agricultura, Pesca y Alimentación, "Diagnóstico de la igualdad de Género en el Medio Rural 2021". El informe se encuentra disponible para su consulta online en el siguiente enlace: https://

Este es el motivo por el cual hemos decidido dedicar la primera parte de esta obra al estudio del municipalismo y su encuadre dentro de la teoría política y de la democracia. Para ello, nos serviremos de un primer capítulo que vendrá dedicado a analizar el papel del municipio, o ente territorial análogo en cada periodo histórico en el que se enmarcan las diferentes corrientes políticas escogidas, para la práctica de la gobernanza sobre la que teorizaron nuestros antiguos y sobre la cual se centran nuestros modernos. De entre todas las corrientes políticas hemos seleccionado el comunitarismo, el republicanismo, el liberalismo municipalista de Alexis de Tocqueville y de Elena Rosenblatt, el socialismo y, por último, el federalismo. Con la pretensión de extraer las notas más interesantes de las corrientes clásicas, y de adaptarlas al contexto de nuestras sociedades actuales, también se analizan las aportaciones del neocomunitarismo, del neorepublicanismo y de las revisiones de estas antiguas corrientes de acuerdo con perspectivas interseccionales, multiculturales y feministas, con la pretensión de ahondar en el concepto de comunidad y de las personas que la integran, a las cuales, han de dirigirse los beneficios de cualquier Estado democrático. Las corrientes políticas escogidas disponen de perspectivas especialmente relevantes en lo que respecta a la caracterización política del municipio, de ahí deriva nuestra elección, pues esta tarea nos ofrece la base necesaria para avanzar hacia el siguiente capítulo.

Sentadas las bases del municipalismo en la teoría política, dedicamos el segundo capítulo al estudio de la escala local y sus potencialidades democráticas. Todas las corrientes políticas estudiadas convienen en que el municipio dispone de grandes aptitudes y fortalezas para la consolidación del principio democrático no ya solo en el ámbito local sino en el conjunto del Estado, como

---

www.mapa.gob.es/es/desarrollo-rural/temas/igualdad_genero_y_des_sostenible/diagnostico_igualdad_medioirural_2021_tcm30-615197.pdf [Fecha de última consulta: 30/11/2023].

estructura de gobierno más amplia y compleja, en la cual éste se engloba y aspira a contribuir a una democracia más sólida e integral. Nuestro objetivo, sentada tal premisa, es el de pergeñar cuáles son tales potencialidades, tratando de huir tanto de una perspectiva bucólica que romantiza exacerbadamente lo local, como de una postura que demoniza a esta escala por relacionarla, exclusivamente, con dinámicas caciquiles.

Cerramos esta primera parte de la obra con el tercer capítulo, dedicado a explicar la necesaria interrelación de la democracia local y del municipalismo con el principio de autonomía local, por ser este último la expresión constitucional más cercana a los dos principios anteriores. Ni la democracia local, ni el municipalismo, han encontrado su expresión en los textos constitucionales españoles sino por medio de la autonomía del municipio, es decir, de su autogobierno y autoadministración. Así, nuestra pretensión con este tercer capítulo es aquilatar una interpretación conjunta sobre lo local y lo democrático, antes de profundizar en el tratamiento constitucional del principio de autonomía local en la segunda parte, como vía necesaria para la consecución de una democracia municipalista como la que propugna la teoría política y también el texto constitucional vigente.

La autonomía local, como expresión constitucional de la democracia local, no fue un invento español. Su autoría tampoco corresponde a una persona, escuela o hecho histórico en concreto, pues la aparición y paulatina delimitación de la institución de la autonomía local ha tenido diversos orígenes y divergentes formulaciones en el viejo continente y fuera del mismo. Sin perjuicio de lo anterior, el hito fundamental que marcó el entendimiento de la autonomía local en toda Europa fue la Revolución Francesa, episodio tras el cual el principio de autonomía local, mediante su primigenio *pouvoir municipal* proveniente de la escuela fisiocrática de Turgot, iría progresivamente adquiriendo peso en todo el continente, y posteriormente consolidándose tras su amplia difusión mediante el código napoleónico. La investigación acerca de las primeras y más influyentes teorías europeas sobre la autonomía local es la que abre el primer capítulo de esta segunda parte de la obra. En este primer capítulo de la segunda parte exponemos los postulados de la teoría francesa del *pouvoir municipal*, la asociación comunal (*Genossenschaft*) y el autogobierno local *(Selbstverwaltung)* alemanes, y el *selfgovernment* inglés. Por último, haremos referencia a otras formulaciones producidas en Italia y en Estados Unidos que, pese a su menor repercusión, también plantean algunas notas sugestivas de cara al entendimiento del origen de las teorizaciones sobre la autonomía del municipio, como son la *autonomie locali* italiana y la *home rule* estadounidense.

Tras el estudio de las formulaciones europeas, y vista la hegemonía de la teoría francesa del *pouvoir municipal*, avanzamos hacia el estudio del principio de autonomía local en el constitucionalismo español, desde su génesis hasta la actualidad. Haremos hincapié en el constitucionalismo gaditano, no solo por ser el primero, y el que marcaría, por ende, el rumbo de los subsiguientes periodos constitucionales de nuestra historia, sino por ser, además, el receptor de la mentada teoría francesa en lo que respecta a la ordenación del régimen local en España por medio del texto constitucional de 1812. Nos detendremos, asimismo, en el reto prioritario de nuestros constituyentes decimonónicos sobre el régimen local: la extensión del municipio constitucional y la homogeneización de aquella planta local que, tras la vigencia del texto constitucional gaditano, se transformaría para dar cabida al Estado constitucional en todo el territorio nacional. Con tal pretensión, en el periodo decimonónico se convirtió a cada núcleo de población existente hasta la fecha en municipio, cuando la planta local española quedó organizada en 11.500 municipios, cifra que, lejos de ser inocua, provocaría a causa de la recepción integral de la fórmula francesa posteriores y evidentes problemas como consecuencia de su ultrafragmentación.

En el segundo capítulo de la segunda parte de la obra, hemos querido dividir la exposición del principio de autonomía municipal en el constitucionalismo español en cuatro grandes grupos, atendiendo al distinto estadio en el que se encontraba tal principio a lo largo del constitucionalismo patrio, así como a su distinto tratamiento en función del régimen político vigente en cada momento. El primero es el que abarca desde la aparición del municipio constitucional como construcción jurídica fruto del liberalismo decimonónico en Cádiz hasta el Sexenio Democrático y la proclamación de la I República (1812-1874). Hasta la I República española, el régimen local y también su formulación teórico constitucional estuvieron centrados en la consolidación de aquella nueva construcción jurídica que suponía el municipio constitucional, necesaria para ahondar, posteriormente, en su autogobierno y autoadministración. Esta primera etapa, por ende, no estuvo marcada por un avance hacia el fortalecimiento de la autonomía local, sino al afianzamiento de la planta local emergente. Fue especialmente visible en los últimos años del periodo escogido, pues consolidado el municipio constitucional, se sucedieron propuestas sobre la descentralización del poder político y el posicionamiento del municipio como beneficiario del mismo, tal y como propugnó Pi y Margall en el marco de la Constitución Federal de 1873.

El segundo grupo abarca desde el inicio de la larga Restauración (1874) hasta la proclamación de la II República (1931). El tratamiento jurídico de lo local durante este periodo temporal estuvo atravesado por las dinámicas pendulares que fluctuaban hacia el centralismo y la descentralización, así como por el caciquismo, fenómeno que se extendió a las demás escalas de gobierno, además de la local. A estas problemáticas venían a sumárseles los errores cometidos en las primeras décadas del constitucionalismo español, que ya se habían enquistado en nuestro país: la ultrafragmentación de la planta local, la insuficiencia endémica de las haciendas locales y, en general, la acusada situación de inframunicipalismo. Durante los años escogidos para la exposición del segundo epígrafe (1874-1931) sobresalieron dos proyectos que trataron de afrontar las problemáticas de los municipios españoles:

los proyectos de Maura de 1903 y 1907, y el Estatuto Municipal de Calvo Sotelo de 1924, de los cuales nos ocuparemos. Las pretensiones de Maura y Calvo Sotelo, finalmente, no llegaron a laminar los efectos perniciosos de todos los fenómenos con graves afectaciones hacia el régimen local español, pues sus propuestas fueron demasiado atemperadas en relación el objetivo que perseguían, y los regímenes políticos en los cuales se formularon no fueron especialmente propicios a la consecución de sus ideas. Aspecto que determinó que aquellos problemas que padecía por aquel entonces el municipalismo y el autogobierno municipal continuasen persistiendo en los posteriores periodos históricos del constitucionalismo español.

Con el tercer grupo abordamos el tratamiento de lo municipal en la II República (1931-1936) y en el franquismo (1936-1975/1978). Tanto la corta vigencia de la II República española, como el protagonismo que obtuvieron las regiones como entes territoriales en los que se descentralizaría el poder limitaron mucho las posibilidades de que España avanzase hacia un verdadero autogobierno municipal. El constitucionalismo español en este periodo histórico ya no solo había de dar una respuesta teórica a la formulación del municipalismo en el texto que finalmente se aprobase en el seno de la constituyente, sino también a todos aquellos problemas que los anteriores periodos constitucionales habían desatendido. El texto constitucional republicano (1931) fue el primero en reconocer plenamente la autonomía municipal, cuando ya se habían realizado sólidos proyectos como el del Sexenio Revolucionario, el de Maura o el de Calvo Sotelo, que supusieron una base teórico-constitucional importante para el principio de autonomía local. Pero, pese a que el texto constitucional de la II República previó formalmente el principio de autonomía local, no hizo frente a aquellas problemáticas que coartaban materialmente las posibilidades de consolidar un verdadero autogobierno municipal en España.

Las pocas posibilidades de avanzar hacia una autonomía local real y verdadera fueron completamente eliminadas tras el estallido de la Guerra civil en julio de 1936 y el posterior comienzo de la dictadura franquista, en la cual, evidentemente, el autogobierno municipal y la descentralización del poder político no eran ni prioridad, ni tampoco objetivo. Especialmente destacable fue la situación auspiciada e impulsada por el desarrollismo franquista, que lejos de dar una mínima respuesta a aquellas problemáticas que habían sido reproducidas por el constitucionalismo español, se agravaron durante el periodo de vigencia de la dictadura hasta posicionar a las zonas rurales del país en una situación sumamente crítica. A partir de 1940 nuestro país comenzó a sufrir el éxodo rural masivo más significativo de nuestra historia reciente, que se produciría súbitamente y en apenas unas décadas, y que dejaría en situación de extrema vulnerabilidad, sobre todo, a los pequeños municipios españoles frente al privilegiado posicionamiento de las ciudades, especialmente, de las más grandes como Madrid y Barcelona. Si hasta esta época se habían producido pocos avances en lo que respecta a la autonomía y democracia locales, el franquismo los destruyó por completo, y empeoró todavía más la situación de (infra)municipalismo en la que España se encontraba sumida desde hacía más de un siglo.

El cuarto grupo lo dedicamos al estudio de lo municipal en la transición y en la constituyente de 1977-1978. La acumulación de problemáticas reales a las que se enfrentaban los municipios españoles en aquel periodo, prácticamente naturalizadas social e institucionalmente (*vgr.* la ya acusada despoblación de amplias zonas del país, el inframunicipalismo, el empobrecimiento endémico de las haciendas locales, etc.), junto con la difícil coyuntura política y la aparición de las Comunidades Autónomas como nuevos entes territoriales, fueron el perfecto acicate para desatender el régimen local en la constituyente, al menos, con la importancia que se requería. Las Comunidades Autónomas coparon los debates sobre el modelo territorial, en detrimento de la necesaria discusión acerca de cómo afrontar los problemas que ya se encontraban pendientes en sede de los municipios españoles, antes de la creación de los entes autonómicos. Esta situación de descuido generalizada hacia el régimen local español propició que, aunque el texto constitucional de 1978 reconociese, como en la II República, el principio de autonomía local y previese al municipio como entidad gestora del poder político del Estado, no hiciese frente ni ofreciese expresión normativa a los problemas que, en realidad, dificultarían que tales prescripciones constitucionales acabasen materializándose de forma efectiva.

En este orden de cosas, el tercer capítulo de esta segunda parte de la obra lo dedicaremos a estudiar la regulación constitucional de la autonomía local en el texto de 1978 para, más tarde, abordar los principales componentes de su marco jurídico de desarrollo. La autonomía local quedó mínimamente pergeñada en el texto constitucional y fueron muchas las cuestiones que quedaron al albur de su posterior desarrollo en sede de nuestro ordenamiento jurídico. La relatividad en el entendimiento de este principio constitucional comenzó a ponerse de manifiesto desde la entrada en vigor de la Constitución de 1978, pues prácticamente quedó a la entera disposición del legislador, o más bien, de los legisladores (estatal y autonómico). Su determinación legislativa, además, disponía de pocos (por no decir de ningún) límite, más allá de la parca dicción literal del texto constitucional, lo que terminó suscitando controversias doctrinales y jurisprudenciales entre las posturas más tendentes a la protección de la autonomía local y las más proclives a su desnaturalización.

Siguiendo el *iter* enunciado, abordamos la vertiente política y administrativa del principio de autonomía local que se desprende de los artículos 137 y 140 CE. Con el objetivo de desentrañar las implicaciones de esta dimensión de la autonomía municipal, haremos un recorrido por los que, a nuestro juicio, son los principales componentes del principio de autonomía local, aquellos elementos sin los cuales no podríamos afirmar que los municipios españoles son autónomos administrativa y políticamente hablando. Extendemos la explicación al principio de suficiencia financiera de las haciendas locales previsto en el artículo 142 CE, dadas las repercusiones directas entre suficiencia de medios y posibilidades de decisión política democrática. La suficiencia de las haciendas locales, al actuar como antesala de la gestión política municipal, también nos resulta esencial para realizar una exposición rigurosa e integral del principio de autonomía local y de las posibilidades de la democracia local en nuestro vigente orden constitucional. Con el objetivo de clarificar qué es el principio de suficiencia financiera de las haciendas municipales, abordamos el modo en que la Constitución prevé la materialización de tal principio y cuál ha de ser, *prima facie*, su objetivo. Continuamos con la secuencia de actores llamados a procurar la suficiencia financiera de las haciendas municipales, de acuerdo con lo prescrito en el artículo 142 CE, así como, por último, cuáles son las limitaciones constitucionales impuestas a la suficiencia financiera como vertiente tributaria del principio de autonomía local.

Vistos los preceptos constitucionales dedicados al régimen local, avanzamos hacia el cuarto capítulo, en el cual, nos centramos en exponer los principales componentes del marco jurídico de desarrollo de la autonomía local. Para la correcta comprensión de los actores a cargo de la regulación del régimen local creemos conveniente, en primer lugar, puntualizar el concepto de naturaleza bifronte del régimen local. Seguidamente, nos ocupamos de la Carta Europea de la Autonomía local, haciendo un recorrido por su estructura, contenido, naturaleza, aplicabilidad y justiciabilidad, con el fin de poner de manifiesto sus ventajas y desventajas como Tratado Internacional, para la regulación del régimen local y la garantía de la autonomía local en España. Continuamos la explicación, en tercer lugar, con la Ley Reguladora de las Bases del Régimen Local, como ley básica de referencia del régimen local español. Para la exposición de esta última no solo hemos querido hacer mención a su estructura y organización, sino también a las inherentes sinergias entre su desarrollo y la jurisprudencia constitucional sentada en la materia. Por este motivo hemos decidido tanto contextualizar su aparición en el ordenamiento jurídico español como analizar, en un último apartado, el binomio entre esta norma y la jurisprudencia del Tribunal Constitucional. En virtud de ello, también expondremos las principales repercusiones que tuvo la introducción en nuestra norma fundamental del principio de estabilidad presupuestaria y sostenibilidad financiera (art. 135 CE), en relación con la autonomía de los municipios españoles. Dado que nuestra pretensión es la de formular una exposición lo más completa posible sobre la regulación del régimen local, terminamos este epígrafe con una referencia a la regulación estatutaria del régimen local, en la cual, abordamos tanto la base jurídico-constitucional que habilita a las Comunidades Autónomas para "interiorizar" la regulación del régimen local por vía estatutaria, como las polémicas relaciones entre la regulación estatutaria y la regulación básica en esta materia.

Llegamos, así, al capítulo final de la obra, dedicado al estudio de las garantías del principio de autonomía local en el marco de nuestro ordenamiento jurídico. Hemos querido dividir su exposición en dos categorías. Por un lado, nos detendremos en la evolución de este principio en sede doctrinal, de donde se justifica el análisis de las teorías de la garantía institucional y la garantía constitucional de la autonomía local. Y, por el otro, en el conflicto en defensa de la autonomía local como única posibilidad reactiva a disposición de los municipios españoles prevista en nuestro ordenamiento jurídico para proteger el principio de autonomía local. En éste, a su vez, abordamos algunos criterios jurisprudenciales que se han desprendido en el marco de los conflictos incoados desde la incorporación de este recurso a la Ley Orgánica del Tribunal Constitucional, con el fin de esclarecer, además de los requisitos puramente procedimentales y formales de la regulación del conflicto, el criterio que generalmente mantiene el Constitucional al respecto del principio de autonomía local.

PRIMERA PARTE:
LA VINCULACIÓN ENTRE MUNICIPALISMO Y DEMOCRACIA

Capítulo 1:

Categorización del municipalismo en la teoría política y de la democracia

Con el fin de categorizar al municipalismo en el marco de la teoría política, este primer capítulo estará dedicado al estudio introductorio de algunos postulados municipalistas dentro de las principales corrientes políticas. Previa creación del municipio moderno existieron realidades locales, con ciertos elementos de institucionalidad, que inspiraron a las corrientes políticas más paradigmáticas, y que examinaremos a continuación. La pretensión de este capítulo no es parangonar, al menos, íntegramente, la realidad comunitaria existente antes y después de la creación del Estado moderno, sino más bien hacer hincapié en la escala en la cual se inspiraron la mayor parte de estas teorías. Las realidades municipales que hoy asimilamos a nuestra escala local son sustancialmente distintas porque se encuentran caracterizadas por elementos institucionales propios del Estado moderno, a cuya creación se deben. Sin perjuicio de lo anterior, en ellas podemos observar postulados especialmente sugestivos en nuestra interpretación política de lo municipal.

Para la contextualización teórica del municipalismo haremos un breve recorrido, primero, por el comunitarismo, neocomunitarismo, republicanismo y neorepublicanismo, en relación con el papel que desempeña el municipio en la cohesión de la comunidad, la búsqueda de la virtud y el bien común, así como la gestión de lo público. En segundo lugar, nos detendremos en las principales críticas actuales en torno a las teorías comunitarista y republicana, con el fin de completar críticamente su formulación, poniendo al municipio en el foco del debate sobre el revisionismo de ambas posturas. Avanzaremos, en tercer lugar, hacia una exposición sobre el liberalismo municipalista de Alexis de Tocqueville. En este apartado explicaremos el papel que jugó el municipio para la elaboración de su teoría política sobre la "tiranía de la mayoría", enlazando los axiomas del liberalismo y el autogobierno municipal. En cuarto lugar, expondremos los nexos entre el socialismo, la socialdemocracia y el municipalismo haciendo hincapié en su objetivo común: acercar la toma de decisiones y el poder político a la ciudadanía. En quinto lugar, dedicaremos las últimas páginas de este capítulo al estudio del federalismo sinalagmático y conmutativo de Pierre-Joseph Proudhon, para cuya formulación el municipio destaca entre los demás niveles de gobierno.

1.1. COMUNITARISMO Y NEOCOMUNITARISMO

Para poder comprender la importancia de lo local en la teoría política comunitarista es necesario, como antesala, incidir en las ideas básicas sobre las cuales se asienta su mismo planteamiento, dado que la pequeña escala ofrece posibilidades reales de materializar el núcleo esencial de los postulados comunitaristas.

El bien común, la virtud y el gobierno bajo el cual es posible la materialización y el mantenimiento de los dos elementos anteriores han sido los tres pilares del comunitarismo como corriente política desde Aristóteles. El primero constituye, propiamente, el objetivo de la política. La política ha de enfocarse a alcanzar el bien para la comunidad, pues todos los esfuerzos han de dirigirse a su consecución. El segundo es el medio a través del cual conseguir el bien para todos, e incluso el bien para uno mismo en tanto en cuanto el primero quede satisfecho. Sólo mediante la virtud se encontrará el bien común y el bien para el individuo como sujeto formante de su comunidad. Para el comunitarismo el comportamiento virtuoso no se adquiere con el nacimiento, se alcanza mediante su práctica diaria en el seno de la sociedad. El tercer elemento se refiere a la posibilidad de que el bien común y la virtud se preserven en un mismo orden político.

El bien común no constituye una conquista aislada dentro del comunitarismo. No es algo que pueda alcanzarse, y nunca más una sociedad haya de preocuparse por éste. Es un objetivo que debe cultivarse diariamente, que ha de mantenerse en el tiempo, y que requiere de una especial responsabilidad por parte de las personas que gobiernan la ciudad. Aristóteles, y también Tomás de Aquino identificaron el buen gobierno como aquel capaz de mantenerse, de perdurar y de ser estable. La formulación de la alternativa aristotélica de *politeia*[3] como superación de la democracia y de la aristocracia como gobiernos inestables, proviene de esta idea. Mientras que la primera ofrece la posibilidad de una mayor prolongación en el tiempo a partir de un gobierno prudente y moderado, la segunda y la tercera no ofrecen esa posibilidad porque conducen a la demagogia y a la tiranía, pero no a un buen gobierno, entendido como aquel que consigue satisfacer el interés de la mayor parte del cuerpo político. Por eso Tomás de Aquino, no solo consideró tirano a aquel que llegaba al poder de forma ilegítima (*tyrannus ab origine*), sino también a quien llegando legítimamente no gobernase por el bien de su comunidad (*tyranus a regimine*)[4].

Lo que es bueno para la comunidad (*koinon agathon*) no está predefinido de manera atemporal, sino que su significado constituye una responsabilidad colectiva para cada sociedad, en el tiempo y lugar correspondiente[5]. Por esta razón aquello que se identifica como bien común en el comunitarismo clásico y en las nuevas aportaciones neocomunitaristas no es una misma cosa. En el planteamiento del comunitarismo clásico, ese bien

---

3 Encontramos esta formulación de la *politeia* en Aristóteles, *La Política,* Edición 26ª, 8ª impresión (Barcelona: Austral, 2021): 27.

4 El planteamiento sobre la tiranía en Tomás de Aquino puede leerse especialmente a partir del Libro Cuarto, y sobre todo en el Libro Quinto de Tomás de Aquino, *Comentario a La Política de Aristóteles,* trad. Ana Mallea (Pamplona: Eunsa, 2001); Mauricio Beuchot, "Santo Tomás de Aquino: del gobierno de los príncipes", *Revista Española de Filosofía Medieval* 12 (2005): 106.

5 Cfr. Michael Walzer, *Spheres of Justice. A Defense of Pluralism and Equality* (United States: Basic Books, 1983); Michael Walzer, *Sulla tolleranza* (Bari: Gius. Laterza & Figli Spa, 2015).

no lo conformaba la suma de intereses individuales; sucedía, justamente, al contrario. La satisfacción del bien común abría la posibilidad de una realización del individuo contemplado como ser humano, y como ser político (*zoon politikon*), pues es a través de la comunidad donde ocurre la realización del ser. Esta es una de las cuestiones más destacadas por el neocomunitarismo, cuya aparición en un contexto y base social radicalmente diferentes al de las aportaciones clásicas provocan también una preocupación distinta sobre lo común y su pérdida. Mientras los comunitaristas tradicionales enfocaban sus esfuerzos en reflexionar acerca de cómo mantener el bien común a través del buen gobierno, los neocomunitaristas han focalizado sus inquietudes en la desaparición de aquel bien común en las sociedades contemporáneas.

En el neocomunitarismo el bien común aparece como un objetivo, ahora ausente, que es necesario recuperar en el seno de las comunidades de iguales. La mayoría de las aportaciones actuales del neocomunitarismo coinciden en la crítica al individualismo de hogaño. El objetivo principal de los neocomunitaristas como Alasdair MacIntyre es la crítica y la llamada social a la superación de una ética centrada en el individuo como agente moral autónomo y separado de su comunidad de referencia[6]. Es necesario instaurar una "cultura del bien común"[7] a decir de María Eugenia Rodríguez Palop, basada en la garantía férrea de derechos, pero también en la adquisición de responsabilidades en el presente y por el futuro del bien de nuestras comunidades. El bien común, por tanto, sigue guiando la perspectiva neocomunitarista, aunque se enfoque a un fin distinto, que es tratar de poner en boga su relevancia.

---

6 Cfr. Alasdair MacIntyre, *Tras la virtud* (Barcelona: Austral, 2013)

7 María Eugenia Rodríguez Palop, "Los bienes comunes", *Dossieres EsF* 22 (2016): 28; María Eugenia Rodríguez Palop, "La lucha por lo común. (Re)municipalizar para recuperar lo nuestro", *Cantárida: [revista mensual de Cabezón y Comarca]* 407 (2017): 19.

Algunas aportaciones neocomunitaristas han investigado acerca de qué es lo que actualmente identificamos por bien común, y han tratado de demostrar el error de base en el planteamiento moderno sobre esta idea. Es, por antonomasia, la crítica al individualismo de Michael J. Sandel, cuya aportación a esta corriente política parte de la premisa de que la sociedad actual se equivoca al disociar el bien común y el bien individual, lo que provoca la "tiranía del mérito"[8]. En el pensamiento de Sandel, el viejo concepto de bien común ha sido sustituido por el actual concepto de éxito y mérito. Una sociedad centrada en el mérito individual conduce a la tiranía y resta potencialidades a la democracia porque impide centrarse en el bienestar de la comunidad, en la integración de las partes en un todo común indivisible en el que todos se vean a sí mismos como miembros. En el neocomunitarismo de Sandel el bien ha de acompañarse del viejo adjetivo "común", porque "concentrarse exclusiva y principalmente en el ascenso social contribuye muy poco a cultivar los lazos sociales y los vínculos cívicos que requiere la democracia"[9]. La noción sobre el éxito debe transitar hacia un beneficio común, sin necesariamente desatender los beneficios individuales porque el bien de todos, y el bien de cada uno no son incompatibles, visión generalmente compartida por todos los neocomunitaristas de raíz aristotélica[10].

---

8 Cfr. Michael J. Sandel, *La Tiranía del Mérito* (Barcelona: Debate, 2020)

9 *Ibidem*, p. 153.

10 En la propia obra de Aristóteles ya citada podía leerse que "Lo que sucede es que cuando una asociación es tal que cada uno sólo ve el Estado en su propia casa, y la unión es solo una simple liga contra la violencia, no hay ciudad si se mira de cerca; las relaciones de la unión no son en este caso más que las que hay entre individuos aislados". Del mismo modo, "La ciudad no consiste en la comunidad del domicilio, ni en la garantía de los derechos individuales, ni en las relaciones mercantiles y de cambio; estas condiciones preliminares son indispensables para que la ciudad exista; pero suponiéndolas reunidas la ciudad no existe todavía. La ciudad es la asociación del bienestar y de la virtud, para bien de las familias y de las diversas clases de habitantes, para alcanzar una existencia completa que se baste a sí misma". Ambos fragmentos

Pese a asentar las bases de sus aportaciones en el comunitarismo clásico, las nuevas perspectivas sobre el comunitarismo aportan enfoques que completan las antiguas posturas sobre lo comunitario y la búsqueda del bien. Así sucede, por ejemplo, con las perspectivas de Charles Taylor o de Michael Walzer, las cuales, no solo coinciden en su crítica a las extendidas tendencias individualistas del comportamiento humano, sino también en la necesidad de redefinir ciertos conceptos sobre el bien y sobre la comunidad, aspecto sobre el que profundizaremos en las críticas a las corrientes tradicionales del comunitarismo y republicanismo.

En lo que respecta al comportamiento virtuoso como uno de los pilares de esta corriente política, comunitarismo y neocomunitarismo disponen de una visión análoga. Para alcanzar la felicidad del sujeto, individualmente contemplado, y de los sujetos, como miembros de un todo común, es necesaria la adopción de un comportamiento cívico, la adquisición de una responsabilidad ciudadana y el compromiso por la comunidad (a la cual el neocomunitarismo añade el elemento de alteridad). Y tales valores solo pueden adquirirse por medio de su realización en comunidad cuya mejor y más prístina realización, añadimos, se da en el ámbito local, por ser el más cercano al ciudadano y donde este puede proyectar mejor su praxis democrática y virtuosa.

Para Aristóteles el hombre es "un ser cívico por naturaleza, un animal de ciudad, que necesita vivir en sociedad. En la ciudad es donde el hombre alcanzará su plena condición humana"[11]. La plenitud de la persona, por ende, se alcanza por medio de su pertenencia a una comunidad, y la libertad plena como individuo se adquiere en tanto en cuanto se participa políticamente en la misma, es ahí donde el individuo se transforma en ser político, en

pueden leerse en la ya citada edición de Austral de *La Política*, páginas 117 y 118 respectivamente.

11 *Ibidem*, p.26

zoon politikon. Pues, "la política no se concibe como una profesión, sino como un quehacer del ciudadano libre, como la actividad esencial de todo ciudadano"[12]. Es por ello que la virtud no se adquiere con el nacimiento, cuando se nace el ser está "en potencia" para ser virtuoso. La virtud se alcanza por medio de la integración del individuo en una comunidad, de la que se siente parte y a cuyo bien dirige su participación política y su conducta cívica. Comunidad que Aristóteles identificó con la *polis,* es decir, con la pequeña ciudad-Estado griega.

En los planteamientos neocomunitaristas se comparte, generalmente, la misma visión de raíz tradicional, yuxtapuesta a la crítica global sobre la moral individualista. Para los necomunitaristas como Alasdair MacIntyre, como Charles Taylor o como Michael Sandel, la comunidad también constituye, como para los clásicos, una correa de transmisión de valores y de formación de la moral del individuo. Estos valores, en su concreto contexto de referencia, adquiridos por cada miembro de una comunidad son de los que más tarde dependerá su comportamiento y, por tanto, su visión sobre lo virtuoso, algo que siempre destacaba la filósofa Simone Weil ("Echar raíces..."). Dado que los neocomunitaristas son conscientes de que no existe una universalidad de valores, sino que estos cambian en función de su contexto de referencia y de infinidad de variables como la religión, la cultura o las tradiciones, consideran que cada comunidad ha de definir, como sucede con el bien común, cuál es el comportamiento virtuoso o bueno para ésta.

El problema principal de las actuales comunidades en el pensamiento de los neocomunitaristas lo constituyen, de nuevo, las limitaciones impuestas por la ética centrada en el individuo. El individualismo produce una fragmentación moral donde no existe un ideario compartido. La extendida visión sobre el individuo como agente moral autónomo y la falta de integración, o de sentimiento de pertenencia e identidad con su comunidad, provoca

---

12 *Idem*

la negación cada vez mayor de la alteridad y la ausencia de una ética común sin la cual es imposible delimitar lo que es virtuoso, y alcanzar el bien para todos.

Por lo que respecta al tercero de los elementos apuntados, las antiguas y nuevas posturas sobre la óptima forma de gobierno para preservar el bien y la virtud coinciden. Y he aquí donde volvemos a encontrarnos con la escala local. En la antigua Grecia el gobierno era un instrumento para la consecución del objetivo final: el bien de la ciudad. En el análisis actual sobre las formas de gobierno, y la imperante visión de la democracia como régimen político más beneficioso para todos, el neocomunitarismo, convencido de que hemos descuidado ese antiguo presupuesto, impele a su toma en consideración como fundamento del principio democrático. Sobre este prisma descansa, tanto en la antigüedad, como en la actualidad el nexo entre democracia, comunidad y municipalismo para la teoría política comunitarista.

Para los comunitaristas lo democrático y lo comunitario intersecciónan en lo local. El municipio es la piedra angular del comunitarismo porque es el lugar en el cual coincide la comunidad de valores y la instancia de gestión del poder político más próxima a los individuos que conforman la comunidad. El ámbito local constituye la escala perfecta de yuxtaposición de la ética y la política, de la ciudadanía y de las instituciones, aspecto que facilita la recuperación y elevación de la idea según la cual, mediante un comportamiento virtuoso y un proyecto en común, es posible alcanzar el bien para todos.

El planteamiento del buen gobierno aristotélico era inseparable de la *polis*, la ciudad-Estado griega. En la *politeia*, comprendida desde la dimensión local, "los ciudadanos no están al servicio del Estado, ellos mismos son el Estado: la *polis*"[13]. "Por eso *politeia* significa tanto «constitución política» como «ciudadanía». Y no se dice «la constitución de Atenas» sino «la constitución de los

---

13 *Ibidem*, p.27

atenienses»"[14]. La escala a la que opera la *polis* permite la coincidencia de la comunidad política, ética y moral en un mismo espacio. Desde este planteamiento, es aceptado entre los neocomunitaristas que la escala desde la cual hay que impulsar este cambio de paradigma y la recuperación de los dos elementos anteriores es la local. El nivel local, al permitir un ejercicio pleno de la ciudadanía y una participación política en igualdad de oportunidades, guiada por unos valores compartidos, permite alcanzar el bien común y practicar la virtud, a través de la palabra y el diálogo. Cosa inalcanzable desde otras instancias de gobierno, caracterizadas por su impersonalidad y su lejanía a la comunidad de referencia.

El nivel municipal es, por ende, tan destacado por los comunitaristas porque es esta escala la que presenta mayores potencialidades para la consecución de todas sus aspiraciones. El sentimiento de pertenencia del ciudadano al municipio le vincula a un proyecto en común con el resto de sus conciudadanos. En él se adquiere, mediante la socialización del sujeto, una visión sobre el comportamiento virtuoso, sobre la responsabilidad cívica y el respeto de la *res pública*. El sentimiento de pertenencia hacia una misma comunidad potencia la transición del ser cívico en ser político, en el interés por participar en decisiones políticas del municipio. Garantizadas estas condiciones el ejercicio del gobierno municipal estará en potencia para la consecución de ese fin que la comunidad de iguales decide qué es bueno para sí misma.

1.2. REPUBLICANISMO Y NEOREPUBLICANISMO

Comunitarismo y republicanismo son dos teorías políticas anexas que lejos de ser incompatibles, se entrelazan y dirigen a un mismo objeto: el bien de la comunidad. También en el republicanismo

---

14 *Idem*

existe la misma preocupación de fondo y el mismo objetivo que en la teoría política comunitarista, solo que, a diferencia del comunitarismo que se presenta como una corriente más político-filosófica, el republicanismo pone énfasis en el aspecto político-institucional. Las cuestiones principales sobre las que se centra la corriente republicana son, generalmente, la importancia de la *res publica*, el modo en que ha de gestionarse el poder político y el papel de la ciudadanía en la gestión de dicho poder.

Aristóteles no solo tuvo un planteamiento comunitarista, sino también republicano. El republicanismo visible en la política aristotélica constituye, de hecho, el antecedente más remoto de esta corriente de pensamiento. Una de las preocupaciones principales en *La Política* de Aristóteles fue la teorización sobre la mejor forma de gobierno, de donde surgió su genuina *politeia*, según la cual el gobierno de la ciudad había de recaer en las clases medias, que harían de interlocutoras entre las clases extremadamente acaudaladas y entre las clases extremadamente empobrecidas. En el pensamiento aristotélico, entregar el gobierno a las clases muy ricas o muy pobres posibilitaría el surgimiento de tensiones y conflictos sociales que, a su vez, harían tambalear la comunidad y perder la estabilidad en el gobierno y gestión de la *res publica*. Rechazó abiertamente la posibilidad de que el poder recayese en un individuo o grupo de individuos, de ahí también su rechazo a la aristocracia, a la monarquía y a la misma democracia, si no se equilibraba con educación, moderación, prudencia y virtud en el ejercicio diario de la ciudadanía.

El profesor Gabriel Moreno aclaró las pretensiones de la *politeia* aristotélica, a caballo entre el comunitarismo y el republicanismo, pues "la primera condición de una *politeia* humanista ha de ser la limitación del poder y la preservación consiguiente de los derechos de la persona para que esta, consciente de su autonomía y dignidad, pueda desarrollar libremente su personalidad, cultivar su perfectibilidad, buscar la virtud pública y reconocer la alteridad en procesos dialógicos de entendimiento. Esta es, de hecho, una de las principales pretensiones del constitucionalismo en tanto intento de racionalización del poder político y de sometimiento de sus manifestaciones a reglas predeterminadas, jurídicamente ordenadas y democráticamente legitimadas"[15]. Así, desde la vigencia de la *polis* griega, la búsqueda de las instituciones óptimas para el mantenimiento del bien común, con un protagonismo cívico y con el consiguiente rechazo de concentración del poder político han sido características propias de la corriente republicana. En la concepción aristotélica la ciudadanía no participa en la democracia sino que constituye la democracia en sí misma, ahí reside la diferencia que resaltó Benjamin Constant entre la democracia de los antiguos y la democracia de los modernos. El republicanismo trata de canalizar institucionalmente esta participación, situándola en el centro de la teoría política y promoviéndola desde abajo.

Este planteamiento fue también visible en el patriotismo romano y republicano de Marco Tulio Cicerón. Cicerón se formó en la escuela estoica y peripatética para las cuales la virtud se identificaba con una conducta ética y moral al servicio de lo común. En el pensamiento de Cicerón el mejor gobierno para garantizar el bien de la comunidad era el republicano porque se alejaba de las tendencias monárquicas y tiránicas que tendían a la concentración del poder en su propio beneficio. El poder volvía a aparecer como un elemento en el trasfondo de su teoría política y su concentración había de evitarse mediante la ley y las instituciones. La ley y las instituciones también asegurarían que los ciudadanos romanos estuviesen en igualdad de condiciones para participar como seres políticos en la gestión de lo que era común. La *res publica* debía ser coparticipada, pues esta era la vía para garantizar el buen funcionamiento de la República y, a su vez, para dar cabida al ejercicio de los derechos cívicos del individuo sin los cuales, el sujeto no podía desarrollar una afección patriótica, de pertenencia e integración en su comunidad con la

15 Gabriel Moreno González, *La democracia humanista* (Sevilla: Athenaica, 2020): p. 61.

cual tenía una responsabilidad cívica y política[16]. El característico republicanismo de Cicerón fue más tarde retomado por autores italianos como Giuseppe Mazzini, firme defensor de la unificación de Italia e influyente pensador de los movimientos revolucionarios europeos del siglo XIX[17].

La preocupación por la concentración del poder, la gestión de este y el papel de la ciudadanía en sus limitaciones guio desde entonces la teoría política republicana e incluso comunitarista. Tomás de Aquino también identificó la legitimidad del Estado con la ausencia de concentración del poder en una determinada instancia de gobierno. De acuerdo con su planteamiento, si el gobierno devenía en tirano, el pueblo tendría el derecho a oponerse al mismo, en virtud de las leyes divina y natural.

Dentro del contractualismo, el planteamiento republicano por antonomasia, que sirvió como premisa para el republicanismo posterior, fue el propugnado por Jean-Jacques Rousseau. La amplia difusión de *El Contrato Social* y de las aportaciones contractualistas y republicanas de Rousseau comenzaron a fraguar la relación entre el antiguo concepto de bien común y su pionera propuesta de voluntad general[18].

La teoría de Rousseau, además de compartir todas las anteriores preocupaciones comunitaristas y republicanas, se encuentra principalmente focalizada en la participación del pueblo, del soberano, en la toma de decisiones y en la formación de esa vo-

---

16 Aunque su visión republicana se desarrolla durante toda la obra, es especialmente visible en los dos primeros y en los dos últimos libros. En la edición M. Tulio Cicerón, *Sobre la República* (Madrid: Gredos, 1991), coinciden con las páginas 33-123 y 151-157, respectivamente.

17 Cfr. Giuseppe Mazzini, *Repubblica* (Milano: Mimesis, 2011); Giuseppe Mazzini, *Pensieri sulla democracia in Europa* (Milano: Feltrinelli, 2010).

18 En *El Contrato Social* Jean-Jacques Rousseau mantuvo que “todo gobierno legítimo es republicano. Por esta palabra no entiendo solamente una aristocracia o una democracia, sino, en general, todo gobierno guiado por la voluntad general, que es la ley”. Jean-Jacques Rousseau, *El Contrato Social* (Barcelona: Taurus, 2012): p. 46.

luntad general, análoga al bien común sobre el que teorizaban los comunitaristas. Si la escala de gobierno aristotélica fue la *polis* griega, y la de Cicerón el municipio del Imperio Romano, en el pensamiento de Rousseau estuvo muy presente el cantonalismo suizo. El municipio y las pequeñas comunidades locales eran en la teoría de Rousseau el nivel óptimo para la determinación de la voluntad general y el fortalecimiento de las estructuras de participación directa del pueblo en la gestión del poder político, pues "un Estado pequeño es proporcionalmente más fuerte que uno grande"[19], porque "cuanto más crece el Estado, más disminuye la libertad"[20]. Y, ante todo, la libertad aparece en su filosofía como *conditio sine qua non* para que el soberano, la ciudadanía, sea protagonista en el orden político.

En su obra Rousseau deja constancia de que la democracia pura entendida como constante participación del pueblo soberano en los asuntos de gobierno es difícil y, al tiempo, desconfía abiertamente de la democracia representativa. Ello se debe a la gran importancia que dispone la soberanía en su teoría política, la cual "no puede ser representada"[21], "es ella misma o es otra; no hay término medio"[22]. En el planteamiento de Rousseau, la democracia representativa es entendida como un mal necesario debido al tamaño de los Estados modernos. Su vigencia debía ser combinada con la convocatoria de frecuentes asambleas municipales en las cuales estuviera presente y tuviese capacidad de decisión sobre asuntos importantes todo el cuerpo político soberano. La escala local era, en su concepción, la única que permitía la materialización de la llamada periódica al cuerpo político para la decisión directa de los asuntos del gobierno y la expresión de su voluntad.

La premisa necesaria era, efectivamente, la integración de la comunidad en un mismo proyecto político, de ahí también sus

---

19 *Ibidem*, p.55.

20 *Ibidem*, p.70

21 *Ibidem*, p.112

22 *Idem*

preocupaciones de raíz más comunitarista. Pues, para Rousseau, como para los comunitaristas, la escala sobre la cual se dirige el gobierno no es algo que solo tenga que ver, propiamente, con la forma política que una determinada sociedad decida adoptar para su propio gobierno, sino también su interconexión con la integración de la ciudanía en la comunidad. Por este motivo, el francés mantuvo que en las grandes escalas de gobierno "el pueblo siente menos afecto hacia sus jefes, a quienes no ve nunca; hacia la patria, que a sus ojos es como el mundo, y hacia sus conciudadanos, la mayoría de los cuales le resultan extraños"[23].

Rousseau esgrimió en *El Contrato Social* que "cuanto mejor constituido está el Estado, más prevalecen los asuntos públicos sobre los privados en el espíritu de los ciudadanos. Incluso hay muchos menos asuntos privados porque siendo la suma de la felicidad común una parte mayor de la felicidad de cada individuo, éstos no necesitan tanto buscarla en los asuntos particulares. En una ciudad bien gobernada, todos acuden presurosos a las asambleas; pero bajo un mal gobierno, nadie quiere dar un paso para asistir a ellas; porque a nadie le interesa lo que allí se hace y porque prevé que la voluntad general no prevalecerá y que, al final, los asuntos domésticos lo absorberán todo. Las buenas leyes inducen a hacer otras mejores; las malas traen consigo otras peores. En el momento en que alguien dice, de los asuntos del Estado, ¿Qué me importan?, el Estado está perdido"[24]. La voluntad general expresada en la asamblea municipal es determinante para la existencia misma del Estado en la teoría roussoniana. En *El Contrato Social* un Estado bien gobernado es aquel que deja espacio para la toma de decisiones en el seno de la asamblea municipal de la cual emana la verdadera voluntad general.

---

23 *Ibidem*, p.56

24 *Ibidem*, p.112.

La aportación de Rousseau resultó sumamente inspiradora para las posteriores aportaciones republicanas, incluso aquellas que no provenían del viejo continente. Así sucedió, por ejemplo, con la teoría de Thomas Jefferson, padre fundador de los Estados Unidos, ampliamente influido por la doctrina contractualista y republicana de Rousseau. Jefferson mostró su constante preocupación por la limitación del gobierno para el aseguramiento de los derechos naturales y las libertades individuales, así como por la vigencia del principio de legalidad, el correcto funcionamiento de las instituciones, la defensa de la separación de poderes y el gobierno limitado en sus reflexiones sobre la política de los Estados Unidos[25]. La limitación del poder, de este modo, era un prerrequisito para la protección de las libertades y los derechos de la Declaración de Independencia de los Estados Unidos, cuya redacción él mismo dirigió. Con base en tal postulado, fue proclive a la descentralización del poder, es decir, a la separación de este de una instancia central desde la cual las decisiones políticas se controlasen de manera unilateral. Por eso, creyó que la mejor manera de frenar al poder era a través de su reparto en los estados federados y en las comunidades locales. Que el poder recayese en otras instancias era una medida que debía acompañarse de un correlativo fomento de la participación ciudadana en tales niveles de autogobierno. En el seno de las comunidades locales es donde debía empezar la toma de decisiones de la ciudadanía en el gobierno de los Estados Unidos, pues solo así se conseguiría la consecución del gobierno democrático donde el poder, realmente, residiese en el pueblo estadounidense[26].

---

25 Cfr. Thomas Jefferson, *Political Writings* (Cambridge: Cambridge University Press, 2004)

26 John F. Cooper, "The Citizen Initiative Petition to Amend State Constitutions: A Concept Whose Time Has Passed, or a Vigorous Component of Participatory Democracy at the State Level?" *New Mexico Law Review* 28 (1998): 227-269; Merrill D. Peterson, "Thomas Jefferson, The Founders, and Constitutional Change", en J. Jackson Barlow, Leonard W. Levy, y Ken Masugi (eds.), *The American Founding: Essays on the Formation of the Constitution* (Westport, Connecticut: Greenwood Press, 1988): 275-291; Roberto

El principal exponente del neorepublicanismo recae en la figura del francés Philip Pettit. Su aportación al republicanismo y su calificación como neorepublicano se debe a dos cuestiones esenciales que le diferencian del resto de autores enmarcados en la tesis tradicional republicana. En primer lugar, Pettit cree que para la consecución de verdaderas sociedades libres es necesario ahondar en el significado de la libertad. Para ello, formula una teoría original que va más allá de la libertad positiva (de autogobierno) y de la libertad negativa (como ausencia de interferencias externas), es la que él llama "libertad como no dominación de unas personas sobre otras" y que supone una tercera categoría a la que han de aspirar las sociedades para alcanzar una verdadera plenitud[27]. En segundo lugar, el neorepublicano, a diferencia de los republicanos tradicionales de raíz comunitarista, no concibe el autogobierno y la participación de la ciudadanía como un fin en sí mismo, sino como un medio para asegurar una esfera de libertad suficiente para el sujeto. En tanto el sujeto participe más en la elaboración de la ley y en la toma de decisiones, habrá menos dominación y, por tanto, será más libre. El Estado deberá garantizar esa ausencia de dominación y arbitrariedad por medio de las normas y de las instituciones, procurando que ciertas garantías conquistadas en la mayoría de los Estados modernos occidenta-

---

Viciano Pastor y Diego González Cadenas, "La revisión de las constituciones estatales de Estados Unidos: procedimientos y mecanismos de participación ciudana", *Revista d'estudis autonòmics i federals* 32 (2020): 45-76, https://doi.org/10.2436/20.8080.01.53; Diego González Cadenas, "El control judicial de las reformas constitucionales impulsadas y aprobadas en los estados de Estados Unidos mediante mecanismos de democracia directa", *Anuario Iberoamericano de Justicia Constitucional* 25, 2 (2021): 459-462.

27 Charles Larmore, "A Critique of Philip Pettit's Republicanism", *Philisophical Issues*, Vol. 11, Social, Political, and Legal Philosophy (2001): 229-243; Josué Gil Soldevilla, "Una reflexión en torno al concepto de libertad como no-dominación en Walzer y Pettit", *Enfoques* XVI, 2 (2004): 141-150; Antonio Manuel Martins Do Vele, "Republicanismo y Libertad", *Res publica* 9-10 (2002): 189-204.

les (*vgr.* Estado de Derecho, rendición de cuentas, separación de poderes, etc.) se materialicen en su seno. Desde la perspectiva de Pettit, ese es el fin de la República comprendida como Estado democrático, evitar la dominación de unas personas sobre otras a partir del cumplimiento de la norma y con auxilio de las instituciones. En la elaboración de esa norma, que es el resultado final del proceso de deliberación política, el pueblo soberano deberá participar en la toma de decisiones. La ciudadanía activa no solo constituye una vía de legitimación de las decisiones políticas, sino un medio para protegerse de la dominación y de alcanzar la plena libertad[28].

Las aportaciones del republicanismo y neorepublicanismo se completan con el planteamiento republicano *sui generis* de Hannah Arendt. El republicanismo clásico o tradicional estuvo centrado en el cumplimiento de la norma como premisa para la consecución del gobierno democrático, necesario éste, para la consecución del bien de la comunidad. El republicanismo de Hannah Arendt pone el acento en la libertad, y no tanto en la legalidad. La política, como ciencia presente en la deliberación, en las etapas anteriores a la elaboración de la norma, debe garantizar la materialización de la libertad. La libertad en el pensamiento de Arendt tiene dos dimensiones, pues abarca tanto la libertad como ausencia de arbitrariedad típicamente republicana, como la libertad comprendida como capacidad para tomar decisiones libres en una comunidad de iguales y, de este modo, con posibilidad de influir en la gestión del poder político.

Aunque Hannah Arendt fue consciente, al igual que Rousseau, de que el tamaño de los Estados modernos impedía que el poder recayese enteramente en el cuerpo político, fue también una constante defensora de la democracia directa, dada su desconfianza a la concentración del poder en altas instancias de gobierno. Temía que la utilización arbitraria y la concentración de las decisiones

---

28 Cfr. Philip Pettit, *Republicanismo. Una teoría sobre la libertad y el gobierno* (Barcelona: Paidós, 1999).

políticas en unos pocos pudiese derivar en la conformación de totalitarismos y en la caída de los regímenes democráticos[29]. Su defensa del autogobierno local, a través del principio de descentralización, ocupó una parte importante de sus aportaciones republicanas. En su concepción, para mantener un espíritu cívico basado en la responsabilidad común y el respeto por la *res publica*, y para evitar, a su vez, la alienación total de la sociedad y la pérdida de integración a un proyecto de vida en común es necesario que la ciudadanía pueda participar en las decisiones que se tomen sobre buena parte de los asuntos públicos.

Hannah Arendt puso énfasis, además, en un elemento que la caracteriza y diferencia del resto de aportaciones republicanas anteriores, de ahí que su republicanismo se considere *sui generis*. El fundamento de la igualdad política a la que hace referencia en su pensamiento, próximo a la *isonomia* griega de creación de una comunidad de iguales para la consecución de una comunidad de libres, no solo era importante por suponer un contrapeso al poder, sino también para crear un espacio de deliberación donde todas las opiniones esgrimidas en el seno de la asamblea local fueran tenidas en cuenta de la misma forma. Cercana a la determinación de la voluntad general roussoniana, Hannah Arendt tomó como esencial el pluralismo político y la reserva de un espacio para la deliberación dentro de la política. Pues si ésta es monopolizada por una ideología en concreto, ya no actúa en beneficio del bien común, porque el bien común ha de definirse teniendo en cuenta la riqueza de planteamientos y de ideas muy distintas presentes en el cuerpo político soberano. Así, si la política era copada por una única ideología, por un único pensamiento político, ni lo asambleario ni lo deliberativo como espacio de contrapeso al poder político tenían sentido. La igualdad se desvanecería y la libertad, como vía para la toma de decisiones libres, carecería igualmente de sustancia porque

---

29 Cfr. Hannah Arendt, *Los orígenes del totalitarismo* (Madrid: Alianza, 2006).

prevalecería la dominación de unas personas (y su ideología) sobre otras. De ahí la importancia de lo asambleario y lo local en el pensamiento arendtiano[30].

1.3. CRÍTICAS A LAS CORRIENTES TRADICIONALES DEL COMUNITARISMO Y REPUBLICANISMO

Las aportaciones actuales enmarcadas en el comunitarismo y republicanismo se diferencian considerablemente de los planteamientos tradicionales en una idea fundamental: su visión sobre la comunidad. En el planteamiento de los antiguos, tanto en la órbita republicana como en la comunitarista, la comunidad era el centro de la teoría política porque la virtud y el buen gobierno se definían de acuerdo con sus parámetros y su objetivo era alcanzar el bienestar de esta. El problema en el planteamiento de los antiguos es que no todas las personas formaban parte de la comunidad como núcleo de su teoría política. La comunidad, en la antigua Grecia, durante la vigencia del Imperio Romano, en la construcción de Europa en el Medievo o en la Ilustración estaba formada por un número muy reducido de personas. El elemento de género, raza, etnia, origen o caudal económico eran determinantes y suponían causas de exclusión de numerosos individuos. Este es el principal exceso que tratan de superar las actuales corrientes políticas de revisión del comunitarismo y republicanismo.

---

30 Cfr. Hannah Arendt, *Sobre la revolución* (Madrid: Alianza, 2023). Para profundizar en el estudio de las ideas de Arendt, véase Víctor Alonso Rocafort, "La libertad de movimiento en Hannah Arendt", *Revista de estudios políticos* 145 (2009): 33-64; Víctor Alonso Rocafort, "Lo que Hannah Arendt llamaba democracia", en Antonio Robles Egea (coord..) (*et.al*) *La buena democracia: claves de su calidad* (Granada: Universidad de Granada, 2012): pp.175-202; Víctor Alonso Rocafort, "Garrath Williams (Ed.): Hannah Arendt. Critical Assessments of Leading Political Philosophers. Routledge, London, New York, 2006", *Foro interno: anuario de teoría política* 7 (2007): 224-227.

Desde la teoría neocomunitarista, Charles Taylor y Michael Walzer, pese a partir del planteamiento más clásico y tradicional de raíz aristotélica, admiten la necesidad de reconducir los antiguos aportes de esta teoría política a las sociedades actuales. La multiculturalidad es una de las cuestiones fundamentales en los aportes de Taylor. La toma en consideración de la alteridad en la conformación de la comunidad, previamente a la deliberación interna y la participación de sus miembros en la toma de decisiones políticas, es un requisito fundamental de su neocomunitarismo. La multiculturalidad, para una correcta apreciación de la alteridad, ha de tenerse en cuenta tanto en la definición del bien común, que dependerá del contexto en el que se desarrolle un concreto ejercicio de deliberación, como en la relación que la comunidad tiene con los demás miembros que la integran[31]. En la teoría de Taylor, el sentimiento de pertenencia y la conformación de una identidad común, ante la ausencia de valores universales, son esenciales para la consecución de un comportamiento virtuoso y la asunción de verdaderas responsabilidades en beneficio de lo común[32]. Y esto, solo puede conseguirse a través de la superación del planteamiento clásico de comunidad.

Michael Walzer parte de la misma premisa que Charles Taylor. Es necesario ahondar en el sentido de comunidad e indagar acerca de los elementos que no están permitiendo la materialización de una cohesión social. Las comunidades son diversas, y no existe una lectura única acerca del bien y del comportamiento virtuoso. Por eso, es necesario dejar que cada comunidad defina aquello que considera valioso y beneficioso. El aporte fundamental de Walzer en relación con lo anterior es que para que cada comuni-

---

[31] Cfr. Charles Taylor, *El multiculturalismo y "la política del reconocimiento"* (México: Fondo de Cultura Económica, 2011)

[32] A este respecto, las reflexiones de Francis Fukuyama sobre el *Thymós* resultan especialmente interesantes: Cfr. Francis Fukuyama, *Identidad: la demanda de dignidad y las políticas de resentimiento* (Barcelona: Deusto, 2019)

dad pueda producir su versión del bien común y dirigir su comportamiento a su consecución, primero, el Estado debe procurar que todos los individuos partan de una situación mínimamente igualitaria. El medio a partir del cual debe asegurarse que los individuos partan de una situación mínimamente homogénea se consigue a partir de la justicia social y distributiva porque, de acuerdo con su pensamiento, la distribución igualitaria de recursos y oportunidades es esencial para que los ciudadanos tengan una vida digna. Sin una vida digna en la cual los ciudadanos no tengan asegurados unos recursos o servicios mínimos, su preocupación fundamental no será participar en la comunidad y procurar el bienestar del otro, sino asegurarse su medio fundamental de vida. De manera que, para el pensamiento neocomunitarista de Walzer, alcanzar una vida digna ahondando en el principio de igualdad constituye la antesala para la consecución de una comunidad centrada en los objetivos del comunitarismo tradicional[33].

El neorepublicanismo también incide en la superación de los excesos de la teoría republicana clásica sobre el principio de igualdad. En su libertad como no dominación Pettit incide en el principio de igualdad, en tanto que éste se relaciona con la libertad como participación del individuo en los procesos de toma de decisiones y de elaboración de la ley. Pese a que su teoría presenta avances respecto a lo que podemos inferir de las versiones más tradicionales, Pettit formula un principio de igualdad política sin ahondar en la previa consecución de una igualdad material, sin la cual, la consecución de una igualdad formal es insuficiente. Por tanto, el neorepublicanismo de Pettit también se debería completar con las críticas a las teorías clásicas o tradicionales que se centran en la garantía del principio de igualdad material como prerrequisito del principio de igualdad política y, por ende, de libertad política.

---

33 Michael Walzer, *Spheres of Justice. A Defense of Pluralism and Equality*, *op.cit.*

La misma crítica es extensible a la teoría de Hannah Arendt, cuyo republicanismo carece de una dimensión material sobre el principio de igualdad. La teoría de Hannah Arendt, sin embargo, consta de un punto de vista sustancialmente distinto a las críticas que pueden esgrimirse respecto del neorepublicanismo de Pettit, en tanto en cuanto, Arendt fue esencialmente "neoateniense", y Pettit "neoromano"[34]. Arendt ofrece una especial importancia al diálogo, a la deliberación y al pluralismo, que son fines en sí mismos para alcanzar el bienestar de la comunidad. A diferencia de Pettit, para el cual, el autogobierno por medio de la comunidad es un medio para conseguir sociedades libres, y no un fin en sí mismo, Hannah Arendt comprende la pertenencia a la comunidad en el sentido ateniense de *isonomia* griega. Los puntos de vista tenidos en cuenta en ese espacio de pluralismo político adquieren una dimensión más relevante que en el planteamiento neorepublicano de Pettit. Aun así, Arendt tampoco ahonda en el sentido de igualdad material, es decir, en cómo los ciudadanos, para poder participar de forma igualitaria en el seno de una asamblea municipal, han de partir de ese mínimo común homogéneo sobre el cual reflexiona Walzer.

Este planteamiento coincide con la interesante crítica elaborada por Javier de Lucas sobre el republicanismo jeffersoniano, al hilo de su obra "Nosotros, que quisimos tanto a Atticus Finch"[35]. La reflexión del profesor De Lucas arroja luz al planteamiento del republicanismo de Jefferson, para el cual, la comunidad ("de iguales") estaba formada por unas élites locales que excluían a numerosos sujetos. En la crítica esgrimida por Javier de Lucas, en la medida en que el republicanismo no es consciente de su necesaria profundización de acuerdo con el principio de igualdad, el bien de la comunidad deviene en una entelequia porque

34 Charles Larmore, *op.cit.*, p. 232.

35 En Javier de Lucas, *Nosotros, que quisimos tanto a Atticus Finch. De las raíces del supremacismo, al Black Lives Matter* (Valencia: Tirant lo Blanch, 2020), el profesor De Lucas realiza su análisis centrándose en las célebres novelas "Matar a un ruiseñor" y "Ve y pon un centinela" de Harper Lee.

se convierte en el bien para unos pocos, y entonces, el planteamiento republicano carece de sentido porque se transforma en antidemocrático, algo que estaría latente en toda la historia de los Estados Unidos y en sus problemas actuales de cohesión social y política[36].

Esta es, asimismo, la crítica expresada por Pierre Rosanvallon, para el cual, sin igualdad, no hay sociedades democráticas[37] porque la desigualdad, especialmente en el sentido socioeconómico, escamotea potencialidades a la ciudadanía. Su postura se alinea con la teoría de Walzer, pues parte de la idea de que, si el individuo está más preocupado por enfrentarse a conflictos diarios relacionados con su propia subsistencia y cobertura de sus necesidades básicas, es muy difícil que consiga ejercitar una ciudadanía activa.

---

36 Javier de Lucas, en su análisis sobre Atticus Finch, relata como el mentado personaje, que había encarnado el ideal de republicanismo jeffersoniano en la primera novela de Harper Lee, incurre en un trato discriminatorio hacia las personas negras en reiteradas ocasiones en su segunda novela "Ve y pon un centinela", protagonizada por la hija de Atticus, Jean Louis, que presenta una revisión del supuesto antirracismo de su padre. A Atticus, que en la primera novela defendió ante los tribunales del ficticio condado estadounidense de Maycomb en Alabama durante los años 30, al joven negro Tom Robinson, se le había considerado un personaje de ficción antirracista por antonomasia de la literatura del siglo XX. Sin embargo, el profesor De Lucas, que analiza el giro del personaje en la segunda novela, relata cómo, en realidad, Atticus defendió a Tom Robinson no porque aceptase el principio de igualdad, sino porque, al ser un convencido abanderado del republicanismo jeffersoniano, creía, ante todo, en el imperio de la ley. Atticus estaba convencido de que Tom Robinson no era culpable y, por tanto, accedió a su defensa. Tal y como relata Javier de Lucas, cuando en la segunda novela Atticus incurre en tratos discriminatorios hacia las personas negras, su hija Jean Louis en una conversación con su padre le dice: "serás jeffersoniano, pero no eres demócrata". Porque en el concepto de democracia revisionista de la hija de Atticus no cabe un orden democrático que no incida en la igualdad material.

37 Cfr. Pierre Rosanvallon, *La sociedad de los iguales* (Barcelona: RBA, 2012).

Esta condición propicia serios problemas para la conformación de la comunidad, en tanto en cuanto, tales limitaciones tienden a restringir la integración de ciertas personas y su participación en el orden político. De modo que, cuando se da esta situación las sociedades dejan de ser democráticas en el pensamiento de Ronsanvallon.

En este último aspecto ahonda también, en el marco de su revisión sobre la teoría republicana Antoni Domènech, para el cual, el viejo trilema de la Revolución Francesa (igualdad, libertad y fraternidad) no tiene sentido si las sociedades actuales no potencian este último elemento del que, en buena medida, dependen los dos anteriores[38]. El significado de comunidad, y el republicanismo como teoría política enfocada a la consecución de su bienestar, deben profundizar en la construcción de sociedades más solidarias, más fraternas y, por ende, más justas, en cuyo seno quepan todos los individuos.

Indubitadamente, todas las críticas anteriores se completan con las aportaciones realizadas por los feminismos al respecto del principio de igualdad material. En la comunidad sobre la que teorizaban los comunitaristas y republicanos tradicionales tampoco estaban incluidas las mujeres. En el marco de la revisión en clave de género del concepto de ciudadanía, entendida esta como estatuto de la persona con derecho a participar en la comunidad y también en sus beneficios, se ha enfatizado sobre el rol que las mujeres han desempeñado en la historia. Mientras que ellas (y su desigual posicionamiento en la esfera social) eran relegadas al trabajo doméstico y reproductivo, los hombres ocupaban el verdadero papel activo en la esfera de lo público y en la toma de decisiones.

---

[38] Cfr. Antoni Domènech, *El eclipse de la fraternidad* (Madrid: Akal, 2019). Véase, asimismo, Silvia Bagni, "Fraternidad como principio epistemológico del derecho constitucional interno y comparado", *Revista general de derecho público comparado* 20 (2017).

La desigualdad entre mujeres y hombres se contemplaba como natural en los planteamientos tradicionales. Se justificaba y se impedía, por tanto, su inclusión en el relato sobre lo comunitario. Las principales críticas de los iusfeminismos a las corrientes tradicionales no solo se han limitado a reivindicar la igualdad formal y la necesidad de que las mujeres también ocupen su lugar en la esfera pública, sino que han ido más allá y han advertido sobre la necesidad de ahondar en la redefinición de nuestros mismos sistemas jurídicos y políticos, dado que estos han sido construidos normalizando la exclusión y la desigualdad.

Garantizar el principio de igualdad, para completar de una forma verdadera el sentido de comunidad implica reconceptualizar de forma constante e interseccional ciertos conceptos que son social, jurídica e institucionalmente aceptados como neutros pero que, realmente, tienen una consecuencia desigual e injustificada para con muchas personas. Las teorías jurídicas feministas no solo insisten en la necesidad de revisar el sentido de la igualdad en lo público, sino también en lo privado, dado que lo privado y lo público forman parte de una misma realidad, que es inseparable. La corrección de los conceptos jurídicos requiere un compromiso social y no solo público-institucional. Si no se incide en este sentido, las comunidades podrán ser formalmente iguales, pero materialmente continuarán posicionando a las mujeres en una situación desventajosa en el seno de las comunidades de "iguales"[39].

---

39 Carole Pateman, *El contrato sexual* (Cambridge: Menades, 2019); Kate Millet, *Política Sexual* (Madrid: Cátedra, 2021); Nancy Fraser, *Scales of Justice. Reimagining political space in a globalizing world* (Oxford: Polity Press, 2008); Iris Marion Young, *La justicia y la política de la diferencia* (Madrid: Cátedra, 2000); Carlos de Cabo Martín, *Desigualdad real y constitucionalismo crítico* (Madrid: Exedra: 2021); Ruth M. Mestre i Mestre (coord.) *Mujeres, derechos y ciudadanías* (Valencia: Tirant lo Blanch, 2008); Blanca Rodríguez Ruiz, *El discurso del cuidado. Propuestas (de)constructivas para un Estado paritario* (Valencia: Tirant lo Blanch, 2019).

1.4. EL LIBERALISMO MUNICIPALISTA DE ALEXIS DE TOCQUEVILLE Y SU ACEPCIÓN ORIGINAL

En palabras de Helena Rosenblatt, previa creación del liberalismo como término con el cual ahora estamos familiarizados, "existía en Europa una tradición centenaria que exhortaba a los hombres a ser liberales. Un término empleado originalmente para designar las cualidades ideales de un ciudadano romano, su amor por la libertad, la generosidad y el civismo"[40].

La idea original del liberalismo comenzó a transformarse tras su politización y su utilización en el seno de las llamadas Constituciones liberales, entre las cuales, sobresalió la Constitución Federal de los Estados Unidos. La adopción de la Declaración de Independencia de los Estados Unidos el 4 de julio de 1776 fue modulando el sentido de la palabra liberal hasta hacerla una característica propia de su orden constitucional. Tras su politización, la idea del liberalismo originario se fue atemperando en beneficio del liberalismo que hoy conocemos, que ni en su formulación originaria, ni en su posterior significado tuvo su origen en la tradición estadounidense, sino en la francesa.

Hacia 1830 comenzó a teorizarse sobre la posible yuxtaposición de dos términos que hasta entonces no venían unidos: liberalismo y democracia. Fue en este contexto en el cual Alexis de Tocqueville decidió emprender un viaje por los Estados Unidos y elaborar *La democracia en América*, como obra que preparase a Francia para lo que poco después resultaría inevitable: la expresión política de la ciudadanía[41]. En el liberalismo de Tocqueville hay tres premisas interrelacionadas entre sí, cuya materialización acaba, finalmente, poniendo énfasis en las instituciones locales. Es por ello que escogemos su obra como clásica aportación liberal unida a la importancia de lo municipal.

---

40 Helena Ronsenblatt, *La historia olvidada del liberalismo* (Barcelona: Crítica, 2020): p. 44.

41 *Ibidem*, p.84

La primera aportación del liberalismo de Tocqueville la constituyó su reflexión sobre lo democrático. En *La Democracia en América*[42] el francés presenta una exacerbada preocupación por la posible transformación de la democracia en "la tiranía de la mayoría", es decir, en un gobierno en el cual las masas gobernasen en detrimento de las minorías. Esta idea viene anexa a su concepción sobre la igualdad. Tocqueville mostró en sus escritos que la consecución de la igualdad puede llevar a la uniformidad de pensamiento y éste, a su vez, derivar en una tiranía aceptada, justificada y promovida por la mayor parte del cuerpo político.

La segunda idea fundamental en la obra de Tocqueville es la protección de las libertades individuales, especialmente aquellas que el francés estimó como necesarias para la formación de un pensamiento político libre. Lo local sirvió para engarzar, tanto en la idea de virtud liberal recuperada por Rosenblatt como en el liberalismo político de Tocqueville, el compromiso por lo público y el ejercicio cívico de la ciudadanía. En la concepción originaria del liberalismo la práctica del principio democrático requiere de la virtud ciudadana, de la formación de un pensamiento crítico político y de su ejercicio comprometido por parte de la ciudadanía. En la teoría de Tocqueville, el buen gobierno no era aquel en el cual se materializaba en bien común por encima de todas las cosas, pues como acabamos de mencionar, éste corría el peligro de ser definido por las masas. Frente a la mentada situación, el gobierno debía proteger las libertades individuales y, en mayor medida, la libertad de asociación y la libertad de prensa, que eran sumamente relevantes para la formación de un pensamiento político independiente y no guiado por la opinión mayoritaria.

---

42 Alexis de Tocqueville, *La democracia en América* (Barcelona: RBA, 2005). Las observaciones que nos parecen más relevantes a este respecto son las que realiza en la segunda parte del primer tomo de la mentada obra, que abarca, en la edición citada, desde la página 169 hasta a 378.

La tercera característica del liberalismo de Tocqueville la abarcan sus observaciones sobre cómo frenar el poder cuando este está en manos de la mayoría y, eventualmente, deviene en tiranía. Para Toqueville la separación de poderes y la garantía de una esfera de libertades no era algo suficiente por sí mismo para limitar el poder. Es, en este sentido, cuando cobra importancia su visión sobre lo local. La tiranía de la mayoría podía extenderse a los asuntos nacionales, pues en aquellas cuestiones comunes a todos los pueblos, era sencillo compartir un pensamiento uniforme y generalizado. Sin embargo, difícilmente se podría conformar una uniformidad de pensamiento sobre los asuntos locales, porque las características de cada municipio propiciarían problemas muy heterogéneos. Los municipios, en la teoría de Tocqueville, ofrecen una gran potencialidad como contrapeso al poder en caso, eso sí, de que dispusiesen de un autogobierno suficiente y altamente recomendable. La descentralización del poder en beneficio de la autonomía local se presenta como óptima para frenar al poder de la mayoría porque en el seno de los municipios sí podían tomarse decisiones libres desmarcadas de la uniformidad de pensamiento de la mayoría en asuntos nacionales.

De tal modo que, en el liberalismo de Tocqueville lo local sirve para conectar tres postulados fundamentales. En la medida en que el Estado descentralice el poder en beneficio local y dispongamos, como consecuencia, de municipios con un alto nivel de autogobierno, podremos tomar decisiones más libres, frenar la tiranía de la mayoría y reequilibrar los intereses de la mayoría y la minoría en el seno de las asambleas municipales, mediante el diálogo y el consenso. La premisa para la construcción de sociedades libres es el ensalzamiento y protección de la libertad municipal. Pues "es en el municipio donde reside la fuerza de los pueblos libres. Las instituciones municipales son a la libertad lo que las escuelas primarias a la ciencia; ellas son las que la ponen al alcance del pueblo; le hacen gustar de su uso pacífico y lo habitúan a servirse de ella. Sin instituciones municipales, una nación puede darse un gobierno libre, pero carecerá del espíritu de la libertad"[43]. El espíritu público, la integración en la comunidad y el mismo patriotismo como consecuencia de los dos anteriores, deben extenderse por medio del municipio. De ahí que no haya lugar, en su pensamiento, a un liberalismo que no se dirija a la consecución en una democracia municipalista.

1.5. SOCIALISMO Y SOCIALDEMOCRACIA

Socialismo y liberalismo han sido siempre corrientes políticas antagónicas. Tal antagonismo ha de concebirse a partir de la transformación de la idea del originario liberalismo que acabamos de exponer a cuyo concepto comenzó a acompañarle la idea de individualismo, desde un punto de vista ético y moral, y de capitalismo, desde una perspectiva económica[44]. A raíz del surgimiento del movimiento obrero en el seno de la Revolución Industrial y el florecimiento de la doctrina socialista, comenzó a ponerse de manifiesto que el proyecto de democracia liberal era opuesto al proyecto de democracia socialista. Hacía un tiempo que la democracia era un común denominador de ambas teorías políticas. La cuestión era debatir el adjetivo que había de acompañar a ese tipo de gobierno, en función de los fines que pretendiesen perseguirse. Sin perjuicio de lo anterior, como advirtió Norberto Bobbio, "no debe pensarse que el concepto de democracia haya permanecido intacto en el paso de la democracia liberal a la democracia socialista: en el binomio liberalismo más democracia, democracia significa principalmente sufragio universal, y por consiguiente un medio de expresión de la libre voluntad de los individuos; en el binomio democracia más socialismo, democracia significa ideal igualitario"[45].

---

[43] *Ibidem*, p. 70.

[44] Cfr. Carlos de Cabo Martín, *La crisis del Estado social* (Barcelona: Promociones y Publicaciones Universitarias, PPU, 1986).

[45] Norberto Bobbio, *Liberalismo y democracia* (México: Fondo de Cultura Económica, 2018): p. 94.

La socialdemocracia, como propuesta descafeinada del socialismo de base en lo económico, propone una redefinición de lo democrático a través de la profundización en la justicia social y distributiva, y en la compatibilidad de un modelo de economía mixto a mitad camino entre el libre mercado y el intervencionismo estatal, para asegurar el bienestar social y el acceso a servicios básicos por parte de la ciudadanía. Mientras que el liberalismo se limitaba a la garantía de la libertad y el socialismo acérrimo a la consecución de la igualdad, la socialdemocracia trata de ofrecer un punto medio en el que ambos valores, el de la igualdad y el de la libertad, puedan materializarse y tener como guía al principio democrático. El Estado social y democrático de Derecho, aparece, de hecho, como respuesta a esa compatibilidad y profundización propuesta por el socialismo de base, pero realmente materializada en el seno de los Estados liberales europeos.

En las bases de la socialdemocracia, y del socialismo, el principio de igualdad en un sentido económico, pero también en un sentido político como participación de la ciudadanía en la toma de decisiones políticas, es un valor indispensable. Las propuestas para alcanzar esa igualdad focalizada eminentemente en la clase como sujeto histórico de esta corriente política han sido de muy diverso tipo y abarcan desde el socialismo utópico de Fourier, Saint-Simon, Robert Owen o Cabet, pasando por el socialismo de raíz más científica como el de Marx y Engels, y por el de cariz revolucionario como el de Rosa Luxemburgo o Aleksandra Kollontai, hasta llegar a la constitución del Estado social después de la II Guerra Mundial, momento a partir del cual las anteriores propuestas, más radicales, comenzaron a conciliarse con corrientes hasta entonces antagónicas como el liberalismo. Pese a que las versiones del socialismo desde su misma formulación han sido de muy diverso tipo, todas ellas disponen de un planteamiento común en lo que respecta a su tipo ideal de gobierno. El más propicio es el que deposita en el pueblo la mayor capacidad para tomar decisiones políticas.

En la idea de Estado de Derecho propugnada por la socialdemocracia como característica esencial y óptima de los Estados, propia de las teorías de Norberto Bobbio, López Aranguren o Elías Díaz, las entidades locales y la descentralización del poder político a su favor, y en detrimento de la concentración del poder en la instancia central, constituyen un requisito esencial[46]. En la idea de democracia radical como democracia moral de López Aranguren, la percepción sobre la democracia real consiste en que los ciudadanos muestren un comportamiento crítico y vigilante sobre el *statuo quo* imperante en la sociedad, abriendo paso a la formulación de la crítica a la tolerancia y al pluralismo. El mismo patrón de pensamiento es visible en Elías Díaz, que muestra un destacado respeto por el papel político de la ciudadanía en la gestión de la *res publica* y la lucha de ésta por la igualdad. Tales exigencias respecto de la democracia conectan, paralelamente, con las corrientes comunitaristas y republicanas. La materialización de un verdadero Estado de Derecho permitirá la convivencia de la igualdad, la democracia y el imperio de ley, que abrirán paso a un uso comedido del poder a través de los instrumentos expresamente previstos para ello, entre los cuales, se encuentra la democracia directa.

La socialdemocracia, a diferencia de algunas corrientes del socialismo tradicional, no desconfía de la democracia representativa, pues cree que su correcta utilización de manera conjunta con herramientas de democracia directa permite guiar al Estado

---

46 Sobre Norberto Bobbio, véase, asimismo Norberto Bobbio, *Teoría general de la política* (Madrid: Trotta, 2009). Respecto al planteamiento de Aranguren en relación con la amplitud democrática y su encuadre dentro del planteamiento socialista consúltese José Luis L. Aranguren, *Ética y política* (Barcelona: Orbis, 1987). Del mismo modo, puede leerse el comentario a esta misma obra elaborado por Elías Díaz en Elías Díaz, “Aranguren: Ética y Política”, *Revista Internacional de Pensamiento Político, II Época*, Vol.3 (2007): 165-192. Y, acerca del posicionamiento de este último autor, consúltese su clásica monografía Elías Díaz, *Estado de Derecho y sociedad democrática* (Madrid: Taurus, 2010).

a un gobierno democrático. Así fue expresado por Norberto Bobbio cuando puso expresamente de manifiesto la importancia que desempeñaba lo local en la materialización de un Estado de Derecho. Para Bobbio, un Estado de Derecho en sentido profundo requiere "una relativa autonomía del gobierno local en todas sus formas y grados frente al gobierno central"[47].

Coincide, con esta visión Boaventura de Sousa Santos, cuya perspectiva sobre la democracia comienza desde abajo. Redefinir el sentido de lo democrático, dando un papel protagonista a instancias distintas al poder nacional y supranacional, constituye el reto actual de nuestros Estados. Las instancias locales juegan un papel muy importante en este sentido porque su cercanía a la comunidad afectada por las decisiones políticas la colocan como una escala óptima para (re)construir y fortalecer la democracia[48].

La socialdemocracia como corriente política, sin rechazar la garantía de una esfera de libertades individuales, se muestra crítica con una ética social mayoritaria guiada por un individualismo atomizador. El valor de la igualdad, central para la consecución de la tesis socialdemócrata, necesita de manera correlativa la asignación de un valor a la alteridad, de ahí sus similitudes con las doctrinas de raíz comunitarista, como la de Walzer. He aquí, junto con su apuesta por la combinación de la democracia representativa y la democracia directa, la importancia de lo local como nivel de descentralización del poder político y de consolidación de una misma comunidad de iguales.

1.6. FEDERALISMO SINALAGMÁTICO Y CONMUTATIVO

Todas las corrientes políticas que apuestan por la descentralización del poder en beneficio de la escala local son reconducibles

---

47 Norberto Bobbio, *Liberalismo y democracia, op.cit.*, p. 20

48 Cfr. Boaventura de Sousa Santos, *Reinventar la democracia. Reinventar el Estado* (Quito: Abya-Yala, 2004).

a la idea del federalismo sinalagmático y conmutativo de Pierre Joseph Proudhon, cuya doctrina fue popularizada en España por Pi y Margall.

Proudhon se mostró crítico con el Estado, contemplado como instancia central de gobierno dado que, en su pensamiento, éste suponía una fuente de opresión y desigualdad que propiciaba la desaparición de la reciprocidad en el contrato político que el pueblo firmaba con el poder. Proudhon reflejó en *El principio federativo* que, para mantener un verdadero contrato político sinalagmático donde el pueblo fuese partícipe de los beneficios del poder, debía acometerse una profunda descentralización que partiese de las instancias locales y terminase por dotar de un elevado grado de autonomía a las comunidades municipales. Defendió, en este sentido, que en el municipio se depositase una universalidad de cuestiones para su gestión, y que aquellos asuntos que debían recaer en instancias más altas estuviesen guiados por el prisma de la subsidiariedad, y no al contrario.

En su visión, el núcleo del contrato político sinalagmático y conmutativo estaba compuesto por la cooperación y la solidaridad entre los pueblos y las comunidades locales. Éstas habían de unirse para solventar las problemáticas conjuntas, desde el primer ámbito territorial. Su extrapolación a las relaciones sociales dio lugar al término de anarquismo mutuo, según el cual, para resolver los problemas de manera más adaptada a las necesidades de la ciudadanía y de manera más voluntaria, no se necesitaba una instancia central, sino una hermandad entre comunidades locales.

Lo local devino un elemento esencial en la teoría de Proudhon porque, al igual que sucedía con corrientes políticas anteriormente señaladas, la escala local era perfecta para ejecutar los objetivos de su teoría política. Las comunidades locales eran unidades sociales y políticas capaces de gobernase a sí mismas y de decidir voluntariamente su asociación y el objeto de la firma del contrato sinalagmático con el poder. Al mismo tiempo, su unión voluntaria daría pie a gestionar los problemas comunes que surgiesen entre los pueblos de forma más satisfactoria.

Pi y Margall fue el propulsor del federalismo de Proudhon en España, especialmente durante la Primera República, cuando tuvo ocasión de impulsar la Constitución Federal de 1873. Partiendo de la teoría de Proudhon, adaptó el contrato federalista sinalagmático a las tensiones y conflictos históricos presentes en la España del siglo XIX. Su planteamiento de fondo fue realmente el mismo: descentralizar el poder político y hacerlo recaer, en buena medida, en el nivel local para evitar su concentración en la instancia central. "«Será, se dice por fin, legítimo que lo neguemos; pero hoy por hoy imposible que lo destruyamos.» Mas he, aquí precisamente por qué en lugar de pedir su abolición, pedimos tan sólo que se lo descentralice. En su centralización está su fuerza. Por estar centralizado puede conspirar contra la libertad y aspirar al absolutismo de su origen. Distribuyámosle: Erijamos en entidad política el municipio y la provincia"[49]. En su famosa "Revolución desde Abajo", Pi y Margall puso de manifiesto la importancia de dotar de un alto grado de autonomía a las comunidades locales y, por consiguiente, la necesidad de que el municipio fuese llamado a resolver asuntos realmente importantes en la vida diaria de la ciudadanía[50].

Tanto en el pensamiento de Proudhon, como en el de Pi y Margall, la participación política del pueblo en la toma de decisiones es esencial para el cumplimiento del contrato sobre el

---

49 Pablo Correa y Zafrilla, *Pi y Margall. La federación. Discurso pronunciado ante el Tribunal de imprenta en defensa del periódico federalista La Unión, y otros trabajos acerca del sistema federativo, precedidos de una noticia biográfica del autor* (Madrid: Imprenta de Enrique Vicente, 1880). Este trabajo se encuentra disponible para su consulta online en el depósito de investigación de la Universidad de Sevilla. Puede consultarse en el siguiente enlace: https://idus.us.es/bitstream/handle/11441/114680/file_1.pdf?sequence=1 [Fecha de última consulta 14/02/2024].

50 Cfr. Francisco Pi y Margall, *Las nacionalidades* (Madrid: Centro de Estudios Políticos y Constitucionales, 2014).

cual se focalizan sus teorías políticas. Porque, siguiendo al filósofo francés, "para que el contrato político cumpla la condición sinalagmática y conmutativa que sugiere la idea de democracia- para que se cierre en sabios límites y resulte ventajoso y cómodo para todos- es necesario que el ciudadano, al entrar en la asociación (...) conserve toda su libertad, su soberanía y su iniciativa"[51]. "Por el contrario, en los gobiernos centralizados los atributos del poder supremo se multiplican y se extienden sin intermediación en razón directa de la superficie territorial y de la cifra de población porque competen al príncipe los asuntos de las provincias, comunas, corporaciones y particulares. Ese atropello hace desaparecer toda libertad, no solo comunal y provincial, sino también individual y nacional"[52].

En sus planteamientos, la instancia central solo podía encargarse de una pequeña parte de los asuntos concernientes a las preocupaciones comunes, y ésta debía estar controlada por los propios miembros del contrato. La apuesta de los federalistas consistió en una centralización parcial que ocupase el mínimo indispensable para la resolución de asuntos comunes, y una descentralización universal sobre la resolución de las demás cuestiones, en núcleos locales y cercanos al *demos* donde éste tuviera una capacidad de decisión real y ejerciese una ciudadanía activa en beneficio común para garantizar la democracia.

---

[51] Pierre Joseph Proudhon, *El principio federativo* (Buenos Aires: Terramar, 2008): p. 63.

[52] *Ibidem*, p. 65.

Capítulo II:

Las escalas de la democracia. riesgos y potencialidades de la escala municipal para la materialización del principio democrático

Es reseñable que las teorías políticas expuestas en líneas anteriores, pese a ser divergentes en numerosos aspectos encuentren una ubicación ideal común en el municipio. Las distintas corrientes políticas sitúan en la escala local un gran número de potencialidades para la consecución de valores indispensables para la comunidad, el buen gobierno y la práctica democrática. Dado que la democracia es unánimemente aceptada como la mejor forma de ordenación de lo político en nuestros sistemas occidentales, la teoría política y la constitucional a menudo se han centrado en indagar las premisas necesarias para su efectiva materialización en nuestros órdenes políticos y constitucionales. La premisa que aquí nos interesa, fundamentalmente, es la referida al tamaño de la comunidad en la cual se practica la democracia. O, dicho de otra forma, en la escala o escalas en las cuales tiene proyección el principio democrático y, en su caso, si alguna de estas escalas resulta óptima para la realización de tal principio.

Si analizamos este debate sobre dimensión y democracia, y lo centramos en la escala local, es muy frecuente encontrar posturas fuertemente enfrentadas. De una parte, observamos que una de estas posturas tiende a la idealización del municipio como demarcación perfecta para la práctica del principio democrático. Incurre en una especie de espejismo bucólico que, generalmente, ignora los aspectos negativos del municipio como nivel de gobierno y se apoya en las bondades de antiguos postulados como el de la ciudad-Estado griega para fundamentar su tesis. De otra parte y, en el vértice contrario, se encuentra la postura que demoniza lo local como un espacio especialmente propenso a caer en dinámicas caciquiles, en el cual, el principio democrático corre el riesgo de ser manipulado y capturado con gran facilidad.

El problema que observamos en el antagonismo entre ambas posturas es que ni la una ni la otra ofrecen una exposición completa y rigurosa. Lo que hacen es proyectar una perspectiva excesivamente preocupada por reforzar un estereotipo sobre lo local, bien sea en sentido negativo, bien sea en sentido positivo. Como consecuencia, sus esfuerzos resultan en vano para el principio democrático, que debería ser la preocupación principal de los dos postulados. En nuestro caso, partimos de la necesidad de superar tales antagonismos y de normalizar que, como sucede en cualquiera de las demás unidades políticas distintas a la local (regional, nacional o supranacional), ésta también dispone de aspectos beneficiosos y perjudiciales para acometer acciones democráticas. Sin perjuicio de lo expresado en el anterior capítulo, donde nuestro objetivo se basó en recopilar las potencialidades de la escala local en la teoría política, en éste la finalidad principal es, de un lado, desmentir los postulados que romantizan lo local de una manera exacerbada, y del otro, destacar sus posibilidades reales desde la práctica de la democracia en el municipio, con el fin de ofrecer un relato fidedigno desde el plano municipal.

En realidad, no existe una escala política óptima para materializar la democracia. La variedad de asuntos a resolver en nuestros Estados requiere también una variedad de unidades políticas que se encaminen a solventarlos, guiadas, todas ellas, por el prisma democrático[53]. La democracia no se realiza solamente desde un nivel de gobierno, sino que necesita de una acción constate y per-

---

53 Juan Carlos Bayón Mohíno, "¿Democracia más allá del Estado?", *Isonomía: Revista de teoría y filosofía del derecho* 28 (2008): 27-52.

manente en todos los niveles[54]. En nuestros sistemas convivimos con una pluralidad de unidades políticas que tienen sinergias entre sí. La ciudadanía no vive solo en una de ellas, sino en todas al mismo tiempo. Por eso, no conviene centrarse en la democratización del Estado, de la Comunidad Autónoma, o de las entidades locales como si cada una de ellas supusiese un nivel de gobierno aislado y apartado de las interacciones con los demás. Conviene, por el contrario, comprender que garantizar la democracia implica reforzar y perfeccionar el principio democrático en todas las escalas. La democracia local no se realiza frente a las demás, sino en el seno de las mismas, con el fin de contribuir a una mayor democraticidad de nuestro orden constitucional en toda su complejidad.

Sentada esta premisa, ahondaremos en los aspectos positivos y negativos que presenta la escala local para la democracia. Con tal exposición, tenemos la pretensión, en primer lugar, de superar el debate con el cual abríamos el epígrafe sobre el enconamiento de las posturas en boga. Y, en segundo lugar, de ofrecer una alternativa más realista, con el ánimo de explorar las potencialidades políticas de lo local y sus posibles aportaciones al principio democrático.

2.1. LAS POTENCIALIDADES DE LA DEMOCRACIA EN LA PEQUEÑA ESCALA

El conjunto de derechos políticos y de responsabilidades con la comunidad, intrínsecos al estatuto de ciudadanía, no se desarrollan con la misma intensidad en todas las escalas. La capacidad del

---

54 La interconexión de todas las unidades políticas y la proximidad de las locales al cuerpo político ha llevado a parte de la doctrina a mantener que "la democracia sólo posee capacidades de desplegarse en los espacios mayores si es ejercida y realizada diariamente en los ámbitos menores". En Prof. Dr. Franz-Ludwig Knemeyer, "Autonomía Municipal para el fortalecimiento de la Democracia", *THEMIS: Revista de Derecho* 3 (1985): 11.

ciudadano para participar en las decisiones políticas, y para controlar tales decisiones cuando no son tomadas directamente por el cuerpo político, son distintas en según qué nivel de gobierno. La escala local presenta aspectos muy positivos en relación con la efectividad de la ciudadanía en la política.

En primer lugar, la escala local facilita la comprensión de la política. La posibilidad de que la complejidad de la política decrezca a medida que disminuye la escala en la percepción de la ciudadanía es más fácil dado que es más sencillo que un ciudadano sea más consciente de los problemas existentes en su municipio, a que entienda la complejidad de los conflictos suscitados en el nivel autonómico, nacional o supranacional. Esto, de partida, proporciona a la ciudadanía un escenario óptimo para su participación en la toma de decisiones conscientes y despierta su interés por ejercer sus responsabilidades ciudadanas con más sencillez.

En segundo lugar, cuanto más pequeña es la dimensión de una concreta unidad política, más peso tiene la decisión de un ciudadano en concreto, tanto si ponemos el acento en la democracia directa, como si nos situamos en la democracia representativa. Sobre la democracia directa el argumento es obvio y ha devenido en un tópico dentro de la teoría política. Cuanto más pequeña es la comunidad, más sencilla es la toma de decisiones de manera colectiva. En la pequeña escala es más fácil tener en cuenta las prioridades y sensibilidades vecinales en el tratamiento de lo común y, por tanto, también es más sencillo expresarlas en beneficio de la gestión de la *res publica*. Aunque la democracia directa se concibe en la teoría política como la manifestación más radical del principio democrático, el tamaño actual de las unidades políticas en las que vive la ciudadanía nos obliga a combinar la democracia directa con la democracia representativa, excepto para aquellas comunidades municipales que por su pequeño tamaño vienen acogiéndose al régimen de concejo abierto[55]. Por lo

---

[55] El concejo abierto es una modalidad organizativa de democracia directa en la escala local, prevista, sobre todo, para ser utilizada en municipios

que respecta a la democracia representativa, hemos de destacar que el voto de un ciudadano en una pequeña comunidad es proporcionalmente más sustancial que el voto de ese mismo ciudadano en una comunidad más grande. A medida que la escala aumenta, el representante pierde representatividad. O, dicho de otro modo, en la escala municipal la decisión del cuerpo político cobra una dimensión más grande porque el representante gana en representatividad a medida que la escala decrece. El aumento del cuerpo político representado dificulta la correspondencia entre opiniones ciudadanas y actitudes de los decisores políticos. A mayor escala, mayor divergencia, y con ella, mayores dificultades para que la actuación política se alinee con las demandas, preocupaciones y expectativas políticas de sus representados[56].

---

de muy pequeño tamaño, dado que su funcionamiento requiere que la toma de decisiones se realice mediante una asamblea de vecinos, normalmente, de acuerdo con los usos y costumbres de la concreta localidad. El régimen jurídico del concejo abierto ha sido mayormente interiorizado por los Estatutos de Autonomía, por lo tanto, cada Comunidad Autónoma dispone de su propia normativa al respecto. Pese a ser los menos, en España se calcula que todavía 97 municipios funcionan con base en tal sistema. Para su comprobación pueden consultarse los resultados de las últimas elecciones municipales de mayo de 2023, donde consta que 97 alcaldes fueron elegidos directamente a través de la modalidad de concejo abierto en el siguiente enlace: https://elecciones.locales2023.es/pdf/ES/eleciones_en_cifras.pdf [fecha de consulta: 27/11/2023]

56 Hanna Fenichel Pitkin, *El concepto de representación* (Madrid: Centro de estudios políticos y constitucionales, 1985); Albert Calderó y Manuel Zafra, "El gobierno municipal, del voluntarismo a la gobernanza", *Gestión Y Análisis De Políticas Públicas (GAPP)* 25 (2002): 95-100; Tomás Font y Llovet, "De la autonomía local al poder de las ciudades". En *Rielaborazione dell'intervento al Convegno «Autonomie regionali e locali tra passato, presente e futuro. Convegno in memoria del Prof. Luciano Vandelli», Bologna, 15-16 novembre 2019, organizzato dalla SPISA–Scuola di Specializzazione in Studi sull'Amministrazione Pubblica e dalla AIPDA–Associazione Italiana Professori di Diritto Amministrativo, in collaborazione con il Reale Collegio di Spagna in Bologna.* Disponible en: https://www.regione.emilia-romagna.it/affari_ist/

En tercer lugar, existe cierta tendencia por parte de la ciudadanía a percibir que su participación en el nivel local es más efectiva que en los demás niveles[57]. Al margen de la evidente mayor facilidad de la participación directa en el nivel local, si nos centramos en el derecho al voto como vía de participación política, a medida que aumentamos la escala el poder se percibe de manera más asimétrica. La ciudadanía es más propensa a percibir que su participación tendrá mayores consecuencias y será más productiva en la esfera local que en la nacional. Esto no significa, necesariamente, que la participación en el nivel local sea mayor en relación con otras escalas. De hecho, no lo es. Es, simplemente, diferente. Tanto en lo que respecta al empleo de diferentes fórmulas de participación en el nivel municipal, como en lo que concierne a la percepción sobre el conjunto[58]. En las últimas elecciones celebradas en España, tanto a nivel municipal como a nivel nacional, los porcentajes de participación muestran cómo en las elecciones nacionales la participación aumenta en relación con la local[59]. Ahora bien, el descenso de participación en el nivel local no se debe a la percepción sobre la efectividad de la ciudadanía, sino al objeto en el que recae la decisión. El ciudadano promedio concibe la escala

rivista_S_2019/Font.pdf [Fecha de última consulta: 26/11/2023]: 117-121.

57 Robert Dahl y Edward R. Tufte, *Size and democracy* (California: Standford University Press, 1973), sobre todo a partir de la página 45. En el mismo sentido, Hannah Friedich Pitkin esgrimió que "allí donde la representación se concibe compuesta de abstracciones desvinculadas, la consulta de los deseos o de las opiniones de alguien tenderá menos a parecer que es una parte significativa de la representación" en Hanna Friedich Pitkin, *op.cit.*, p. 234.

58 Fernando Aguiar y Clemente J. Navarro, "Democracia y participación. Ciudadanía en los municipios: ¿un mercado político de trastos?", *REIS: Revista Española de Investigaciones Sociológicas* 91 (2000): 89-114.

59 Los porcentajes de participación y demás detalles sobre las elecciones municipales y generales, celebradas en el año 2023, pueden consultarse en la página web habilitada por el Ministerio del Interior a estos efectos. La web se encuentra disponible en el siguiente enlace: https://elecciones.locales2023.es/ [Fecha de consulta: 27/11/2023].

nacional como aquella en la que se toman más decisiones y que, a su vez, estas son de mayor calado que aquellas que se desarrollan en la esfera local, de ahí que el porcentaje de participación electoral sea mayor. La participación política mediante el voto no cambia, lo que cambia en la sensación de haber contribuido de forma más o menos efectiva a una concreta escala, pues a medida que crece la comunidad política de referencia, la efectividad en la percepción del voto se diluye correlativamente.

Lo anterior se relaciona, en cuarto lugar, con la cercanía del cuerpo político a la institución de toma de decisiones. Nos alineamos aquí con clásicas posturas de la teoría política, y también con la filosofía de Robert Dahl, pues también mantenemos que "la relativa inmediatez, accesibilidad y comprensibilidad de la política local puede proporcionar a muchos ciudadanos una mayor sensación de competencia y eficacia que la que sienten en los ámbitos más remotos de la política nacional. Lo que los defensores del gobierno local han sostenido a lo largo de una época de creciente centralización y nacionalización de la vida política puede resultar más, y no menos, válido en el futuro: las virtudes de la ciudadanía democrática se cultivan mejor, al menos para el ciudadano de a pie, en el hábitat más pequeño y familiar de los gobiernos locales"[60]. El aspecto positivo de la familiaridad en lo local es que en esta escala la comunidad es más compacta, está más cohesionada. La mayor cohesión de la comunidad política trae consigo la asunción de mayores responsabilidades para con la misma, perspectiva que es

---

60 La traducción de la cita es propia. La original, en inglés, se lee así: "The relative immediacy, accesibility, and comprehensibility of local politics may provide many citizens with a greater sense of competence and effectiveness than they feel in the remoter reaches of national politics. What defenders of local government have contended throughout and epoch of growing centralization and nationalization of political life may prove to be more, not less, valid in the future: the virtues of democratic citizenship are, at least, for the ordinary citizen, best cultivated in the smaller, more familiar habitat of local governments" en Robert Dahl y Edward R.Tufte, *op.cit*, p. 60.

especialmente visible en las comunidades más pequeñas donde la práctica totalidad de los habitantes disponen entre sí de relaciones interpersonales. De ahí que sea más difícil identificar dinámicas individualistas en las zonas rurales, compuestas por municipios más pequeños y cohesionados que en las zonas urbanas, integradas por municipios más grandes y política y socialmente más fragmentados. La asunción de mayores responsabilidades por parte de la ciudadanía en beneficio de su comunidad de iguales es un factor determinante para el funcionamiento democrático de nuestras sociedades. En este sentido participamos de la teoría comunitarista en tanto en cuanto no concebimos una democracia en la que el estatuto de ciudadanía solo venga aparejado al disfrute de derechos. La materialización del principio democrático, asimismo, requiere la asunción de deberes y la preocupación por lo común por parte de la colectividad.

El municipio es el espacio donde converge la comunidad política y la institución de toma de decisiones más cercana a tal comunidad. Esto es, en quinto lugar, un aspecto beneficioso para la democracia porque permite que haya sinergias comunicativas entre el cuerpo político y los responsables de la toma de decisiones. Un alto porcentaje de población jamás ha tenido contacto, ni lo tendrá a lo largo de su vida, con el Parlamento o autoridades de toma de decisiones en la escala supranacional, nacional, e incluso regional. Sin embargo, es muy factible que, si se pregunta a esa misma población, sí haya tenido contacto con su ayuntamiento en un gran número de ocasiones y por muy variadas situaciones.

Lo importante, en este orden de cosas, no es la facilidad del contacto en abstracto, sino que la cercanía de los electores al gobierno permita trasladar con mayor facilidad sus demandas e inquietudes políticas. La escala local permite que la alcaldía y las concejalías puedan recibir tanta información como el cuerpo político quiera poner a su disposición. En las demás escalas los líderes políticos son intérpretes de tal información, los canales de recepción de las demandas de la ciudadanía son indirectos y deben filtrarse mucho más porque abarcan una gran amalgama de comunicaciones. Estas escalas diferentes a la local se sitúan en niveles a veces inaccesibles para el ciudadano, lo cual, brinda menos posibilidades para que la comunicación prospere. Máxime si tenemos en cuenta que tales comunicaciones se atemperan a medida que el número de representados crece por cada representante, pues para que un mensaje llegue a un líder político de una escala más alta primero ha de pasar por una cadena comunicativa en la cual el grueso de la demanda política, probablemente, haya perdido la fuerza con la que contaba al inicio[61].

En sexto lugar, la familiaridad, la cercanía y el constante flujo comunicativo provocan que el cuerpo político en la escala local pueda suponer un mayor contrapeso o freno a ciertas dinámicas de poder que operen en contra de las demandas vecinales. La rendición de cuentas *sui generis,* por la existencia de mayores relaciones interpersonales, que se producen en la esfera local y la proximidad provocan que los habitantes de un concreto municipio puedan impedir un funcionamiento no acorde con expectativas del cuerpo político con mayor facilidad. Un movimiento de oposición vecinal contra una concreta política por parte de su ayuntamiento en un pequeño municipio dispone de mucha más capacidad para influir en la toma de decisiones finales por parte del gobierno del municipio que en otras escalas. En el siguiente epígrafe veremos que, aunque esta situación pueda venir aparejada a efectos muy positivos en lo que respecta a la eficacia de la acción ciudadana en la toma de decisiones de los actores políticos municipales, también puede tener un reflejo negativo.

El ejemplo de las recientes protestas vecinales en contra de la instalación de macro granjas en varios municipios castellanomanchegos puede ser especialmente ilustrativa en este sentido[62]. Desde 2017

---

61 *Ibidem,* p. 53-89.

62 Puede consultarse, al respecto de lo sucedido con las macro granjas en Castilla-La Mancha, la siguiente noticia, dispone en: https://www.

varias industrias cárnicas trataron de ubicar sus explotaciones porcinas en numerosos municipios rurales de pequeño tamaño ubicados en Castilla–La Mancha. Se presentaban como ofertas atractivas para tales territorios porque prometían crear empleo y mejorar la situación de depresión demográfica de la zona. La oposición vecinal a la instalación de tales proyectos en sus municipios fue intensa y mayormente compartida entre los vecinos desde el inicio. Generalmente los habitantes de tales municipios compartían que, bien directa, bien indirectamente, se verían afectados de manera negativa a causa de estas instalaciones, pues Castilla-La Mancha es un territorio eminentemente agrícola, y la llegada de las macro granjas a tales territorios traería consigo una contaminación de los acuíferos de la zona, así como una contaminación de las hectáreas de cultivo agroforestal que rodeasen a las instalaciones, situación que provocaría una merma en la agricultura como principal medio de sustento de los vecinos.

En numerosos municipios como Gamonal, Montealegre del Castillo o Torrejoncillo del Rey las protestas vecinales, junto con el apoyo de asociaciones ecologistas, consiguieron paralizar los proyectos de instalación de macro granjas en sus municipios. Y, lo más interesante, lo consiguieron gracias a que sus ayuntamientos utilizaron todos los instrumentos a su alcance para su paralización, previa escucha de las demandas vecinales. En los casos expuestos, la utilización del Plan de Ordenación Municipal (POM) y los consiguientes permisos de obra, cuya concesión depende del ayuntamiento, consiguieron impedir el asentamiento de las industrias cárnicas en los mentados términos municipales. Mientras que en sede de los ayuntamientos las protestas vecinales tuvieron un mayor calado, las demás escalas de gobierno no encontraron inconveniente alguno a la instalación de las macro granjas porque pusieron el foco en la ganancia de empleo y riqueza de la zona, alineándose con la oferta

eldiario.es/castilla-la-mancha/macrogranjas-pusieron-ojos-castilla-la-mancha_1_3000192.html [Fecha de última consulta 27/11/2023] de las empresas interesadas. El ejemplo muestra cómo la mayor cercanía de los ayuntamientos a sus vecinos permitió que sus representantes locales actuaran con una mayor adaptabilidad, tanto al medio, como a las demandas vecinales, a diferencia de los demás niveles de gobierno inmiscuidos en el asunto.

En séptimo lugar, la cercanía de los representantes políticos locales a la comunidad, así como la más fácil comunicación de estos con el cuerpo político, ofrece un contexto de partida muy favorable para la toma de decisiones. Puede comprobarse, del mismo modo, con el ejemplo ya relatado sobre la oposición vecinal a las macro granjas. Los mentados factores proporcionan a los líderes políticos locales una mayor capacidad de adaptación de la política a las variables concretas (demografía, ruralidad, medios en su disposición, prioridades de los vecinos, elementos geometría variable o dificultades del terreno, principal motor económico de la zona, etc.) presentes en su territorio. La mayor adecuación de la política al medio en el cual está prevista su puesta en funcionamiento también determina la eficiencia y la eficacia de la política por parte del nivel de gobierno que la elabora y de la administración que la ejecuta. Mejora, asimismo, la sensación de efectividad de la participación ciudadana, dado que las demandas del cuerpo político son tomadas en cuenta en mayor medida. La organización de nuestro modelo territorial en unidades políticas municipales es óptima en un país como España porque su diversidad local también requiere respuestas heterogéneas frente a una disparidad de problemáticas suscitadas en esa escala de gobierno, donde una misma solución no debería ser aplicable a un gran conjunto de realidades divergentes.

2.2. LOS PELIGROS PARA LA DEMOCRACIA EN LA ESCALA MUNICIPAL

Como veníamos manteniendo desde el inicio de este epígrafe, la escala local no solo presenta aspectos ventajosos para la democracia. Algunas de las características analizadas en sede de sus beneficios, disponen, asimismo, de un reflejo negativo en diversas cuestiones que expondremos a continuación.

En este orden de cosas, la primera consideración negativa es la relativa a la homogeneidad de la comunidad política en la pequeña dimensión. Si bien es cierto que las pequeñas comunidades tienden a estar más cohesionadas, no es menos cierto que en su seno las sensibilidades políticas y la familiaridad que las caracteriza las conducen a una mayor uniformidad. Este hecho, por una parte, conlleva una menor competitividad en la representación política de la ciudadanía, es decir, una menor competición por parte de los partidos políticos y demás organizaciones de carácter político en la escala local. Cuanto más pequeña es la unidad política, menor es la amalgama de sensibilidades políticas que tendrán oportunidad de ser representadas en sede de las instituciones municipales. No es algo que solo pueda observarse en la comparación entre escala local y otras escalas, sino incluso dentro de la misma escala local, entre pequeños municipios y grandes ciudades. Por eso, en las pasadas elecciones municipales el número de partidos políticos que presentaron listas en la ciudad de Madrid quintuplicó el número de partidos que presentaron listas en cualquiera de los municipios españoles de menos de 2.000 habitantes que son, por cierto, los más numerosos[63]. Por otra parte, en la pequeña escala se observa también una menor predisposición hacia la disidencia política. En los contextos de comunidades más pequeñas, aunque es más sencillo poner en conocimiento aquello con lo que se disiente, también es más difícil disentir si un gran número de ciudadanos no está de acuerdo con el objeto de la protesta. Mientras que en las comunidades o escalas más grandes, y más impersonales,

---

63 Esta información puede consultarse en la web puesta a disposición de la ciudadanía por el Ministerio del Interior con ocasión de la celebración de elecciones municipales en el año 2023. Está disponible en el siguiente enlace: https://elecciones.locales2023.es/formaciones-politicas/candidat/presentadas/inicio/ [Fecha de última consulta: 01/12/2023].

es más fácil aceptar la pluralidad de opiniones, en las escalas más pequeñas lo político y lo personal tienden a confundirse con mayor facilidad y, en numerosas ocasiones, conducen a la autocensura desde ciertos sectores de la ciudadanía con el fin de evitar enfrentamientos personales entre vecinos[64].

Una segunda consideración anexa a las anteriores, y que también es visible incluso dentro de la escala local, entre las comunidades de gran tamaño y de pequeño tamaño, es que, aunque en las primeras la comunidad se encuentra más fragmentada y es más propensa a actuar de acuerdo con estándares individualistas, las grandes comunidades también tienden a una mayor organización política. En las pequeñas comunidades locales la escasa población provoca que haya pocas personas con intereses en conflicto y que, además, las mismas estén poco organizadas. Es lo que Robert Dahl llamó "la regla del fontanero"[65]. Mientras que lo más frecuente es que en las pequeñas comunidades exista un fontanero, en las comunidades más grandes, existirá, al menos, un número mayor de fontaneros. Este hecho determina una mayor facilidad para que, en las comunidades más grandes, los fontaneros se reúnan en una misma organización y aúnen sus intereses y sus reivindicaciones que en las pequeñas comunidades donde las personas dedicadas a la misma profesión son menos numerosas. Cuanto más crece la comunidad, más intereses hay en juego, y mayor es su organización. La "regla del fontanero" puede extrapolarse a cualquier tipo de interés en conflicto presente en una determinada sociedad, no solo al ámbito laboral. La pregunta aquí no es cuál de las situaciones es mejor, si la que permite que, dado el pequeño tamaño de la comunidad, un único fontanero pueda hablar directamente con su alcalde, o la que propicia que a causa del gran tamaño haya una mayor organización de los intereses de las personas que desempeñan

---

64 Robert Dahl y Edward R. Tufte, *op.cit*, especialmente a partir de la página 44, hasta la 51 y a partir de la página 90 hasta el final de la obra.

65 Su expresión original es: "The Plumber's Law", *Ibidem,* p. 39.

la misma profesión. La clave de este planteamiento es que cada una de las situaciones descritas presentan potencialidades distintas en función del tamaño o escala en la que se lleve a cabo una determinada acción.

La tercera consideración también se desprende de la situación relatada en líneas anteriores. La confusión entre lo personal y lo político en la pequeña escala tiene sus ventajas y sus inconvenientes. Si nos situamos en el caso de la escala local, en un municipio de pequeño tamaño es muy común que el cuerpo político conozca, e incluso que disponga de ciertos nexos personales con las personas que se postulan a cargos de representación en las elecciones, a diferencia de si nos situamos en otras escalas o en municipios más grandes. La existencia de estos nexos provoca que, generalmente, exista una tendencia a personalizar el voto[66]. En no pocas ocasiones se ha profesado el argumento de que la política local funciona de un modo distinto. Esa distinción en sede de las elecciones locales resta, a menudo, importancia a lo político para otorgarlo a lo personal. Se da una situación particular para la democracia representativa porque se desplaza a la partitocracia en beneficio del personalismo[67]. El fenómeno es curioso por dos motivos. El primero se debe a una relativa fluctuación de las elecciones locales hacia un modelo de corte más presidencialista que parlamentarista, a pesar del diseño institucional, pues el voto del cuerpo político pone el acento en el candidato a alcalde, y no tanto en los concejales. El segundo lo determina la reputación del aspirante a alcalde de la corporación que, a menudo, pesa casi lo mismo que su programa político[68].

---

66 Pedro Riera Sagrega (*et.al*), "Elecciones municipales en España. La personalización del voto", *Revista Internacional de Sociología* 75 (2017): 1-18.

67 Gemma Ubasart-González, "Municipalismo alternativo y popular. ¿Hacia una consolidación de las tesis del nuevo localismo y la politización del mundo local?", *Revista de Estudios Políticos (nueva época)* 157 (2012): 135-162.

68 En las encuestas realizadas por el CIS en el mes de mayo de 2023, previa celebración de elecciones municipales, la ciudadanía respondió que las cuestiones a las cuales da más importancia para decidir su voto son, de

La cuarta apreciación tiene que ver con la dimensión negativa de la cercanía del representado al representante pues, sin duda, la proximidad también dispone de ciertos inconvenientes. En sede local existen mayores posibilidades de fiscalizar la política, precisamente, a causa de esa cercanía del cuerpo político a las esferas de toma de decisiones. Esto, como dijimos, se observa como un aspecto positivo. Ahora bien, si nos situamos en el lado contrario, la cercanía también ofrece una mayor cobertura de las conductas políticas arbitrarias cuando la mayor parte del cuerpo político las normaliza, las encuentra correctas o se beneficia de las mismas. Unido este factor al de las dificultades intrínsecas de la disidencia en la pequeña escala, el resultado es que a veces es más sencillo practicar, justificar y perpetuar un hecho que es política y jurídicamente reprochable en los municipios pequeños que en los municipios grandes y que en las demás escalas de gobierno. Algo especialmente notable con el fenómeno del caciquismo. Sin perjuicio de lo anterior, hemos de tener en cuenta, ante el manido argumento utilizado por el sector que demoniza con frecuencia la esfera local, que ni el caciquismo entendido como "intromisión abusiva de una persona o una autoridad en determinados asuntos, valiéndose de su poder o influencia"[69] existe solo en la esfera local; ni todos los municipios de pequeño tamaño funcionan de acuerdo con lógicas caciquiles.

La quinta apreciación, que se desprende del conjunto de todos los motivos anteriores, es que, en la esfera local, sobre todo en sede del pequeño municipio, la capturade líderes políticos es mucho más sencilla. La ciudadanía, o parte de ella, termina subvirtiendo la lógica de la representación haciendo valer su influencia

---

un lado, el candidato que se presenta como alcalde (34.4%), y del otro el programa que presenta (43%). Puede consultarse en CIS, "Encuesta flash elecciones municipales 2023", Estudio nº3407, mayo 2023.

69 Es la acepción utilizada por la Real Academia de la Lengua Española (RAE). Está disponible en: https://dle.rae.es/caciquismo [Fecha de última consulta: 27/11/2023]

de manera desproporcionada y sustituyendo al representante en su misma función.

La última apreciación que observamos es la resistencia al cumplimiento de algunas normas, sobre todo coercitivas, provenientes de la pequeña escala. A medida que la escala decrece, el elemento de institucionalización de la política se diluye. La persona del alcalde y las de los concejales no se identifican tanto como institución, sino más como miembros de una comunidad de iguales. Ambas visiones no son incompatibles, pero una pierde peso en beneficio de la otra, sobre todo en el pequeño municipio. La percepción sobre la autoridad de los mentados cargos también mengua y, con ella, la fuerza vinculante de las normas emanadas del consistorio. Si a ello se suma, de un lado, que en las pequeñas comunidades es muy común que existan relaciones interpersonales entre autoridad y cuerpo político, y del otro, que existe una escasa presencia policial como institución encargada de la seguridad y del cumplimiento de las normas coercitivas[70], el cuadro resultante es que la tendencia mayoritaria apunta hacia un incumplimiento de la norma sancionadora en caso de que ésta se estime como injusta, precisamente dado el anterior razonamiento. En otras palabras, es mucho mayor el riesgo de que la regla de reconocimiento y validez de Hart no opere en la pequeña escala, cuestión que se potencia con la percepción ciudadana de que no habrá una consecuencia ante el incumplimiento de la norma. Existen pocos medios de ejecución y, en caso de existir, demasiada cercanía entre quien tiene la potestad sancionadora y la persona sancionada.

---

70 En la línea mantenida, también existen muy pocos estudios sobre la escasez de presencia policial en el medio rural y los peligros inherentes a este hecho. Sirva, como botón de muestra, el estudio desarrollado en el marco de la Universidad de Extremadura por Jordi Ortiz García y Miguel Ángel Rufo Rey, "Seguridad y prevención del delito en las comunidades rurales de Extremadura: un estudio de caso desde la criminología", *Revista de Estudios Jurídicos y Criminológicos* 7 (2023): 153-185.

Capítulo III:

Autonomía local, municipio y democracia: una combinación inseparable para el funcionamiento democrático del estado

No es nuestra pretensión la de animar a reformar nuestro modelo territorial para depositar una universalidad de intereses en el ámbito local y una subsidiariedad de asuntos en la escala central. No abogamos por soluciones cercanas al federalismo sinalagmático de Proudhon en la actualidad, pero sí defendemos la necesidad de caminar hacia una lectura rigurosa, y también municipalista, del texto constitucional de 1978. La diferencia entre la escala local y las demás escalas no reside tanto en que una u otra sea óptima para la democracia, sino en las potencialidades que, actualmente, presenta cada nivel de gobierno para contribuir a un funcionamiento democrático del Estado, comprendido este en toda su complejidad. Las posibilidades de que la escala municipal contribuya a la materialización del principio democrático en nuestro sistema son muchas. Pero, para ello y como antesala, hemos de procurar que el municipio tenga oportunidad de contribuir a la materialización de tales posibilidades[71].

---

[71] "No se trata, por tanto, de considerar la democracia local como una «mejor democracia» que la existente a nivel de las instituciones estatales y europeas, sino otorgarles dentro del sistema democrático general un específico papel de impulsor de la participación política de los ciudadanos y una mejor visualización de la gestión democrática de los intereses públicos". Debemos entender que "el poder local como un espacio de poder democrático que, por esa misma razón, debe poder expresarse a través de la gestión de un espacio del poder político y

Ya hemos perfilado los argumentos a favor de la democracia local. Ahora hemos de justificar el vínculo inmanente que existe entre democracia y autonomía local. Con la intención de no anticiparnos a los siguientes capítulos, que tratan de forma extensa el principio de autonomía local, baste ahora con poner de manifiesto que, para que la democracia tenga sentido en la escala local es prioritario que al municipio se le asigne la gestión autónoma de ciertos asuntos, en virtud del principio de descentralización del poder político (art. 137 CE). A medida que el municipio pierde autonomía, es decir, capacidad de decisión y competencia para gestionar cuestiones de su interés, la democracia en la escala local se desvirtúa. La democracia no solo consiste en elegir quién decide y cómo se decide, sino en la amplitud del qué se decide. El principio de autonomía local es, por ende, el que da cuerpo a la democracia en la pequeña escala[72].

Primero, porque le brinda un objeto sobre el cual poder actuar y tomar decisiones. Nos referimos en este sentido a los asuntos considerados "de interés local", que en nuestro ordenamiento jurídico son muy pocos. Por mucho que el principio democrático presente grandes potencialidades en el ámbito local, si de manera paralela el municipio no dispone de ciertas cuestiones sobre las cuales recaigan las decisiones tomadas de forma democrática, la democracia pierde su razón de ser. Porque, aunque una organización o unidad política disponga de

---

de su participación en el sistema general de toma de decisiones". Luis Ignacio Ortega Álvarez "La Carta Europea de la Autonomía Local y el ordenamiento local español", *Revista de Estudios de la Administración Local y Autonómica (REALA)* 259 (1993): 478 y 479.

72 José Luis Carro Fernández-Valmayor, "El debate sobre la autonomía municipal", *Revista de Administración Pública* 147 (1998): 59-96; María Teresa Salvador Crespo, *La autonomía provincial en el sistema constitucional español. Intermunicipalidad y Estado autonómico* (Barcelona: Fundación Democracia y Gobierno Local, Instituto Nacional de Administración Pública, INAP, 2007): 58.

un funcionamiento perfectamente democrático, si los aspectos sobre los cuales puede pronunciarse democráticamente son ínfimos, la importancia que podemos asignar a ese funcionamiento democrático también es ínfima.

Pensemos en el ejemplo de las protestas vecinales de los municipios castellanomanchegos, antes relatado, con motivo de su oposición a la instalación de macro granjas. Si los ayuntamientos de los pueblos afectados no hubieran tenido la competencia en materia de urbanismo, y tampoco hubieran podido ofrecer resistencia a partir de los instrumentos que el ordenamiento jurídico ponía a su disposición, la oposición vecinal en sede local no hubiera tenido una respuesta institucional, toda vez que los demás niveles de gobierno no encontraban inconveniente a la instalación de los proyectos. Las potencialidades de la democracia en relación con estos hechos, entendiendo aquí democracia como capacidad del cuerpo político para pronunciarse sobre un determinado asunto, fueron extraordinarias. Pero, la actuación institucional en consecuencia se limitó a la escasa capacidad de reacción del gobierno del municipio que, al menos, en este plano, resultó efectiva y consiguió alinearse con las reivindicaciones del cuerpo político. No es algo que pueda darse con facilidad en todos los asuntos, habida cuenta de que las áreas competenciales en las que pueden incidir políticamente los municipios españoles, sobre todo los pequeños, son muy reducidas.

Y, segundo, porque la autonomía local es la que brinda la posibilidad de que la decisión en términos políticos sea finalmente vinculante. En la escala local, la inexistencia de autonomía del ente municipal convierte al principio democrático en irrisorio. En el momento en que el principio de autonomía desaparece, son otros niveles de gobierno los que toman las decisiones por la corporación municipal y la fuerza de las demandas vecinales se diluye. En el marco de la delimitación de esta problemática el profesor Ortega Álvarez esgrimió que, en un sistema democrático, la autonomía local “deja de ser una cualidad del Municipio-ente para pasar a ser un derecho democrático del Municipio-colectividad"[73].

Con Joaquín García Morillo compartimos que "los entes locales tampoco han recibido, en la democracia española, la atención que la relevancia de sus funciones debería conferirles. Dudosamente han recibido la de los poderes públicos, ya que tanto sus competencias como, sobre todo, sus recursos son manifiestamente insuficientes para acometer adecuadamente su labor: si la democracia tiene alguna, como ahora se dice con frecuencia, deuda histórica real, ésa es para con los entes locales."[74]. Pese a que las potencialidades de contribución del municipio son muchas, el funcionamiento actual y la merma del principio de autonomía local en la mayor parte de la escala local española nos está conduciendo a perder grandes oportunidades desde el prisma democrático. A medida que nuestro ordenamiento ha regulado el régimen local, ha ido apartando paulatinamente el centro de decisión del municipio, como si nuestro modelo territorial en lo que respecta a la pequeña escala participara de aquella postura que ve al municipio, exclusivamente, como centro de dinámicas caciquiles. Este patrón de pensamiento se ha reproducido, como afirmaba el profesor García Morillo y sigue teniendo actualidad, tanto en sede institucional, como incluso en sede doctrinal, pues "tampoco la doctrina iuspublicista les ha prestado el interés al que su función en el sistema les hace merecedores. La deuda es especialmente alta, en este caso, por parte de los constitucionalistas, ya que su olvido respecto de los poderes púbicos locales ha sido casi absoluto"[75].

Es algo que no ha sucedido con los demás niveles de gobierno. En el reparto del poder político del Estado, en virtud del prin-

---

[73] Luis Ignacio Ortega Álvarez, "La Carta Europea de la Autonomía Local y el ordenamiento local español", *op.cit*, p.489.

[74] Joaquín García Morillo, *La configuración constitucional de la autonomía local, op.cit*, p.11.

[75] *Idem.*

cipio de descentralización, las demás unidades políticas han visto satisfecho el cauce para materializar sus potencialidades en relación con el principio democrático. En nuestro país ha sucedido especialmente con las Comunidades Autónomas. E, incluso también con las Diputaciones provinciales que disponen de una legitimidad democrática indirecta. Que las aportaciones de estos niveles (autonómico y provincial) tienen suficientes medios para materializarse en nuestro sistema y contribuir al principio democrático es algo indudable. Disponen de la autonomía suficiente como para dar cuerpo a las decisiones que se tomen en su nivel de gobierno. Este es, sin embargo, un fenómeno todavía pendiente en el plano municipal. Es un error haber asumido que nuestro Estado puede funcionar democráticamente sin contar con la democracia municipal.

La concentración de decisiones en estas unidades políticas en detrimento de su ubicación en sede municipal propicia, como reiterábamos, que perdamos muchas oportunidades porque existen determinados asuntos que, dada su presencia en la pequeña escala, su gestión es inasumible, al menos con la urgencia, eficacia y eficiencia que merece, por entidades territoriales como nuestras Comunidades Autónomas, y ni que decir para nuestra instancia central de gobierno. El profesor Francisco Velasco lo aclara cuando admite que, realmente, cuando unas escalas se encargan de solucionar problemas que acontecen en otras escalas, lo que se produce no solo es un resultado que merma la eficiencia y la eficacia, sino que también produce un déficit democrático. Lo explica mediante la célebre "«West Lothian Question» (o sea: por qué un diputado escocés en el Parlamento británico puede votar una propuesta que afecta sólo a ciudades inglesas, siendo así que las leyes para las ciudades escocesas las aprueba el Parlamento escocés). Esta comprensión de las competencias locales en clave de legitimidad democrática exige, de las leyes, la identificación precisa de cuáles son los intereses en juego (si de barrio, de ciudad, de comarca o de provincia), y conforme a ello atribuir a cada Administración local las competencias ajustadas a su interés y escala territorial."[76].

Pensemos en el estado de las carreteras que rodean muchos de los municipios de Extremadura, y simultáneamente, su lejanía a servicios hospitalarios. En caso de que se produzca un accidente de tráfico, a causa del mal estado de las carreteras, algunos puntos de la geografía extremeña cuentan con más de una hora y media de trayecto hasta llegar al hospital más cercano. La situación es gravísima, pero es materialmente imposible que esa gravedad sea gestionada con la urgencia, eficacia y eficiencia con la que debe actuar la administración pública si depende de una escala tan alejada del problema *de facto* que, además, dispone de ese y casi de un sinfín de asuntos que resolver, a causa de su gran número de competencias.

La consecución de un verdadero proyecto democrático de país requiere que reflexionemos, de manera coherente, sobre el reparto del poder político. El protagonismo de unidades políticas distintas al municipio en la resolución de asuntos con un manifiesto interés municipal debe repensarse en un Estado descentralizado como el nuestro, que aspira a funcionar democráticamente a todos los niveles. Además, España cuenta con particularidades que aconsejan el refuerzo de la autonomía local de cara a materializar el principio democrático, dada su manifiesta diversidad. Es indudable que las 8.132 realidades municipales disponen de problemas comunes que pueden resolverse desde la instancia central. Pero es igual de indudable que la fragmentación de la planta local y la heterogeneidad (cultural, social, política, geográfica, etc.) que caracteriza a nuestro país provocan el surgimiento de situaciones problemáticas que no pueden resolverse desde escalas tan alejadas del problema, a menudo, inconscientes de las aristas y las complejidades del mismo. Así, si pretendemos que sea otra instancia de gobierno

---

[76] Francisco Velasco Caballero, "La planta local de España: criterios para la toma de decisiones", *Anuario de Derecho Municipal* 4 (2010): 42.

la que resuelva los problemas suscitados en la escala municipal, probablemente la resolución final de los mismos deje mucho que desear tanto desde el prisma democrático, como desde la eficacia y eficiencia con la que ha de actuar la administración pública (art. 103 CE).

Materializar el principio democrático, con el principio de diferenciación local[77], no requiere que el Estado deba dar 8.132 soluciones distintas. Requiere, por el contrario, ahondar en el principio de descentralización y conceder a las escalas de gobierno por debajo del poder central la capacidad para solucionar situaciones problemáticas de acuerdo con sus potencialidades, sobre un marco común básico, no exhaustivo, ni detallado, para que éstas, que están más cercanas a los problemas suscitados en la gestión de la *res publica*, puedan solventar las dificultades ocasionadas en su territorio. En el fondo, lo que se estaría ofreciendo es la posibilidad de perfeccionar el principio democrático.

En un país donde dos de las tres unidades políticas de descentralización del poder, que además son más lejanas a la ciudadanía, lo abarcan casi todo, la materialización real y efectiva del principio democrático es compleja. Por eso creemos que a España le resta potencialidades democráticas el hecho de que la gestión de la mayor parte de los asuntos que requieren una intervención política se aglutinen en la escala nacional y autonómica, especialmente en la primera. El Estado social y democrático de Derecho también ha de comenzar a interpretarse en clave territorial, y en clave municipalista, garantizando y protegiendo la autonomía del municipio como clave de bóveda para

[77] El principio de diferenciación local hace referencia a un tratamiento heterogéneo del municipio desde el ordenamiento jurídico local, en aras a una mayor adaptabilidad de la norma a la geometría variable y a las heterogeneidades, del tipo que fueren (históricas, culturales, geográficas, etc.), de la planta local española. Así, lo que pretende es no ofrecer un tratamiento homogéneo a tantas realidades cuyas necesidades, posibilidades y exigencias son diversas.

la profundización democrática de nuestro Estado[78]. El olvido de numerosos municipios, y de su capacidad para tomar decisiones democráticas y adaptadas a sus distintas realidades, en detrimento de los derechos de la ciudadanía que los habita, es hoy una realidad incontestable desde nuestra democracia.

78 Ramón Martín Mateo, "El gobierno municipal", *Revista de estudios de la administración local y autonómica,* 277 (1985): 409-430

SEGUNDA PARTE:
LA AUTONOMÍA LOCAL COMO FUNDAMENTO CONSTITUCIONAL DEL MUNICIPALISMO Y LA DEMOCRACIA LOCAL

Capítulo I:

El surgimiento de la autonomía local en Europa

Nuestra intención con este primer capítulo de la segunda parte de la obra es esclarecer las principales notas características de las formulaciones europeas primigenias del principio de autonomía local. Con este fin analizaremos su formulación francesa, alemana, inglesa y, en menor medida, su planteamiento en Italia y en Estados Unidos. Es esencial, antes de avanzar hacia el estudio del principio de autonomía en sede del constitucionalismo español, dilucidar cuál de todas estas formulaciones extranjeras pudo suponer el germen de la autonomía local en nuestra primera experiencia constitucional, en el Cádiz de 1812.

1.1. LOS ORÍGENES DEL MUNICIPALISMO FRANCÉS Y LA TEORÍA DEL POUVOIR MUNICIPAL

El primer germen del municipalismo francés nació en el seno de la Ilustración, con las ideas propugnadas por la escuela de los fisiócratas. En el marco del Antiguo Régimen, el modelo tributario y el complejo aparato administrativo de la Monarquía absoluta acentuaron la crisis económica y política en la que el país galo se encontraba inmerso. Crisis, frente a la cual se planteaban los postulados fisiocráticos, que abordaban el estudio crítico de la sociedad política para la elaboración de un nuevo sistema social y la eliminación del orden estamental. Los fisiócratas trataron de plantear una alternativa a las corrientes políticas y al modelo administrativo sobre la base de argumentos económicos, basados en una fuerte raíz iusnaturalista y monárquica.

Todo constructo jurídico-político es fruto de las circunstancias coyunturales en las cuales se desarrolla[79]. De ahí se explica que teoría fisiocrática tratara de compatibilizar tres cuestiones que, *a priori*, parecen incompatibles: el fuerte peso de los derechos individuales, la creación de sentimientos comunitarios por medio de la adscripción de la ciudadanía al Estado y el impulso del orden monárquico como vía para garantizar el progreso y el bienestar social.

Los postulados de la Ilustración hicieron eco en las teorías fisiocráticas a partir de la toma en consideración de los derechos individuales, de la igualdad del individuo en la sociedad, de su libertad, o del derecho al propio sustento. Así es como la escuela de los fisiócratas, encabezada por Anne Robert Jacques Turgot, planteó su nuevo modelo de Estado. El aparato estatal surgía como un poder tutor a cargo de la garantía de esos derechos particulares, que se encargaría de velar por el correcto aseguramiento del orden natural. Al tiempo que ponían el foco de sus teorías en el aseguramiento de los derechos del individuo, pretendían la consecución de un Estado cohesionado, con firme unidad nacional y fuertes sentimientos comunitarios, utilizando como base de su estrategia la atracción de las clases propietarias a las tareas administrativas con el fin de contrarrestar en todo lo posible la burocracia estatal, al menos, en los más bajos niveles de gobierno. Con estas ideas se trataba de combatir la presencia del Estado por medio de una mayor implicación de la ciudadanía, eminentemente de las clases propietarias en la administración estatal. De esta manera, el Estado se encargaría de garantizar el orden natural y el aseguramiento de los derechos del individuo por medio de su tutela, y la ciudadanía, a cambio, se encargaría de mantener una firme cohesión social por medio de su participación en las tareas administrativas.

79 Cfr. Carlos de Cabo Martín, *Pensamiento crítico, constitucionalismo crítico* (Madrid: Trotta, 2014)

Los fisiócratas también eran, por antonomasia, monárquicos; aunque la recepción de sus ideas trajo consigo desastrosas consecuencias para la Corona. No creían que la idea de progreso y bienestar fuese incompatible con un Estado monárquico, sino al contrario, pues su más básica pretensión era la de formular un Estado basado en una fórmula descentralizadora, que consiguiese crear cierta adscripción simbólica o espíritu nacional por parte de las unidades comunales menores integradas en la gran unidad del Estado con sometimiento al control real. En resumen, los fisiócratas tenían la pretensión de consolidar un Estado de base monárquica, fuertemente cohesionado a nivel social, y no una república integrada por unidades autónomas en el plano político[80].

La formulación fisiocrática de la doctrina del *pouvoir municipal* supuso una perfecta miscelánea entre estos tres postulados. Por una parte, se trató de articular al municipio como una instancia con propia vigencia, pero dentro y bajo la supervisión del Estado. Por la otra, se pretendía adherir a esta teoría los avances del constitucionalismo por medio del aseguramiento de los derechos individuales. La técnica implementada para la materialización de sus postulados sería la que más tarde se conocería como teoría naturalista del municipio. A partir de esta, se subjetivizaba al municipio y se le dotaba de unas facultades o competencias de las cuales no podía ser despojado, quedando el ejercicio de tales facultades protegido por la Constitución[81]. La subjetivización del municipio era la única vía para que, al mismo tiempo que se mantuviera una supervisión monárquica del ente municipal, se pudiera dotar de ciertas competencias

---

80 Vicent A. Llombart Rosa, "El valor de la fisiocracia en su propio tiempo: un análisis crítico", *Investigaciones de Historia Económica*, Vol.5, 15 (2009): 109-136; Manuel García Pelayo, "Teoría social de la fisiocracia", *Moneda y crédito* 31 (1949): 18-43; Ronald L.Meek, *La fisiocracia* (Barcelona: Ariel, 1975); Ramón Martín Mateo, *El municipio y el Estado en el Derecho alemán* (Madrid: Ministerio de la Gobernación, 1965): pp. 40-50.

81 *Ibidem*, 76.

o prerrogativas que pasarían a estar taxativamente gestionadas por la ciudadanía. Así, se conseguía compatibilizar la tendencia monárquica, dado que el monarca seguiría ostentando ciertas prerrogativas respecto a las localidades francesas; la raíz comunitaria fisiocrática, porque las facultades que se depositarían en sede municipal pasarían a estar gestionadas por la ciudadanía; y los derechos subjetivos, puesto que el protagonismo de los funcionarios regios en el estrato municipal desaparecería en beneficio de una creciente gestión ciudadana en los asuntos municipales.

En el marco de esta corriente de pensamiento, Turgot explica por primera vez las ideas de su escuela en su célebre *Mémoire sur les municipalités*[82]. Esta obra se desarrolló en un contexto de fuerte centralización, en el cual, el municipio constituía una instancia más de desconcentración de la voluntad regia, controlada por funcionarios del Rey. El sujeto que integraba al municipio no era tanto el individuo como los núcleos familiares; es decir, las familias constituían la organización básica del municipio. Tanto es así que Turgot, desde muy temprano, trató de advertir a la monarquía la necesidad de crear un sentimiento de pertenencia de tales familias al Estado. La existencia de un espíritu público, ante la ausencia de un interés visible y conocido para la comunidad, era imposible en el marco del absolutismo francés. Las familias se limitaban a cumplir las reglas establecidas por el mandato monárquico unilateral, sin preguntarse siquiera a título de qué, y esto era completamente indeseable para la perdurabilidad y estabilidad del sistema[83].

---

[82] Se encuentra recogida en Gustave Schelle, *Euvres de Turgot et documents le concernant. Avec Biographie et Notes,* Tome Quatrième (París: Librairie Félix Alcan, 1922).

[83] De aquí se desprende la influencia aristotélica en la teoría de Turgot. Aristóteles en *La Política,* también creyó que "no es para el legislador y para los que quieren fundar un gobierno democrático la única ni la mayor dificultad la de insistir o crear el gobierno; lo es mucho mayor el saber hacerlo duradero", *op.cit.,* p.243.

Además de su composición en núcleos familiares, el municipio de la Francia prerrevolucionaria se concebía desde una visión asociativa[84]. El poder del ente municipal se asemejaba a una especie de poder doméstico, cuasi-privado, como si de una asociación vecinal se tratase. El entendimiento del municipio como asociación familiar de vecinos propiciaba una comprensión muy particular de los intereses municipales, completamente alineados a las necesidades, capacidad y medida de las familias constitutivas del municipio. Es, de hecho, de acuerdo con esa premisa como Turgot manifestó al monarca la conveniencia de realizar una "devolución" de la capacidad para autoorganizar ciertas funciones que, por su pequeña entidad, se encontraban fuera de la capacidad organizativa del Estado. El francés, tratando de persuadir al Rey, argumentaba que dotar a los municipios del autogobierno para la autoorganización de los intereses municipales traería grandes beneficios para el Gobierno central, principalmente en dos planos. Primero, para crear un arraigo o espíritu público con enclave municipal que permitiese a las familias concebir su función dentro del aparato estatal y, por tanto, instituir una potencial adscripción de éstas al Estado. Y segundo, el poder central ya no tendría que concentrar sus fuerzas en ocuparse de asuntos de pequeña entidad, que a menudo sobrepasaban su capacidad y podría enfocarse a partir de entonces en cuestiones de una mayor envergadura[85].

Cuando Turgot hablaba de autogobierno y de intereses municipales, al margen del interés general, no concebía a la autonomía local en su sentido moderno, con una vertiente administrativa, política o financiera, sino como la capacidad de estos entes de poder gestionar aquellos asuntos que, por su pequeña magnitud, escapaban del control del gobierno central. Es fundamental recordar este detalle, pues marcará las posteriores doctrinas francesas y europeas

---

84 Eduardo García de Enterría, *Revolución Francesa* y *Administración contemporánea* (Madrid: Taurus, 1981).

85 Eduardo García de Enterría, "Turgot y los orígenes del municipalismo moderno", *Revista de administración pública (RAP)* 33 (1960): 79-110.

de desarrollo de la autonomía local. El municipalismo francés ideado por la escuela de los fisiócratas no situaba los asuntos municipales como una categoría encajable en el interés general del Estado, sino más bien, como la resolución de asuntos de carácter privado; visión que se sostenía no solo debido a la concepción asociativa del municipio, sino también dada su integración por núcleos familiares. Esta interpretación de lo municipal fue la que permitió a Turgot plantear una petición de más autoorganización para los municipios franceses.

Para ello, Turgot estructuró un listado de asuntos privativos que corresponderían a las municipalidades, rebasando incluso los límites de pensamiento de su propia escuela, así como una serie de principios que operarían en la realidad del nuevo municipio ideado por éste. Todo ello giraba, principalmente, sobre la base de eliminar la presencia en el municipio de figuras con privilegios que hasta entonces habían formado parte del gobierno municipal, proponiendo, además, un sistema enarbolado sobre el derecho de participación de la sociedad en el gobierno activo del municipio, basado en una incipiente, pero curiosa (pues no solo es planteada desde un punto de vista económico, sino también de acuerdo con parámetros sociales y políticos) democracia censitaria. La propuesta elaborada por Turgot en *Mémoire sur les municipalités* fue entregada a Luis XVI, para quien pasó completamente desapercibida.

No fue hasta 1787 cuando se publicó la primera edición de la obra de Turgot, que se había tomado hasta entonces como un mero documento administrativo e incluso se había dudado de su propia autoría. Pese a los previos rechazos en los primeros años de andadura del proyecto reformista, la propuesta de Turgot tuvo un fuerte calado en la Francia prerrevolucionaria, y también en el resto del continente, sobre todo, para aquellos que propugnaban una mirada crítica a la situación política del régimen, como se demostraría con su proyección en la asamblea constituyente revolucionaria y en las posteriores teorías extranjeras de desarrollo de la autonomía local.

En la Francia de 1789, mientras el clero, la nobleza y la monarquía seguían manteniendo sus privilegios, el pueblo llano ("tercer Estado"[86]) se encontraba sufriendo las consecuencias más desastrosas de la crisis climática, económica y financiera que atravesaba al país. Los postulados de la Ilustración ya tenían un cierto calado en la sociedad, especialmente en la burguesía, y habían sido utilizados en la Revolución estadounidense[87]. La defensa de la libertad, de la igualdad y de los derechos individuales comenzaba a verse incompatible con la supervivencia del Estado absoluto. Estas circunstancias propiciaron la conformación de la asamblea nacional el 17 de junio de 1789, que días más tarde se convertiría la asamblea constituyente. En su seno comenzarían los debates para dotar a Francia de un nuevo orden y acabar con todo vestigio del Antiguo Régimen.

A los efectos que nos ocupan, dos son los Decretos claves que tuvieron lugar en el seno de la asamblea revolucionaria, el Decreto de 14 de diciembre y el de 22 de diciembre de 1789. En ellos, la asamblea revolucionaria recogía la concepción elaborada por Turgot estableciendo y garantizando el poder municipal como un poder originario que pasaría a disponer tanto unas funciones delegadas por el Estado como, y lo que es más importante, unas funciones propias dada su naturaleza de poder originario de la República, que no necesitaba de una delegación estatal de competencias, sino que aquellas le pertenecían exclusivamente al mismo en tanto tal. Así, el artículo 49 del Decreto de 14 de diciembre de 1789 de la constituyente francesa afirmaba que «Los órganos

86 Una matización a este respecto es que Sieyès utiliza de forma ambivalente la expresión "pueblo llano", para referirse en algunas ocasiones a todo el conjunto de la ciudadanía y, en otras, solamente a la burguesía, especialmente en el marco de la titularidad de los derechos de representación. Enmanuel Sieyès, *Qu'est-ce que le tiers état?* (1789). Puede consultarse su edición en castellano: Enmanuel Sieyès, *¿Qué es el tercer Estado? / Ensayo sobre los privilegios* (Madrid: Alianza, 2019).

87 Roberto L. Blanco Valdés, *El valor de la Constitución* (Madrid: Alianza, 2006)

municipales tendrán dos tipos de funciones a cumplir, unas propias del poder municipal, otras específicas de la administración general del Estado y delegadas por este a los municipios»[88]. Se consiguió, como consecuencia, una legislación que depuraba totalmente el gobierno local del Antiguo Régimen, caracterizado, este último, por la presencia de un gobierno centralizado cuyas funciones eran ejercidas por funcionarios regios, instaurado sobre una base de privilegios personales, donde el poder soberano y absoluto residía en la figura del monarca.

De forma paralela se publicó el Decreto de 22 de diciembre de 1789. En éste, el debate ya no residía en las funciones o si se quiere "competencias" a favor del municipio en la regulación del régimen local, sino propiamente, en la extensión de la figura del municipio, y las prerrogativas aparejadas al mismo. Hasta la fecha, Francia no presentaba una división homogénea en el plano local. Esta divergencia era especialmente visible entre las comunidades urbanas y las rurales, pues tan solo las comunidades urbanas, villas y ciudades disponían de una administración con privilegios públicos o potestades de gobierno. Las comunidades rurales se gestionaban de acuerdo con una organización informal, sin personalidad jurídica y siempre al servicio de la administración de bienes colectivos o comunales. Existía, además, una organización eclesiástica visible en todo el territorio, a partir de las diócesis y las

---

88 Traducción propia. En el original puede leerse: "Les corps municipaux auront deux espéces de fonctions á remplir, *les unes propres au pouvoir municipal,* les autres propres á l'administration genérale de l'Etat et déléguées par elle aux municipalités". El fragmento original ha sido extraído de Santiago Muñoz Machado, *Tratado de Derecho Administrativo y Derecho Público General, Tomo VIII* (Madrid: Agencia Estatal, Boletín Oficial del Estado, 2015): p. 22. Nótese la influencia del precepto en la asamblea constituyente de Cádiz de 1812, cuyo artículo 310 decía: "Se pondrá ayuntamiento en los pueblos que no le tengan, y en que convenga le haya, no pudiendo dejar de haberle en los que por sí o con su comarca lleguen a mil almas, y también se les señalará término correspondiente".

parroquias[89]. Las ideas de privilegio unidas al territorio también fueron declaradas contrarias a la revolución, y fueron abolidas mediante el Decreto de 9 de agosto. A partir de este momento, lo que se pretendía era dotar a Francia de una planta local homogénea de acuerdo con los postulados centralistas y revolucionarios.

El controvertido objeto de debate hizo aflorar dos posturas que trataban de construir una planta local uniforme en todo el país[90]. La primera apostaba por la creación de grandes municipios, con una escala y población considerables. Los partidarios de esta alternativa estaban convencidos de que debían dotar al municipio de una población y un tamaño propicios para el buen funcionamiento de la administración local. En esta línea, propugnaban la división de Francia en 720 municipios de gran escala, con posibilidad de crear *ad intra*, en cada uno de ellos, una administración municipal desconcentrada, los llamados *bureau*, una especie de oficinas dependientes de la asamblea municipal y subordinadas al alcalde y al teniente de alcalde, para regir los bienes comunales y atender las necesidades locales. El bloque que defendía esta postura estaba encabezado por Thouret, y fue apoyado por Sieyès[91] y Condorcet[92]. En la Memoria y el Proyecto de Ley presentado por Thouret en la asamblea nacional el 29 de septiembre de 1789 también se explicaban las razones por las cuales el bloque se oponía

---

89 Ramón Parada Vázquez, "La Administración local en España", en Marta Lora-Tamayo Vallvé (dir.) *Manual de Derecho local* (Madrid: Iustel, 2015), 29.

90 Fernando López Ramón, "Políticas ante la fragmentación del mapa municipal", *Revista de Estudios de la Administración Local y Autonómica (REALA)* 313-314 (2010): 77; J. Ramón Parada Vázquez, "La segunda descentralización: del Estado autonómico al municipal", *Revista de la Administración Pública* 172 (2007): 60-62.

91 Sieyès había defendido el mismo criterio en su obra *Algunas ideas de constitución aplicables a la villa de París* en 1789 en relación con la búsqueda de un tamaño propicio para el municipio francés.

92 Lo mismo ocurría con Condorcet, que en su *Ensayo sobre la Constitución y la función de las Asambleas provinciales* de 1778 defendió la necesidad de dotar de un tamaño poblacional considerable al municipio para el buen funcionamiento del aparato administrativo.

a la división del país en pequeños municipios, donde se mantuvo que un municipio de pequeñas dimensiones sería más propenso a caer en dinámicas caciquiles, a diferencia de aquellos que tuviesen un mayor tamaño[93].

La segunda postura fue la propugnada por Mirabeau que, *a contrario sensu*, apostaba por la división de Francia en 44.000 pequeños municipios[94]. La asamblea constituyente tenía la pretensión de extender rápidamente el nuevo poder liberal por todo el territorio francés, y para ello, la tesis de Mirabeau era más funcional que la de Thouret. En su propuesta, Mirabeau esgrimía, frente al argumento de Thouret, que el establecimiento de grandes municipalidades supondría la subyugación de las zonas rurales (más pobres) a las villas o capitales (más ricas). Sorprendentemente, el "talento demagógico de Mirabeau"[95] propició el triunfo de la segunda postura, en virtud de la cual, se erigió un municipio por cada núcleo de población existente en Francia has-

---

93 Los posicionamientos confrontados entre Thouret y Mirabeau han sido expuestos y recopilados por la Asamblea Nacional Francesa, en su repositorio sobre Historia y patrimonio de Francia. Las posturas de Thouret y su propuesta de descentralización puede leerse en el siguiente enlace: https://www.assemblee-nationale.fr/histoire/thouret_division1.asp [Fecha de última consulta: 17/01/2024]. Asimismo, puede consultarse la dirección que mostramos a continuación para continuar profundizando en ambas teorías, la de Thouret y la de Mirabeau: https://www.assemblee-nationale.fr/histoire/thouret_division2.asp [Fecha de última consulta: 17/01/2024].

94 Luciano Vandelli, *El poder Local. Su origen en la Francia Revolucionaria y su futuro en la Europa de las regiones*, trad. Pablo Menéndez García y José Suay Rincón (Madrid: Ministerio para las administraciones públicas, 1992): p.36 y 37, relata como pocos años después del Decreto de la Asamblea se trató de racionalizar el mapa municipal francés porque su inmensa fragmentación resultaba inoperante. Se intentó a través de la Constitución del año III del calendario revolucionario (1795), en la cual se preveía la unión de los municipios de pequeño tamaño (menos de 5000 habitantes). Esta reforma fue efímera dado que la reorganización napoleónica retomó la idea naturalista del municipio.

95 Ramón Parada Vázquez, "La Administración local en España", *op.cit.* p.31.

ta el momento[96]. Aunque el resultado final fruto de la propuesta de Mirabeau diese lugar a la ultra-fragmentación de la planta local francesa, la constituyente revolucionaria consiguió extender la figura del municipio a la totalidad del territorio francés frente a la concepción de municipio como privilegio otorgado por voluntad regia, sobre todo en lo que respectaba al binomio urbano-rural[97].

Decíamos cuando explicábamos la teoría fisiocrática y la propuesta de Turgot, que habíamos de tener en mente en todo momento que el interés general y el interés municipal se deslindaban completamente. Esta lógica perduró en el seno de la asamblea constituyente revolucionaria, hasta el punto de que, la autonomía del municipio se relegó, de nuevo, a lo cuasi-privado o familiar. La razón principal por la que se decidió mantener la pequeña dimensión de los intereses atribuidos al municipio fue el conocido temor de los constituyentes revolucionarios a que aquella novísima autonomía municipal acabase incidiendo en "el sacrosanto principio de la soberanía nacional"[98]. O, dicho de otro modo, que el nuevo poder municipal pudiese arrebatar alguna potestad a la asamblea. La trascendencia de la autonomía municipal (*pouvoir municipal*) en la constituyente revolucionaria fue escasa porque una vez conseguido el poder legislativo y ejecutivo por la asamblea fue más sencillo dirigirlo desde la instancia central que descentralizar ese poder hacia escalones inferiores. En el primer liberalismo existió una tendencia, especialmente visible en Francia,

---

96 «Cil y aura une municipalité en chaqué ville, bourg, paroisse ou communauté de campagne».

97 Como apunta Vandelli en *El poder Local. Su origen en la Francia Revolucionaria y su futuro en la Europa de las regiones, op.cit.* (p. 36), en las páginas 102 y siguientes del libro de García de Enterría, *Revolución Francesa y Administración contemporánea, op.cit.*, el autor explica cómo Mirabeau pudo estar ampliamente influenciado por la concepción de Rousseau sobre el municipalismo, que había sido previamente plasmada en *El Contrato Social* (Libro II, Capítulo III).

98 José Luis Carro Fernández-Valmayor, "El debate sobre la autonomía municipal", *Revista de Administración Pública* 147 (1998): 66.

a identificar poder central con soberanía. Es patente, e incluso puede identificarse en fechas actuales, en la cláusula de cierre del trilema revolucionario (libertad, igualdad y fraternidad), al que le acompaña la indivisible unidad de la patria.

Los revolucionarios franceses fueron desatendiendo los debates sobre la autonomía y el poder del municipio, hasta ser abandonados (o extrañamente reabiertos) a partir de 1790. Debido a la agitada época revolucionaria, los aportes de la constituyente traerían consigo cierta inseguridad y numerosas dificultades en la puesta en funcionamiento de la producción legislativa que tenía lugar en la asamblea, llegando incluso a denominarse, por los mismos constituyentes como una era de "anarquía administrativa"[99].

Tras la etapa revolucionaria, Napoleón dio un golpe de Estado del 18 de brumario, momento a partir del cual Francia se sumió en una fuerte etapa de centralización política y administrativa mediante el "cesarismo democrático" instaurado por el modelo napoleónico[100]. Del mismo modo que la asamblea revolucionaria concentró sus fuerzas en abolir todos los elementos característicos del Antiguo Régimen, Napoleón se enfocó en acabar con el modelo de (teórica) descentralización territorial ideado por la primera constituyente revolucionaria, aunque conservó ciertos postulados de la administración ideada por la constituyente para la consecución de sus propios objetivos[101].

---

99 Luciano Vandelli, *El poder Local. Su origen en la Francia Revolucionaria y su futuro en la Europa de las regiones, op.cit.*, p.29. Aunque, a nuestro juicio, y como el propio Vandelli afirma unas páginas más adelante, "La Revolución del 89 no trajo la anarquía y, mucho menos, la anarquía administrativa. Estableció un orden social y político, y afirmó valores nuevos, opuestos a aquéllos por los que se regía el orden precedente. Precisamente por todo ello, la Revolución necesitaba de una sólida arquitectura administrativa que hiciese posible la defensa de las conquistas de esta transformación histórica", p.60.

100 Karl Marx, *El 18 de brumario de Luis Bonaparte* (1852).

101 Los rasgos fundamentales de la administración territorial napoleónica han sido detalladamente descritos en Luciano Vandelli, *El poder Local.*

No fue hasta el periodo de la Restauración (1814-1830), cuando los liberales y los juristas doctrinarios retomaron el debate acerca del poder municipal en su lucha por la descentralización, y recuperaron el argumento del poder municipal como fundamento mismo de las libertades municipales. Es, en realidad, al municipalista doctrinario Henrion du Pansey a quien se le atribuye la formulación de la teoría del *pouvoir municipal*, que realizó en su célebre obra *Du pouvoir municipal et de la pólice intérieure des commune*, cuya primera publicación vio la luz en 1820[102]. Cinco años antes, Benjamin Constant había publicado su obra "Principios de la política", donde propugnaba una visión del poder local como un cuarto poder, junto con la división tripartita propuesta por Montesquieu[103]. En la obra de Constant, el poder municipal no constituía un cuarto poder en el sentido propio del sistema de frenos y contrapesos que se articulaba para los demás poderes del Estado, sino una esfera que necesariamente había de ser interpretada con separación y orden de competencias ajenas al

---

Su origen en la Francia Revolucionaria y su futuro en la Europa de las regiones, op.cit., pp. 32-58. Del mismo modo, en las páginas 58-68, Vandelli demuestra la continuidad de algunos elementos de la legislación revolucionaria en las reformas napoleónicas, cuyo ejemplo más obvio es el mantenimiento de la planta local francesa. Es decir, cómo Napoleón aprovechó los avances que había traído la constituyente para instaurar su propio derecho, sin que pueda, por tanto, afirmarse que la construcción napoleónica es contradictoria o incompatible con la legislación revolucionaria, ya que es en ella donde encuentra su base.

102 Puede leerse en castellano en M. Henrion de Pansey, *Poder Municipal*, trad. Elías Acosta (Caracas: Imprenta de F. Antonio Álvarez, 1851).

103 Como principales obras predecesoras de las aportaciones de Pansey, cuya autoría corresponde a Benjamin Constant, pueden consultarse: Bejamin Constant, *Principios de política aplicables a todos los gobiernos* (Madrid: Katz, 2010), originariamente redactado en 1806. Y, por otra parte, Benjamin Constant, *Curso de Política Constitucional*, trad. Marcial Antonio López (Madrid: Imprenta de la Compañía, 1820). Respecto de este último, podemos consultar su copia online a través del Fondo Antiguo de la Universidad de Sevilla en el siguiente enlace: https://archive.org/details/BRes081354 [Fecha de última consulta 03/02/2024].

Estado mismo, con un margen de libertad e independencia para su gestión autónoma. Pansey recogería esta visión y la plasmaría de manera práctica y específica[104].

La obra de Pansey nacía en un ambiente protagonizado por las tensiones entre una nobleza que se aferraba a los últimos coletazos del Antiguo Régimen y una creciente burguesía (urbana y rural) que cada vez adquiría más fuerza política en la sociedad francesa, cuando la escala local era una cuestión reabierta en el ideario político[105]. Fue el francés, a partir de la mentada obra, quien ofreció la técnica jurídica para plasmar en derecho positivo la teoría construida por los doctrinarios en la línea del municipalismo fisiocrático, de ahí que se le conciba como autor de la primera formulación del *pouvoir municipal*, propiamente, en Francia.

La teoría de Henrion du Pansey partía de aquella concepción naturalista del municipio que encontró sus primeras formulaciones en la escuela de los fisiócratas. No creía en el municipio como un fruto de la técnica legislativa, sino más bien como un ente de carácter natural y espontáneo frente a la artificialidad del aparato estatal, argumento sobre el que descansaba toda su propuesta. El doctrinario sostenía que, al igual que las personas tenían unos intereses individuales, la convivencia en el municipio propiciaría que en la suma de dichos intereses privativos surgiesen también intereses comunes que solventar entre todos los vecinos del municipio. De aquí nació el interés municipal que, a él ligado, dio lugar a la competencia municipal. De este modo, la competencia municipal en la obra de Pansey estaba asociada a la existencia de unas necesidades comunes de los ciudadanos del municipio que,

---

104 Miguel Sánchez Morón, *La autonomía local. Antecedentes históricos y significado constitucional* (Madrid: Servicios de publicaciones de la Facultad de Derecho de la Universidad Complutense y Editorial Civitas, 1990): pp. 44 y 45.

105 Javier García Fernández, "Henrion de Pansey. Municipalista doctrinario", *Revista de Estudios Políticos* (Nueva Época) 68 (1990): pp. 321-341, especialmente a partir de la página 328.

por su naturaleza, debían a ser provistas por las autoridades del mismo.

Al tiempo, y debido al carácter natural del ente municipal, de ninguna manera se concebía que la ley pudiese dirimir acerca de dichas autoridades municipales, por lo cual, Pansey llegó a la conclusión de que debían ser los habitantes del municipio quienes eligieran (mediante un sistema de democracia censitaria) a los cuerpos de gobierno del ente municipal. A excepción del alcalde, que además de estar al frente de la comunidad vecinal ocupaba un cargo de delegación del Gobierno central, por lo que debía concurrir tanto la voluntad de los habitantes del municipio como la del propio Gobierno en lo relativo a su nombramiento. Para determinar las funciones que habían de ejercer dichas autoridades municipales, Henrion asumió aquello que los Decretos de la constituyente revolucionaria determinaron sobre el entramado administrativo municipal en 1789, y abandonó la labor jurídico creativa en relación a la deliberación que debía llevarse a cabo en tal ente, la composición de tales órganos, el régimen jurídico de los actos municipales y su control por los prefectos[106]; dando continuidad a la fragmentada planta local francesa.

No en vano la teoría de los intereses locales trazada por Pansey ocupa, junto con la concepción naturalista del municipio, un lugar central en su obra. Como apuntó Parejo, la participación de la ciudadanía en la gestión de unos intereses privativos no significaba ni garantizaba la participación de ésta en el ejercicio del poder político, que se depositaba en la esfera estatal. La misma autonomía local alumbrada por el doctrinario partía de un municipio asociado a una naturaleza cuasi-privada, de manera que la libertad de sus vecinos se asemejaba más a una "libertad de los modernos", de garantizar sus derechos y libertades frente al poder estatal, que a una "libertad de los antiguos", en cuanto a participación conjunta o colectiva de sus ciudadanos en el poder

106 *Ibidem*, p. 333 y ss.

político[107]. Esta visión se evidencia en el curso de las reflexiones de Henrion sobre la articulación de los intereses de naturaleza local, pues para el autor, el interés de esos núcleos familiares que forman el municipio no son en realidad intereses colectivos asociados a la comunidad, sino aquel interés común que surge de la suma de intereses individuales.

El esquema sobre la autonomía local francesa y la teoría del *pouvoir municipal* se completó con el perfeccionamiento que formuló Maurice Hauriou a través teoría de la descentralización[108] que publicó en su obra *Précis de droit administratif et de droit public général*[109], que pasó a impregnar todo el sistema administrativo francés posterior. Previa formulación de la doctrina de Hauriou, se habían dado en Francia tímidos intentos de descentralización, pero tan solo en un sentido administrativo, carente de una dimensión política en lo municipal. A partir de esta obra, los entes locales pasaron a ser considerados como instancias territoriales con personalidad jurídica propia, por tanto, distinta a la del Estado, lo que hizo reforzar los vínculos entre ambos niveles de gobierno y propició una suerte de cogobernanza en la gestión de los asuntos cotidianos. A pesar de que estas entidades pasaron a estar controladas por la Administración central, comenzaron a tener una atemperada autonomía para gestionar sus propios intereses, mediante sus representantes democráticamente elegidos[110].

---

107 Luciano Parejo Alfonso, "La autonomía local", *Revista de estudios de la Administración local y Autonómica (REALA)* 229 (1986): 17 y 18.

108 Aunque algunos rechazan la paternidad de Hauriou sobre el principio de descentralización. Por ejemplo: Francisco Gil Villegas, "Descentralización y democracia: una perspectiva teórica", en José Luis Méndez (edit.), *Lecturas básicas de administración y políticas públicas* (México: El Colegio de México, 2000), pp. 337-374.

109 Maurice Hauriou, *Precís de droit administratif et de droit public* (París: Dalloz, 2002).

110 François Fournié, *Recherches sur la décentralisation dans l'oeuvre de Maurice Hauriou* (Paris: L.J.D.J, 2005), especialmente el capítulo primero: pp. 229-283; Francisco Sosa Wagner, "La autonomía local", *Revista de estudios de la administración local y autonómica (REALA)* 239 (1988): 1356;

1.2. LA DOCTRINA GERMÁNICA DE LA ASOCIACIÓN COMUNAL (GENOSSENSCHAFT) Y LA PRIMERA FORMULACIÓN DEL AUTOGOBIERNO LOCAL (SELBSTVERWALTUNG) EN EL MARCO DEL ABSOLUTISMO PRUSIANO

A diferencia de Francia, la génesis del municipalismo moderno en Alemania no estuvo determinada por una necesidad de reaccionar ante ciertos acontecimientos históricos, sino más bien por la pretensión de reformular la estructura del Estado y la integración de la sociedad en el mismo, así como de recuperar viejas concepciones pretendidamente históricas, de raíz comunitaria. Precisamente, este fue el espíritu con el que el Barón Karl vom und zum Stein pergeñó sus propuestas de reforma sobre la planta local alemana.

El contexto de aparición de las reformas de von Stein arranca con el peor momento de la historia de Prusia, tras la victoria de Napoleón sobre el ejército germano en Jena y Auerstedt, año en el que redacta su primera obra titulada "Exposición de la defectuosa organización del gabinete y de la necesidad de la creación de un Consejo de Ministros", que acabó fracasando[111] . En 1807 Stein publicó la famosa "Memoria de Nassau", determinante para la reformulación de la concepción de la planta municipal en la realidad germánica del momento, en la que comienza a germinar la teoría de la autonomía municipal (que posteriormente se identificaría con el término *Selbstverwaltung*[112]) mediante la participación ciudadana no basada en la mera

María Teresa Salvador Crespo, *La autonomía provincial en el sistema constitucional español. Intermunicipalidad y Estado autonómico, op.cit.*, pp.47 y 48.

111 Omar Guerrero, *La teoría de la administración pública,* Colección de textos universitarios en ciencias sociales (México: HARLA UNAM,1986): 120; José Juan Sánchez González, *La Administración Pública como ciencia. Su Objeto y su Estudio* (México: Plaza y Valdés, 2001): 78 y 79.

112 Realmente el término *Selbstverwaltung* no aparece con la teoría de Stein. Las circunstancias históricas en la que surge su obra, aunque con carácter

obediencia del Estado, sino en el deber que corresponde a cada ciudadano como parte integrante del aparato estatal. Planteamiento en el que se comprueban las tendencias estatistas del pensamiento alemán decimonónico.

Realmente, toda la obra del Barón von Stein descansa sobre la base de integrar a la ciudadanía en el aparato administrativo del Estado, con el fin de crear un país fuertemente cohesionado en el plano interno y, dado lo anterior, con una alta capacidad para actuar en el plano externo. Las ideas de Stein estaban fuertemente impregnadas de un espíritu comunitario de raíz histórico-germana, pero también se encontraban influidas por las ideas fisiocráticas[113], esencialmente

---

reformista, no pretendían crear una ruptura en el orden jurídico- político, ni por ende precisaban de una especial locución lingüística que se asumiera bajo una concreta escuela de valores. Sería más tarde, a partir de la Revolución de 1848 cuando se acuñaría el término *Selbstverwaltung* unido a las libertades municipales, cuya significación oscilaba en función de las posiciones que ostentaban el poder político en un determinado momento. Ver, en este sentido, Ramón Martín Mateo, *El municipio y el Estado en el Derecho alemán, op.cit,* p. 70-72. Asimismo, es fundamental tener en cuenta que la *Selbstverwaltung* no es propiamente una equivalencia terminológica del principio de autonomía local, sino que adquiere paulatinamente su propia significación en el derecho alemán como una compleja institución que rige las relaciones entre el Estado, el municipio y la sociedad.

113 No estuvo, sin embargo, influido por las ideas revolucionarias, más allá de aquellas que calcaban los postulados fisiocráticos. Muy al contrario, Stein se oponía tanto a los resultados como a los postulados distintivos de la revolución, pues a diferencia de ellos, calificaba a la igualdad absoluta y a los derechos proclamados en el seno de la asamblea como metafísicos y metapolíticos. Las ideas revolucionarias no convencían a Stein, que produjeron en él y en sus colegas profundo disgusto y aversión. En este sentido, ha de tenerse en cuenta que el carácter centralista propio de la Asamblea Nacional dio visos de prosperar al centralismo absolutista con el que seguían operando en muchas partes de Europa, incluida Prusia. Por eso, desde la visión de Stein, la revolución francesa, de hecho, ayudó a la implantación del Estado policía en Alemania. "La recepción de las ideas de la Revolución, bien en forma directa mediante la obra de la legislación francesa en los territorios ocupados, bien

por el comunitarismo de Turgot[114], así como por el estudio de la obra de Montesquieu[115]. Sus influencias le llevaron a propugnar una teoría basada en tres ejes principales: supeditar los intereses particulares en beneficio de los intereses superiores de la comunidad, la consecución del bien común y el refuerzo de la unidad de la nación.

En este sentido, Stein hacía un llamamiento a la ciudadanía, especialmente a las clases nobles y propietarias (más formadas que el resto de la sociedad), para que éstas se involucrasen de forma altruista en la gestión de lo común, pues solo así conseguiría impregnar a la ciudadanía de un espíritu que mantuviese el vínculo sociedad-Estado y solo así conseguiría consolidar internamente el país. La mejor forma para la consecución de tal objetivo era proponer una reforma en el nivel más bajo de gobierno, la instancia municipal. De acuerdo con su criterio lo común debía ser preferentemente gestionado por la sociedad, en detrimento de la burocracia estatal[116]. Estaba convencido de que los beneficios de su reforma no solo se proyectarían en la ciudadanía, que pasaría a tener un mayor protagonismo dentro del Estado, sino también en el mismo Estado, que a partir de entonces estaría dotado de una fuerza social que lo potenciaría y le brindaría una notable estabilidad y perdurabilidad[117].

---

indirectamente en otros Estados, acentuó, como es lógico, este proceso. La antipatía revolucionaria hacia los organismos interpuestos entre el Estado y el individuo completo la obra del absolutismo reduciendo en muchos casos a los municipios a simples demarcaciones territoriales para la acción estatal sin más poderes propios que los necesarios para el cumplimiento de las finalidades propias de la policía urbana y la administración del patrimonio municipal. Las ciudades sirven a la Administración central como órganos suyos y realizan a la vez funciones puramente locales", Ramón Martín Mateo, *El municipio y el Estado en el derecho alemán, op.cit* 26 y 27, y 40-45.

114 *Ibidem,* 46-48

115 *Ibidem,* 49.

116 *Ibidem,* 31.

117 Véase aquí, al igual que con las ideas de Turgot, la influencia aristotélica en el pensamiento de Stein. A sus ideas les surgiría, pasado un

La primera formulación de estas ideas fue planteada por Stein en la "Memoria de Nassau" de 1807, que fue el antecedente más próximo al célebre Estatuto de las Ciudades de 1808 (*Städteordnung*)[118]. En la Memoria de Nassau, y en la línea de la escuela fisiocrática, Stein concibió al municipio como baluarte de cambio frente al absolutismo prusiano. De esta manera, el alemán defendió que la clave para evitar la decadencia de Prusia era la recuperación de la autonomía municipal en un sentido administrativo, político e incluso financiero[119]. El impulso de la burguesía para el triunfo de las ideas de Stein y las primeras formulaciones de la *Selbstverwaltung* en el plano de la autonomía municipal fueron esenciales. Debido a que los príncipes, monarcas y aristócratas continuaban manteniendo ciertos estratos de poder, comenzaron a fraguarse solidas tensiones con el resto de las clases burguesas que aspiraban a conseguir, al menos, una gestión autónoma del municipio, lugar donde desplegaban su influencia. Apoyaron la idea de Stein porque pretendían que el Estado depositase ciertas facultades o prerrogativas en sede municipal, para su propia administración y la eliminación de la

---

tiempo, un célebre oponente, el constitucionalista Karl von Rotteck que, recogiendo la concepción naturalista del *pouvoir municipal* formuló una teoría crítica con el asociacionismo comunal de Stein para propugnar los derechos naturales del municipio y la destrucción de una realidad corporativa a favor de una nación-masa imbricada en la voluntad general, pasando de una concepción de "libertad dentro del Estado" (Freiheit im Staat) típica en el planteamiento de Stein, a una "libertad frente al Estado" (Freiheit vom Staat) de corte liberal. José Luis Carro Fernández-Valmayor, "El régimen local alemán. Una introducción general", *Anuario del Gobierno Local* 1 (2005): 226. Así como, Fabio Rugge, "«Selbstverwaltung». Metamorfosi di una nozione constituzionale nella Germania contemporánea", en Pierangelo Schiera *Le autonomía e l'Europa. Profili storici e comparati* (Bologna: il Mulino, 1993): pp. 170-174.

118 Klaus Genschmar, *Die Preußische Städteordnung des Freiherrn vom Stein vom 19.11.1808* (Clingen: GRIN Verlag, 2003).

119 Omar Guerrero, "La teoría de la administración pública", *op.cit.* p. 124

presencia regia en tales niveles[120], lo cual, aseguraría un mayor control de la burguesía en el territorio.

En este orden de cosas, el 19 de noviembre de 1808 se promulgó el Estatuto Municipal, la famosa Ordenanza o Estatuto de las ciudades (*Städteordnung)* de Stein, que recogió las incipientes ideas plasmadas por el autor en la Memoria de Nassau. Según el Estatuto de 1808 las ciudades debían comenzar a ocuparse de sus propios asuntos, bajo su propia responsabilidad y en su propio nombre[121], donde la inspección o control estatal se limitase de forma considerable. Stein había introducido una teoría de base política y jurídica que, por muy debatida que fuese en el marco del absolutismo, no volvería a ser refutada en la práctica. El peso de la representación y participación ciudadana en el gobierno del municipio es lo que distinguió al gobierno del autogobierno propugnado por la *Selbstverwaltung*[122].

El Estatuto de 1808 se caracterizó, en primer lugar, por reconocer la universalidad de las competencias de interés vecinal, que se depositaron en sede del consejo gestor de la ciudad; aunque tales competencias estaban intrínsecamente limitadas por la propia ley, que introducía ciertas restricciones a la posibilidad de asumir algunas materias mediante las competencias locales. El papel del Estado era de supervisión o control de administración de la ciudad, que ejercerían los agentes de los escalones intermedios de la Administración central. En segundo lugar, apareció por primera vez en Alemania la naturaleza bifronte de los alcaldes (magistrados en la obra de Stein) como órganos locales y estatales, pues de una parte ejercerían las competencias propias de las ciudades en tanto órganos locales, y de la otra, las que les encomendara el

---

120 Ramón Martín Mateo, *El municipio y el Estado en el derecho alemán, op.cit.*, pp. 77 y 78.

121 Otto Gönnenwen, *Derecho municipal alemán* (Madrid: Instituto de estudios de la Administración Local, 1967), pp. 19 y 20.

122 Fabio Rugge, "«Selbstverwaltung». Metamorfosi di una nozione constituzionale nella Germania contemporánea", *op.cit.*, p. 168.

Estado y se desarrollaran en el estrato municipal, porque también eran un órgano con naturaleza o carácter estatal. En tercer lugar, el organigrama de gobierno de la ciudad estaba integrado por la asamblea de concejales (*Stadtverordnetenversammlung*), a modo de órgano de toma de decisiones, que sería directamente elegida por los vecinos del municipio, sin sujeción a lazos gremiales o estamentales, sino únicamente vinculada a la condición de vecino, a su vez vinculada a la posesión de determinado patrimonio. La asamblea elegiría al órgano ejecutivo, al consejo de magistrados (*Magistrat*) y al alcalde (*Bürgermeister).* Y también existían órganos mixtos como las *Deputationen* para el ejercicio de competencias y funciones específicas.

Por último, una nota importante introducida por el Estatuto de 1808 fue la incorporación del concepto de responsabilidad de los órganos municipales elegidos. Tras la elección de los componentes de la asamblea de concejales, éstos no estaban obligados a la rendición de cuentas con la ciudadanía en virtud de una relación mandante-mandatario, sino que las relaciones comenzaban a asemejarse más a las del modelo representativo y la actuación de los cargos institucionales se realizaba bajo su propia responsabilidad, siempre en nombre del bien común de la ciudad de la que estuvieran al servicio[123].

La propuesta de Stein, a diferencia de la francesa, no trataba de romper con el absolutismo, pero sí de debilitarlo desde dentro, idea que conecta con la concepción de la participación como un deber ciudadano en el Estado y no frente al mismo, y al tiempo, premisa clave para la correcta comprensión de las reformas de Stein. En el planteamiento de Stein podemos identificar un mayor acercamiento, en el ámbito local, del modelo de democracia de los antiguos frente a la democracia de los modernos, que en el modelo liberal francés. Precisamente, porque la Prusia de 1808 se enfrentaba a dos principales enemigos en la

---

123 Ramón Martín Mateo, *El municipio y el Estado en el derecho alemán, op.cit,* pp. 27-29

concepción del autor: el excesivo poder de los *Beamte*, funcionarios de raíz autocrática y mandatarios de la monarquía absoluta, y la burocracia instaurada en el siglo XIX en Alemania[124]. De donde se explica su excesiva desconfianza tanto hacia la burocracia a nivel estatal, contra la cual se pretendía despertar un espíritu cívico, como contra los funcionarios regios que ejercían su mandato en el municipio, a los cuales quería someter al control de la ciudadanía.

La doctrina steiniana de *Städteordnung* o asociacionismo comunal sustituye al gobierno burocrático por el autogobierno municipal con participación ciudadana, especialmente de la clase propietaria, en las tareas administrativas del Estado, por medio de la instancia municipal. En la obra del reformista prusiano, la burocracia y también los burócratas impedían la creación de ese vínculo entre Estado y sociedad y, por tanto, la superación de la enemistad instaurada entre ambos durante la era absolutista.

Las ideas de Stein marcaron un punto de inflexión en el entendimiento de la Administración local y del derecho municipal alemán, pero, pese a su éxito, fueron lentamente asumidas debido al contexto de recepción de su teoría. A finales del siglo XIX, cuando en Europa comenzaba a extenderse la fórmula de la monarquía constitucional, en Alemania todavía persistía un régimen semi-absoluto. La influencia de sus reformas estuvo condicionada por las tensiones entre nobleza y burguesía, así como por un período de transición entre el absolutismo y el liberalismo. No obstante, la teoría de Stein no surgió en vano, pasó a la historia junto con él mismo como padre de la *Selbstverwaltung*.

124 *Ibidem*, p.169.

1.3. LA DOCTRINA DEL SELFGOVERNMENT Y SU ORIGEN EN LA INGLATERRA DEL SIGLO XVIII

En siglo XVIII, periodo histórico decisivo para Alemania, el jurista alemán Rudolf von Gneist publicaba su propia lectura de la *Selbstverwaltung* de inspiración inglesa que le llevó a formular la primigenia teoría del *Selfgovernment*[125]. Inglaterra, en el periodo que abarcan los siglos XVII y XVIII y en el cual comienzan a surgir estas teorías sobre autonomía local en el viejo continente, presentaba unos caracteres y peculiaridades que diferenciaban profundamente su administración del resto de instituciones locales europeas. Nos remontamos a un contexto histórico, tradición jurídica e instituciones locales distintas[126].

Cuando surge este primer planteamiento autonomista en Inglaterra, en las demás partes del continente europeo estaban comenzando a extenderse los postulados de la Administración napoleónica de carácter eminentemente centralista. En Inglaterra, sin embargo, se produjo el fenómeno contrario dada la inexistencia, propiamente, de una Administración central[127]. Esto imposibilitaba la extensión del modelo napoleónico en las Islas Británicas, pues la nota principal que diferencia el régimen local inglés del resto de regulaciones locales europeas era la imposibilidad de crear una red periférica de municipios que girasen alrededor de la Administración central del Estado. Dicho con otras palabras, no había posibilidad de centralizar el control de las instituciones locales inglesas porque no había una Administración central, propiamente, en la que pudiese recaer tal función.

---

125 Rudolph Gneist, *Selfgovernment, Kommunalverfasung und Verwaltungsgesichte in England (*Berlín: J. Springer, 1871).

126 Giorgia Pavani, *El gobierno local: de los antiguos modelos europeos al nuevo paradigma latinoamericano* (Santiago-Chile: Olejnik, 2019): pp. 112-121.

127 Rafael Entrena Cuesta, *Los movimientos centralizadores en Inglaterra* (Madrid: Instituto de Estudios de la Administración Local, 1960): pp. 34-39.

La articulación de las relaciones entre Estado y administración local no se concebía en Inglaterra como en Francia o en Alemania; en las Islas Británicas no existía una separación entre la Administración local y la Administración central. Por eso la idea de *Selfgovernment* no comprende la diferenciación entre los asuntos de interés local y los asuntos de interés nacional o general. Todos los asuntos de interés público que se gestionasen por autoridades públicas podían ser gestionados por las localidades inglesas. La asignación de competencias se realizaba atendiendo al criterio de especialidad, pero éstas no se clasificaban en una u otra categoría en función del escalón o nivel en el que recaían.

En esta línea, el Parlamento confería importantes poderes al municipio a través de la ley, de hecho, gran parte de las competencias de la administración pública eran atribuidas a las entidades locales. Aunque hay criterios en contra, como tendremos ocasión de examinar a continuación, mayoritariamente se estima que el *Selfgovernment* se separaba de la concepción naturalista del municipio. Cuando las entidades locales pasaban a conocer, gestionar y administrar ciertos asuntos, no lo hacían por derecho natural, sino por la disposición soberana del Parlamento, que depositaba en sede local ciertas cuotas de poder en forma de competencias que debían desempeñar las autoridades locales. Así, el *Selfgovernment* era más bien "una fórmula organizativa, mediante la que las entidades locales realizan una parte de las funciones administrativas, por ministerio de la ley, mediante órganos representativos de las respectivas comunidades locales y con relativa independencia respecto del Gobierno central y sus agentes"[128].

Gneist trató de articular una fórmula que, en teoría, partiese del concepto o esquema de la *Selbstverwaltung* que Stein había planteado para Prusia en años anteriores, la diferencia es que la teoría de Gneist presentaba unos caracteres mucho más

---

128 Miguel Sánchez Morón, *La autonomía local. Antecedentes históricos y significado constitucional*, *op.cit.* p. 75.

conservadores y autoritarios que los de la doctrina steniana. Y, además, el contexto para el que se formulaba una y otra doctrina eran profundamente distintos, lo que justifica las divergencias entre ambas formulaciones. En principio, los objetivos de Gneist estaban encaminados al debilitamiento del aparato burocrático por medio de la tendencia conciliadora entre el Estado y las altas clases sociales. Compartía con Stein la necesidad de superar los intereses egoístas y parciales de determinados grupos sociales o movimientos políticos y, asimismo, ambos confiaban en las clases propietarias como principal motor para la consecución de un cambio social[129].

Las características principales de la lectura que Gneist hace de la autonomía local en Inglaterra son las siguientes. En primer lugar, el peso de la Administración local ideada por el autor debía recaer enteramente en la figura de los funcionarios honorarios, autoridad no remunerada, designada por la Corona inglesa de entre las más altas clases sociales. Consecuentemente, en la propuesta del autor las autoridades locales no eran elegidas con base al principio democrático, ni siquiera de acuerdo con una fórmula de democracia censitaria. De aquí se deriva una de las grandes contradicciones entre la teoría del *Selfgovernment* ideada por Gneist y la *Selbstverwaltung* de Stein, pues mientras en la última Stein involucra a los vecinos del municipio, en la primera, Gneist aboga por que la ciudadanía no sea llamada a desempeñar ningún papel, más allá de las altas clases sociales que podían ejercer la labor de funcionarios honorarios si mediaba la voluntad de la Corona.

En segundo lugar, la teoría inglesa de *selfgovernment* se separa por completo de la concepción naturalista presente en el municipalismo francés. El municipio, en la obra del autor (*Das Englische*

---

129 Erich Hahn, "Rudolf Gneist and the Prussian Rechtsstaat: 1862-78", *The Journal of Modern History* Vol. 49, nº4 (1977): 1361-1381; Rodolfo Gneist *L'amministrazione e il diritto amministrativo inglese,* Parte Prima (Torino: Unione tipografico-editrice, 1896): pp.268-269.

Verwaltungsrecht), es una institución creada por la ley, que se encargaría de la gestión y administración de los asuntos públicos que el *common law* hiciera recaer en la escala local. Y, en parte, como consecuencia de lo anterior, no existían unas competencias que perteneciesen taxativamente al municipio. Lo que existía en Inglaterra era un modelo de "administración estatal interna"[130], en el cual, la Administración atribuía el ejercicio de determinadas facultades del Estado a los organismos locales. Aunque hay quienes piensan lo contrario al admitir el carácter espontáneo y natural de las instituciones locales inglesas y, en consecuencia, el carácter de raíz naturalista de las competencias depositadas en el mismo[131]. En cualquier caso, el derecho no hacía diferenciación entre si los asuntos públicos pertenecían a una u otra categoría en función de donde se depositase la competencia de su ejercicio. De ahí se deriva el carácter estatista de la visión del Gneist, pensada para el conjunto del país, a diferencia del resto de regímenes europeos en los que se observaba una naturaleza bifronte de los asuntos de interés local y general o nacional, que determinarían las competencias de las entidades locales.

En tercer lugar, observamos la característica más controvertida, que ha sido objeto de numerosas interpretaciones contrapuestas de la teoría del *Selfgovernment:* la supuesta ausencia de controles o fiscalización estatal sobre el ejercicio de las competencias depositadas en sede local. Entrena Cuesta[132] puso de manifiesto que, a diferencia de lo estimado por la doctrina continental mayoritaria, la nota característica del *Selfgovernment* reside en esta cuestión. Las circunstancias en las que se desarrollaban las dinámicas Estado-entidades

---

130 Fernando Albi, *La crisis del municipalismo* (Madrid: Instituto de estudios de la Administración local, 1966): p. 18.

131 Gumersindo de Azcárate, *El self-Government y la monarquía doctrinaria* (Madrid: Librerías de A. de San Martin, 1877): p. 197; Adolfo Posada, *Escritos municipalistas y de la Vida Local* (Madrid: Instituto de Estudios de Administración Local, 1979): pp. 435-447.

132 Rafael Entrena Cuesta, *Los movimientos centralizadores en Inglaterra, op.cit.* pp. 47-50 y 100-166.

locales en la Inglaterra estudiada por Gneist propician que parte de la doctrina estime la imposibilidad de que la administración central, en la práctica inexistente, ejerciera intromisión alguna en el ejercicio de las competencias que correspondían a las autoridades locales. Para esta corriente, el *Selfgovernment* implica ausencia de fiscalización o tutela por parte de otra administración, de manera que, esto solo podía derivar en la autogestión de la escala local, por medio de sus representantes, sin intromisiones estatales. En esta misma línea, Adolfo Posada, recalcando las particularidades de la Administración local inglesa, esgrimió que "en Inglaterra, el Parlamento no ha entregado la administración local a una burocracia, por medio de inspecciones y subordinaciones"[133].

Sin embargo, otros autores disienten de que esta pudiese ser una nota característica de la fórmula del *Selfgovernment.* Martín Mateo, en este sentido, afirmó que, el hecho de que en el ordenamiento inglés no existiesen potestades generales de control administrativo de legalidad u oportunidad semejantes a los del derecho continental no significaba que la idea de *Selfgovernment* estuviese inexorablemente unida a la ausencia de controles. En el caso inglés, las autoridades centrales fueron estableciendo técnicas de manera progresiva que, aunque de carácter sectorial, eran ciertamente incisivas en la realidad local como la percepción condicionada de subvenciones (*grants in aid*) o los controles sustitutivos en caso de incumplimiento de las obligaciones legales por las autoridades locales. Asimismo, Fernando Albi también mantuvo que esta ausencia de controles tan solo pudo tener vigencia en Inglaterra en un periodo muy concreto, desde la Revolución de 1689 hasta la promulgación de la *Poor Law* de 1834, lo que le llevó a afirmar que esta no fue una nota característica del municipio inglés, ni tampoco de la fórmula del *Selfgovernment* que pudo materializarse en Inglaterra[134].

---

[133] Adolfo Posada, *Escritos municipalistas y de la Vida Local, op.cit.*, p. 439.

[134] Fernando Albi, *La crisis del municipalismo, op.cit.*, pp. 18 y 19.

A modo de resumen, parece razonable apuntar como notas características de la teorización sobre el *Selfgovernment* articulada por Gneist, que las entidades locales pasaban a suplir la carencia de una administración central que desplegase sus efectos en el territorio, a través de la ejecución de las funciones que la ley del Parlamento depositase en sede local, en virtud de su desempeño mediante la figura de los funcionarios honorarios y con una autonomía relativa. El estudio doctrinal de la obra de Gneist ha suscitado numerosas polémicas en comparación con la pacífica recepción de la teoría francesa o alemana en nuestro país. Las características propias del régimen local inglés y sus particularidades en relación con las administraciones locales del resto del continente han podido llevar a confusiones generalizadas, que incluso condujesen al propio autor a tergiversar en cierta medida su lectura de la *Selbstverwaltung*. Varias críticas fueron planteadas en este sentido a la obra del alemán[135], especialmente se le acusó de desconocer las diferencias entre autogobierno y autoadministración. De ahí que autores como Martín Mateo aceptasen que las ideas de Gneist supusieron un verdadero retroceso en los avances introducidos en la época; y que, debido a la posible impropiedad de sus ideas, este primigenio *Selfgovernment* no tuviera un verdadero aprovechamiento práctico, pues serían sus posteriores versiones perfeccionadas por otros autores las que irían adquiriendo vigencia y divulgación a lo largo del tiempo[136].

---

135 Ramón Martín Mateo, *El municipio y el Estado en el derecho alemán, op.cit.*, pp. 84 y 85.

136 *Ibidem*, p. 85.

1.4. OTRAS TEORÍAS DETERMINANTES EN LA CONFIGURACIÓN JURÍDICA DEL PRINCIPIO DE AUTONOMÍA LOCAL: HOME RULE Y AUTONOMIE LOCALI

Las teorías francesa, alemana e inglesa no fueron las únicas planteadas al respecto de la reflexión sobre la autonomía local. Entre las demás teorías formuladas en Europa, y fuera del viejo continente sobre los orígenes del principio de autonomía local, destacan la teoría estadounidense del *Home Rule* y la teoría italiana de la *autonomie locali.*

El caso estadounidense presenta diferencias y similitudes respecto del resto de teorías planteadas en Europa. Del mismo modo que la teoría del *pouvoir municipal*, el *Home Rule* también surgió como reacción a los acontecimientos históricos. En Estados Unidos la teoría del *Home Rule* se utilizó como un proceso de reacción de los poderes locales que se emprendió desde abajo hacia arriba (*bottom up*). En el planteamiento norteamericano se partía de una excesiva y extensa legislación por parte de los Estados, que se entrometía en aspectos básicos de la gestión cotidiana en el nivel municipal. Esa minuciosa y copiosa legislación reducía la capacidad de actuación política y hasta la propia personalidad jurídica de las entidades locales. Como protesta en contra de tales excesos surgió la teoría del *Home Rule* estadounidense. Con base a la *charter making power* de la Constitución de cada Estado, esta teoría se sostenía en la potestad de los vecinos del municipio de crear y fijar su propia esfera de autogobierno. No había un reparto competencial homogéneo para todas las entidades locales, cada una, junto con la Constitución de su Estado, creaba su propio ámbito de autogobierno municipal. Por eso "en los Estados Unidos resulta una fantasía pretender encontrar cualquier indicio de una peculiar materia que sea patrimonio exclusivo de las entidades locales"[137]. El *home rule* americano surgía como una teoría amplia-

---

[137] Fernando Albi, *La crisis del municipalismo, op.cit.*, p. 25.

mente adaptativa a cada circunstancia, capacidad y criterio político de los representantes y vecinos de un concreto municipio y de un determinado Estado. De ahí también que sus sustanciales diferencias con el modelo continental impidiesen su extensión en el resto de los países europeos[138].

A diferencia del modelo estadounidense, la evolución, constitucionalización e influencias del régimen local italiano, continua con el patrón seguido por el resto de los países europeos y presenta un particular paralelismo con el caso español. El municipio como institución de organización de la realidad local existía mucho antes de la aparición del constitucionalismo y de la unificación de Italia. La configuración de los entes locales en el constitucionalismo italiano, en fechas posteriores a la vigencia del Estatuto Albertino de 1848 se plasmó con una fuerte influencia francesa. La legislación napoleónica permeó profundamente en la regulación jurídica de su planta local, y fue más allá de la simple trasposición de la teoría del *pouvoir municipal.* Así se reflejó en la constitucionalización de la figura del Prefecto, que era un órgano del Estado, presente en el nivel local, a modo de administración desconcentrada con presencia en el territorio, o también en la conformación de un elevado número de municipios, con la inherente ultrafragmentación de la planta local italiana.

La siguiente experiencia constitucional en Italia (después del Estatuto Albertino) tuvo lugar en 1948. La Constitución de 1948, aún en vigor, establece que los municipios forman parte de la estructura básica del Estado, propugna su autonomía y para ello les dota de "sus propios estatutos, facultades y funciones" (art. 114). El texto constitucional italiano determina la naturaleza bifronte

---

138 James Ford Rhodes, *History of the United States from the Compromise of 1850 to the Final Restoration of Home Rule at the South in 1877, Vol.II (1854-1860)* (New York: The Macmillan Company, 1914); Frank.J.Goodnow, *Municipal Home Rule. A Study in Administration* (New York: Macmillan and Co. And London,1895); Frank.J.Goodnow, "Municipal Home Rule", *Political Science Quaterly,* Vol.21, 1 (1906): 77-90; David J.Barron, "Reclaiming Home Rule", *Harvard Law Review* Vol.116, 8 (2003): 2255-2386.

del régimen local, en tanto en cuanto, concurren en su regulación y acción administrativa tanto el Estado como las regiones, igual que en España. Y, lo que es más significativo, su artículo 5 establece expresamente que "la República, una e indivisible, reconoce y promueve las autonomías locales; efectuará en los servicios que dependan del Estado la más amplia descentralización administrativa y adaptará los principios y métodos de su legislación a las necesidades de la autonomía y de la descentralización". Entre los años 1990 y 2001 se realizaron importantes avances para la autonomía de los entes locales italianos, pues se eliminaron los controles respecto de los actos normativos y administrativos, se les reconoció la potestad reglamentaria y estatutaria, se introdujo el principio de subsidiariedad en beneficio de los municipios y se redujo la presencia del Estado en la regulación de la realidad local.[139]

El modelo italiano es singular porque, aunque en un inicio el régimen y autonomía de los entes locales fue casi enteramente traspuesto del modelo francés, poco a poco ha ido evolucionando y separándose de aquel, de forma paralela a su experiencia constitucional. El constitucionalismo italiano es más reciente que el español, sus modelos territoriales presentan fuertes similitudes tanto en el plano de la descentralización y niveles de gobierno como en las influencias a la hora de configurar el régimen local, pero en el caso de Italia, se han dado pasos determinantes y más garantistas en menos tiempo respecto del principio de autonomía. La *autonomie locali* no surge como formulación primigenia con unas notas características y fuertemente delimitadas como en el caso francés, inglés o alemán, ya que ha sido un producto de su evolución en el tiempo. A ella no solo contribuyó el constitucionalismo italiano, sino también grandes exponentes en el plano doctrinal, que permitieron avanzar en el estudio y perfecciona-

---

139 Giorgia Pavani, *op.cit,* pp.43-111

miento de este principio, como fueron Massivo Severo Giannini[140] y Luciano Vandelli[141].

Ambas teorías, la del *home rule* y la de *autonomie locali* no han tenido un recorrido en Europa más allá de las fronteras del propio territorio para el que fueron planteadas. En el caso del *home rule*, sus propias características impiden, al igual que sucedía con el *Selfgovernment*, su aplicación en la mayoría de los Estados europeos, que disponen de un modelo territorial y una administración sustancialmente distintos. En lo concerniente a la teoría italiana, también en la mayoría de los países europeos se había copiado el modelo territorial y la autonomía local prevista en Francia, de ahí, por ejemplo, gran parte de sus similitudes con la formulación española. Los demás rasgos característicos de la *autonomie locali* están diseñados para ser aplicados en su propio Estado y han sido fruto de la evolución legislativa del régimen local y del constitucionalismo italiano, sin perjuicio de que puedan servir como referencia en otros contextos.

---

140 Entre la basta bibliografía del autor, en Massimo Severo Giannini, "Autonomia", *Rivista Trimestrale di Diritto Pubblico* II (1951):851-883, se exponen las líneas fundamentales de su interpretación acerca del principio de autonomía local.

141 De la obra completa de Vandelli, resulta especialmente interesante Luciano Vandelli, *El poder Local. Su origen en la Francia Revolucionaria y su futuro en la Europa de las regiones, op.cit.* ; Luciano Vandelli, "I progetti di riforma dell'ordinamento delle autonomie locali", *Istituzioni del federalismo: rivista di studi giuridici e politici* Extra 2 (2010): 185-196; Luciano Vandelli (et.al), *Le autonomie territoriali, transformazioni e innovazioni dipo la crisi* (Santarcangelo di Romagna: Maggioli, 2017).

Capítulo II:

La autonomía local en el constitucionalismo histórico español. de Cádiz a 1978

Este capítulo cumple con un doble objetivo. Primero, vista la hegemonía de la doctrina francesa del *pouvoir municipal* en Europa tras su amplia extensión por todo el continente mediante el código napoleónico, hemos de dilucidar los detalles de su recepción en España. Segundo, una vez respondida la pregunta de cómo se formuló por primera vez el principio de autonomía en el constitucionalismo gaditano y cuáles fueron sus influencias, realizaremos un recorrido por las distintas etapas del constitucionalismo español con el fin de averiguar el tratamiento que se dio a este principio en el seno de las mismas. El estudio de ambas premisas es esencial para continuar hacia los capítulos sucesivos en los cuales abordaremos con mayor detenimiento la regulación vigente del principio de autonomía local y los principales componentes del marco jurídico de desarrollo régimen local en España.

2.1. DESDE LA APARICIÓN DEL MUNICIPIO CONSTITUCIONAL Y SU AUTONOMÍA HASTA EL SEXENIO DEMOCRÁTICO (1812-1874)

2.1.1. La recepción de la teoría del pouvoir municipal en España. La convivencia del centralismo y la autonomía local desde la génesis del constitucionalismo español

El periodo en el que hemos de comenzar la exposición sobre los fundamentos constitucionales del municipio en España es, sin duda, la Constitución de Cádiz, aunque ya antes con la Carta otorgada de Bayona en 1808 la autonomía local había encontrado sus primeras manifestaciones en el marco del constitucionalismo histórico español[142]. Comenzar la exposición en 1812 y hacer hincapié en este periodo histórico presenta interés en lo que respecta a nuestro objeto de estudio no solo por ser el primer texto constitucional de nuestra historia, aspecto con un peso considerable dado que los posteriores miraron a su base, sino también por los siguientes motivos.

En primer lugar, la Constitución de Cádiz no creó el municipio, sino que lo racionalizó a través de su constitucionalización, tras los dos intentos frustrados por el invasor francés en 1809 y 1810[143] . El municipio era una realidad viviente desde la conquista romana de Hispania[144], realidad que fue adaptándose a sus distintas configuraciones en función de la época. Lo que supuso verdaderamente el constitucionalismo gaditano fue la abolición de los señoríos jurisdiccionales que marcaron aquel arcaico y oligárquico funcionamiento que había estado vigente en la planta local de épocas pasadas y, por primera vez en la historia, construyó un modelo territorial uniforme sobre la base de su constitucionalización. Con él se extendió la figura del municipio, se reguló bajo un mismo régimen jurídico y la institución municipal, junto con las libertades ligadas al mismo, dejaron de concebirse como un privilegio otorgado. La recepción de la nueva organización de la planta local no estuvo exenta de problemáticas[145], pero consiguió

---

142 Cayetano Núñez Rivero y Santiago García Aranda, "La autonomía local en los orígenes del constitucionalismo español (1808-1873)", *Revista de Derecho UNED* 7 (2010): 489-524.

143 Almudena Marazuela Bermejo, "El principio de autonomía local en el Constitucionalismo español", *Asamblea: Revista parlamentaria de la Asamblea de Madrid* 8 (2003): p. 220.

144 Enrique Orduña Rebollo, *Historia del municipalismo español* (Madrid: Iustel, 2005): pp. 16-22.

145 Concepción de Castro, *La Revolución Liberal y los municipios españoles (1812-1868)* (Madrid: Alianza, 1979): pp. 57-121.

posicionar al municipio como la vanguardia del Estado constitucional en el territorio.

En segundo lugar, la constituyente gaditana sería la primera Constitución receptora de las ya estudiadas teorías extranjeras sobre la autonomía local, principalmente de la corriente francesa de *pouvoir municipal* en su lectura revolucionaria que, como veremos, se formuló con unas particularidades propias y yuxtapuestas a la tradición municipalista medieval española.

En tercer lugar, cuestión que merece una particular mención, en España la autonomía local no nació en 1812 como fruto de la constituyente gaditana. El contexto histórico de surgimiento del texto constitucional y la indubitada influencia revolucionaria francesa en la elaboración de éste no permitieron aflorar una verdadera autonomía más allá de lo estrictamente teórico. En Cádiz, al igual que en Francia, lo que hubo por primera vez fue un reconocimiento constitucional y una extensión territorial del municipio como entidad local básica del Estado, esto es, una primera manifestación del municipalismo con soporte y garantía constitucional. Este paso era estrictamente necesario para dotar de cierta autonomía a las entidades locales francesas y españolas, pero ni en un Estado ni en el otro se consiguió que la autonomía fuese más allá de una mera formulación teórica, pese a su prescripción constitucional. Las circunstancias históricas de ruptura con el periodo anterior y de ingeniería constitucional en la reorganización territorial del Estado llevaron a los constituyentes de un lado y otro de la frontera a dirigir el proceso de reconversión de las plantas locales desde una posición exclusivamente centralista.

Centralismo y autonomía local nunca fueron formulaciones compatibles. Una manifestación integral de la autonomía local no solo comprende su vertiente administrativa, esto es, la capacidad de autoadministración del municipio, sino también su vertiente política y financiera. Realmente, ninguna de esas vertientes tuvo una mínima materialización en los años posteriores a 1812, ni siquiera en el plano administrativo, como veremos a continuación, dada la fuerte impronta centralista en el primer liberalismo, la visión generalizada del municipio como entidad tutelada y los consiguientes controles depositados en sede local por parte de otras administraciones enteramente dependientes del Estado. La autonomía local, directamente, no fue un postulado que ocupase gran peso entre los liberales decimonónicos, muy preocupados por las tendencias centrífugas y sus posibles amenazas a la unidad nacional[146]. En la Francia revolucionaria no fue demasiado distinto, los constituyentes abandonaron el debate sobre la autonomía local cuando temieron que ésta pudiera suponer una amenaza al principio de soberanía nacional y eventualmente, pudiera debilitar las potestades de la asamblea.

En la elaboración del texto constitucional de 1812, concretamente, en los preceptos dedicados a la regulación de las entidades locales, la influencia francesa y la recepción de las características de la teoría del *pouvoir municipal* (concepción naturalista del municipio, constitucionalización de una planta local ultrafragmentada, competencias de naturaleza bifronte, tendencia centralizadora, etc.) se combinaron con una mirada romántica hacia el municipio medieval en España[147]. Ni la teoría inglesa, ni la teo-

---

146 Lo refleja muy bien el libro en el cual Adolfo Posada reproduce el voto del diputado Toreno, que dice: "La representación nacional no puede ser más que una, y ésta, refundida solamente en las Cortes, es la que únicamente puede expresar la voluntad de los pueblos; y así, las Diputaciones provinciales no tienen, ni por su naturaleza pueden tener, ningún carácter representativo; así como los Ayuntamientos jamás fueron considerados como Cuerpos representativos sino en la parte económica y con sujeción absoluta á (SIC) la autoridad suprema". Adolfo Posada, *Evolución legislativa del Régimen Local en España. 1812-1909* (Madrid: Instituto de Estudios de la Administración Local, 1982): pp.76-79 y 95

147 *Ibidem*, pp. 50-60. Sobre la influencia francesa de la teoría del *pouvoir municipal* en el viejo continente ver Fernando Díaz de Liaño y Argüelles, "Poder municipal y democracia", *Documentación administrativa* 183 (1979): 27-72. Véase, asimismo, el gran peso de la concepción de algunos juristas como Martínez Marina en la concepción imperante sobre lo municipal en las Cortes de Cádiz: José Ignacio Sánchez Amor, "Al-

ría alemana, que era una lectura germánica de la teoría francesa adaptada al contexto prusiano, tuvieron influencia en el proceso constituyente, y mucho menos en este periodo histórico.

La principal diferencia entre el desarrollo del principio de autonomía local y la organización de la planta local en Francia y en España fue la institución en la cual se depositó la dirección sobre tales entidades. Mientras que en Francia la ruptura con el Antiguo Régimen fue total y absoluta, lo que implicó posicionar tal dirección en sede legislativa (la asamblea revolucionaria en el marco de la Revolución Francesa), en España el paso del feudalismo al Estado constitucional dio continuidad a la Corona, que quedó al frente del Gobierno de la nación. Esto supuso que, en el caso español, las principales potestades o funciones directivas sobre lo local se depositasen en el ejecutivo y no en el legislativo[148].

Más allá de esta cuestión, en ambos países los municipios corrieron la misma suerte. La inserción de las entidades locales en el aparato administrativo del Estado se comprendió como un mal necesario. La centralización supuso la imposibilidad material de garantizar la gestión autónoma del territorio, tanto en el plano político, como en el administrativo y en el financiero, y el uniformismo no fue más que una solución a la caótica pluralidad de realidades municipales existentes en épocas anteriores. Fueron décadas en las que el Estado debía asentar una nueva estructura territorial y concentrar sus esfuerzos en acabar con los residuos del feudalismo, abriendo paso al constitucionalismo liberal en todo el país.

---

gunas cuestiones sobre la influencia de Martínez Marina en las Cortes de Cádiz", *Revista de Estudios Políticos* (Nueva Época) 62 (1988): 89-129; Joaquín Varela Suanzes-Carpegna, *Tradición y liberalismo en Martínez Marina* (Oviedo: Caja Rural Provincial de Asturias, 1983).

148 Javier García Fernández, "El municipio y la provincia en la Constitución de 1812", *Revista de Derecho Político* 83 enero-abril (2012): 454.

2.1.2. El municipio durante la vigencia de la Constitución de 1812

La Constitución de Cádiz dedicó 15 artículos al régimen municipal, recogidos en el Capítulo I del Título VI "Del Gobierno interior de las provincias y de los pueblos", aunque realizó a lo largo del texto constitucional otras referencias que no agotaban los efectos sobre el nuevo régimen local en tal capítulo (art. 11, art. 46, art. 67 o art. 275, *v.gr*). Es destacable el hecho de que la Constitución de Cádiz, además de ser la primera, ha sido la Constitución española que más preceptos ha dedicado a la regulación de lo local.

Los liberales de Cádiz tuvieron que hacer frente a la creación *ex novo* de una organización local completamente distinta a la anterior. Para ello optaron por una formulación similar a la ideada por Mirabeau en el marco de la Revolución Francesa, y asimilaron la creación de un municipio y un ayuntamiento en cada núcleo de población existente en el territorio. Decían diputados como Argüelles que esta era la fórmula que más se adaptaba a la realidad española[149], dadas las dificultades a las que habían de hacer frente las Cortes de Cádiz. No se trataba solo de sentar las bases del nuevo municipalismo, sino de abolir la realidad del Antiguo Régimen y consolidar el producto constitucional que resultase de aquella constituyente. En Cádiz se pretendía suprimir los territorios de señorío y realengo, que actuaban bajo el gobierno del Rey o la jurisdicción de un señor como escala intermedia entre el monarca y el vasallo. Donde previamente existían los señoríos jurisdiccionales, tras la Constitución de 1812 se constituiría un municipio, y se dotaría a tal entidad de un gobierno propio como institución democrática y representativa en el marco de la monarquía española. Se adujeron otros cuantos motivos que justificaban la elección de la fragmentación del territorio en muchas y muy pequeñas entidades locales como vía para la extensión del municipio constitucional en España, al igual que sucedió en Francia. Una de ellas

---

149 Concepción de Castro, *op.cit.*, pp. 61 y 62.

fue que el "pequeño municipio" comprendido entonces como aquel que no llegaba a los 1.000 habitantes, era la realidad de la mayor parte de las villas, ciudades, lugares o aldeas del siglo XIX en España. Su extensión, de acuerdo con el razonamiento liberal decimonónico, traería numerosos beneficios. Razonamiento de acuerdo con el cual se precisaba de la conservación y creación de tantos ayuntamientos como núcleos de población existieran en el territorio[150].

La elección del modelo francés por los constituyentes decimonónicos es especialmente visible en el artículo 310 del texto constitucional gaditano. Mediante el mismo se mantuvieron los "ayuntamientos" previamente existentes, y se crearon nuevos ayuntamientos, como instituciones a cargo del gobierno interior de los pueblos (art. 309). La constitución del ayuntamiento en un determinado municipio era obligatoria de llegar a mil almas[151] por sí o por medio de su comarca. Se abrió, de forma paralela, la posibilidad de pedir la constitución de un municipio en caso de que, pese a no llegar a tal número de habitantes, las circunstancias económicas particulares de la localidad lo aconsejasen. De esta manera se consiguió sustituir la variada y heterogénea masa de realidades locales existentes en el Antiguo Régimen mediante el municipio constitucional, lo cual, supuso que la mayoría de los núcleos de población se convirtieran directamente en municipios. A cargo de su representación estaba el ayuntamiento,

---

150 *Ibídem*, pp. 61-63

151 En el siglo XIX, el empleo del término "almas" se refería a habitantes. Por el contrario, la palabra "vecinos" hacía referencia a las cabezas de familia, fueran hombres o mujeres. Para consultar en censo histórico de la época, es especialmente interesante el Diccionario de Madoz. El Diccionario de Madoz es un recurso historiográfico que contiene numerosos datos acerca de la población, producción, costumbres, tradiciones o folclore, entre otras cuestiones de especial relevancia en el análisis municipal español, dividido por provincias y dedicado a la realidad local presente en el país entre el final del siglo XVIII y XIX. Puede consultarse virtualmente en el siguiente enlace: http://www.diccionariomadoz.com/ [Fecha de última consulta 22/09/2023]

a su vez formado por el alcalde o alcaldes, regidores, procurador síndico y jefe político a la cabeza (art. 309). Por primera vez se articulaba y constitucionalizaba una institución representativa (art. 312) y cercana a la ciudadanía como vía de participación de la sociedad en los asuntos y en la política de los pueblos.

Los constituyentes gaditanos, además, quisieron recuperar las viejas corrientes tradicionalistas que idealizaban al municipio medieval, inexorablemente unidas a una visión del pueblo (del municipio) como entidad natural de referencia[152]. De acuerdo con la concepción naturalista del municipio, el núcleo de población tenía derecho a constituirse como municipio por derecho natural, y por el mismo motivo, debía preservarse su conservación y perdurabilidad. De ahí que el artículo 310 de la Constitución de 1812 permitiera crear un ayuntamiento tanto en aquellos núcleos de población que reuniesen 1.000 almas, como en aquellos en los cuales, pese a no llegar a tal cifra, fuera conveniente[153].

La división territorial trazada en Cádiz ocasionó graves problemas desde el inicio. Por una parte, no fueron pocas las resistencias que ofrecieron antiguas villas o ciudades que antes conservaban el poder sobre ciertos núcleos de población agregados a éstas, y que vieron disminuir paulatinamente su capacidad de intervención sobre los territorios anexos a las mismas con el nuevo régimen local. Esta circunstancia retrasó la implantación de numerosos municipios constitucionales, pues los grupos dominantes se negaban a perder el control sobre tales territorios y a celebrar elecciones. La situación se agravó por las accidentadas

---

152 Adolfo Posada, *Evolución legislativa del Régimen Local en España. 1812-1909, op.cit.*, pp. 70-73.

153 Posturas como la del diputado Aner no ponían límites a esa conveniencia, pues creía que la extensión del Ayuntamiento no podía depender un criterio meramente demográfico. Otras como la del Sr. Argüelles, adoptaba un tono más reflexivo y sin desmerecer la anterior perspectiva, creía conveniente la asunción de ciertas cautelas en la generalización de la institución municipal. *Ibidem*, pp.73 y 74.

comunicaciones de la época[154], las grandes distancias, los caminos intransitables y, sobre todo, la falta de bienes propios y sus escasos fondos. La formación de ayuntamientos constitucionales dio lugar a que la mayoría de población se organizase en pequeños núcleos de población[155] que, tras la entrada en vigor del texto constitucional pasarían a ser municipios y a independizarse del poder político que las antiguas villas, ciudades o territorios de señorío o realengo. En la práctica, esos territorios que teóricamente con la vigencia de Cádiz ya podían operar de forma independiente, continuaban subyugados a la capital más cercana porque sus medios económicos no les permitían actuar con entidad propia. A ello se le sumaron conflictos de competencia, resistencias a perder la independencia por miedo a volver a la situación oligárquica de épocas pasadas, problemas administrativos o imposibilidad de comunicación y control de todos los nuevos municipios constitucionales.

Todos los municipios fruto de la constituyente gaditana se concibieron como órganos de la Administración central, de ahí que se entienda por un amplio sector de la doctrina que Cádiz no fue la madre del principio de autonomía local en España, sino la madre del municipalismo español, por su parte, necesario como base para la consecución de aquella. Los ayuntamientos, tal como figuraba en el texto constitucional, estuvieron supeditados casi jerárquicamente a las Diputaciones y relegados en el plano de su autonomía a una clara tutela por parte del Estado. La influencia francesa, de corte más centralista en la práctica, permeó especialmente en el modelo competencial que recogió un régimen bifronte de competencias exclusivas y competencias delegadas por el Gobierno a través de los jefes políticos[156],

---

154 Cfr. Germà Bel i Queralt, *España, capital París. Origen y apoteosis del estado radial: del Madrid sede cortesana a la "capital total"* (Barcelona: Destino, 2010).

155 Concepción de Castro, *op.cit,* pp.61-70.

156 Luciano Parejo Alfonso, "La región y la legislación histórica de régimen local", en T.R. Fernandez (dir.), R.Calvo (et.al) *I Las autonomías regionales:*

figura que representaba al Gobierno en la demarcación provincial. Tanto las competencias exclusivas como las delegadas se debían desempeñar bajo la inspección de la Diputación provincial correspondiente. Lo cual establecía una jerarquía en cadena, del municipio respecto al jefe político y la Diputación, y de estos respecto del Rey (art. 323).

A partir de mayo de 1812 se abolieron los oficios perpetuos en el municipio. Se previó que el ayuntamiento estuviese compuesto por un alcalde o alcaldes, regidores y un procurador síndico (al margen de la dirección del jefe político, que era nombrado por el Rey), cuya concreta composición determinarían las leyes (art. 311). Todos estos cargos serían nombrados de acuerdo con una elección indirecta que tendría lugar en el mes de diciembre de cada año (arts. 312 y 313), mediante la cual, los ciudadanos de cada pueblo elegían una serie de electores, y estos, a su vez, elegían en el mismo mes al alcalde o alcaldes, regidores y procuradores síndicos (art. 314). Se establecía así un sistema de elección indirecta, propio del primer liberalismo gaditano. Todos ellos tenían un mandato limitado (art. 315), y se preveían una serie de requisitos que darían lugar a postularse como elector y una serie de exclusiones a tal capacidad (317 y 318). Además, todos los cargos municipales serían gratuitos, obligatorios, a excepción del secretario (art.320) que sería retribuido con los fondos del ayuntamiento; de ahí que no todos los ayuntamientos constitucionales pudiesen costearse tener un secretario al frente del mismo, pese a la labor esencial que ya venían desempeñando aquellos que ejercían el cargo. Comenzaban así a aflorar las primeras dificultades de falta de personal en sede municipal, como se puso de manifiesto en Galicia a partir de 1813. En este territorio la diseminación de la población en núcleos esparcidos por el mismo daba lugar a la formación de ayuntamientos minúsculos sin apenas fondos propios, ni población y sin posi-

aspectos políticos y jurídicos (Madrid: Instituto Nacional de Prospectiva, 1977): p. 35.

bilidad de costearse la presencia de un secretario al frente de sus corporaciones por ambas variables. Esto propiciaba que, en buena parte de los municipios, los regidores contravinieran la norma desempeñando cuando era necesario las funciones del secretariado técnico[157].

El artículo 322 ofrecía a los municipios la posibilidad de obtener arbitrios en caso de que sus propios caudales no fuesen suficientes, previa aprobación de su asignación en Cortes. Esta previsión causó, en los años posteriores al Trienio Liberal, un colapso en la capacidad de respuesta del Parlamento dadas las peticiones masivas a causa de la manifiesta insolvencia de los ayuntamientos en las décadas posteriores a la vigencia de la Constitución de 1812. La falta de recursos propios se trató de paliar por medio de este instrumento no solo en sede del pequeño municipio, sino también en el marco de grandes ciudades como Granada, Cádiz, Málaga, Santander o San Sebastián. Tal fue la afluencia de peticiones, que las Cortes tuvieron que delegar temporalmente la concesión de tales arbitrios en las Diputaciones provinciales[158]. El sistema ideado en Cádiz restringió notablemente las atribuciones de los ayuntamientos, aspecto que provocó, sobre todo en sede del pequeño municipio, una entera dependencia financiera de éstos respecto del poder central.

Tras entrar en vigor la constitución de Cádiz el régimen local se concretó mediante el Decreto CLXIII de 23 de mayo de 1812 sobre formación de los Ayuntamientos constitucionales, el Decreto CLXIV de 23 de mayo de 1812 sobre establecimiento de las Diputaciones provinciales en la península y ultramar, el Decreto CLXXIX de 10 de julio de 1812 sobre la formación de los Ayuntamientos constitucionales y el Decreto CCLXIX de 23 de junio de 1813 que aprobaba la Instrucción para el gobierno

157 Concepción de Castro, *op.cit*, p.82.

158 *Ibidem*, p.89.

económico-político de las provincias[159]. Un año más tarde, la llegada del absolutismo fernandino trajo consigo la restauración del Antiguo Régimen y la disolución y supresión de los ayuntamientos constitucionales mediante la Real Cédula de 1814. Los aportes de la constituyente gaditana se verían frustrados hasta unos años más tarde cuando, en el marco del Trienio Liberal (1820-1823) se recuperaron y perfeccionaron a través de ciertos elementos descentralizadores[160].

La Constitución de Cádiz volvió a entrar en vigor en 1820, tras el pronunciamiento de Riego en Las Cabezas de San Juan. En 1823 se promulgó el Decreto para el gobierno económico-político de las provincias de 3 de febrero de 1823, que fue sancionado como Ley el 2 de marzo del mismo año, remitido a las Cortes por el secretario de la gobernación el 14 de mayo de 1823 y leído en la sesión del 20 del mismo mes, en el cual fue ampliamente discutido en Cortes[161]. Pese a que la técnica legislativa empleada en el Trienio no fue demasiado innovadora, el Decreto de 1823 desarrolló, perfeccionó y clarificó las premisas sentadas en la Instrucción de 1813[162] a través de la Ley para el gobierno económico-político de las provincias de 23 de febrero de 1823[163]. Esta reforma fue fruto de los problemas que había causado la entrada en vigor de la legislación del régimen local de 1812-1813. Periodo en el cual continuaban los problemas económicos

---

159 Cayetano Núñez Rivero y Santiago García Aranda, *op.cit.*, p. 498 y Javier García Fernández, *El municipio y la provincia en la Constitución de 1812, op.cit.* pp..459 y siguientes.

160 Adolfo Posada, *Evolución legislativa del Régimen Local en España. 1812-1909, op.cit*, pp. 116 y 117.

161 *Ibidem*, pp.119-122

162 Luciano Parejo Alfonso, "La región y la legislación histórica de régimen local", *op.cit.*, p.44.

163 Puede consultarse una copia de la Ley de 1823 en el catálogo de la Biblioteca Virtual del Patrimonio Bibliográfico del Ministerio de Cultura y Deporte, disponible en el siguiente enlace: https://bvpb.mcu.es/es/catalogo_imagenes/grupo.do?path=11141035 [Fecha de última consulta: 11/11/2023]

y el descontento político por parte de las Diputaciones, que exigían una reforma de la legislación de 1813. Las primeras elecciones dieron lugar a un gran número de recursos electorales que sobrepasaban la capacidad del Gobierno central. También persistieron los conflictos acerca de la interpretación del nuevo modelo competencial por parte de los ayuntamientos, lo que supuso una indignación y desconcierto social que abundaba a medida que pasaba el tiempo, pese a la paulatina extensión del municipio constitucional.

La reforma de 1823[164] tenía la pretensión perfeccionar la legislación del régimen local con el objetivo de poner fin a las anteriores disfuncionalidades. Para ello, delimitó las funciones de las autoridades provinciales y les dotó de un mayor número de competencias. Y reconstruyó la figura del alcalde dotándole de una doble condición como órgano ejecutivo del municipio y, además, como agente gubernativo del Estado, como una especie de delegado del Gobierno al estilo francés. Ninguna de las funciones ensombreció a la otra, esto es, su carácter de agente gubernativo no primaba sobre su carácter electivo municipal, cuestión de vital importancia que se modificó en las siguientes reformas del régimen local. Se le dotó de nuevas y más amplias competencias, asignándole, por ejemplo, todas las cuestiones referentes al gobierno político y orden público o la dirección de las sesiones municipales; aunque no se introdujeron novedades respecto de la autonomía local. El alcalde seguía estando enteramente subordinado al jefe político de la Provincia, y lo mismo sucedía con la Diputación, que también estaba presidida por éste, a su vez, dependiente del Estado. La reforma de 1823 continuó perpetuando el centralismo sobre el municipio y el mismo control y tutela tanto en el plano político, como en el administrativo y en el de las finanzas municipales[165].

---

164 *Idem.*

165 Adolfo Posada, *Evolución legislativa del Régimen Local en España. 1812-1909, op.cit,* pp. 141 y siguientes; Concepción de Castro, *op.cit,* p. 85 y siguientes.

Esta legislación volvió a verse frustrada con la vuelta del absolutismo de Fernando VII que, apenas unos meses más tarde anuló el régimen legislativo ideado durante la vigencia del constitucionalismo democrático de Cádiz, mediante el Decreto de 1 de octubre de 1823, dejando sin valor ni efecto los actos del gobierno constitucional. Fernando VII procuró que, durante la década ominosa (1823-1833), se eliminase cualquier ceño a unas instituciones municipales cercanas a la democracia, "con el fin de que desaparezca del pueblo español hasta la más remota idea de que la soberanía resida en otro", más que en su real persona[166]. Su desconfianza hacia la elección popular de los cargos municipales le llevó a abolir los avances realizados hasta la fecha y a reconducirlos mediante una visión excesivamente centralista, otorgando a las Audiencias y Ministerios la facultad para nombrar alcaldes y demás oficios municipales.

2.1.3. La evolución del régimen local desde el fin del Trienio liberal hasta 1843

A la muerte de Fernando VII, María Cristina de Borbón asumió la regencia de su hija Isabel II hasta 1840, etapa en la que España se encontraba sumida en una lucha dinástica debido a la minoría de edad de la futura reina. Con el apoyo de las fuerzas liberales, la nueva regente comenzó la reestructuración del Estado, también la de los entes locales, con el asesoramiento de Javier de Burgos, que se encontraba al frente del Ministerio de Fomento a partir de 1832 y cuya ideología se caracterizaba por su influencia napoleónica de carácter centralizador[167]. La regencia de María Cristina y su alianza con las fuerzas liberales en la lucha dinástica puso fin al papel que el municipio había desempeñado en el

---

166 Este texto, reproduciendo las palabras de Fernando VII, puede leerse en Adolfo Posada, *Evolución legislativa del Régimen Local en España, op.cit.* p. 144.

167 Luciano Parejo Alfonso, "La región y la legislación histórica de régimen local", *op.cit.*, pp.50 y 51

periodo revolucionario como clave de bóveda en la extensión del constitucionalismo democrático en el territorio. Continuaba un periodo de fuerte centralismo, con el que se pretendía dotar al país de mayores dosis de estabilidad y de confianza en los partidos burgueses y los altos estratos sociales[168].

Se elaboró otra reforma del régimen local sobre la base de un espíritu profundamente centralizador, que colocó abiertamente al Estado en el territorio para "suscitar y fomentar en las provincias la prosperidad material y la cultura". La provincia fue realmente el principal sujeto de la reforma. Así lo puso de manifiesto el compendio legislativo aprobado mediante el Real decreto de 23 de octubre de 1833, a través del cual se estableció a los subdelegados principales de Fomento en las provincias como principal autoridad administrativa de la entidad, y a los subdelegados subalternos en las grandes poblaciones. Con la Instrucción de 30 de noviembre de 1833 se regularon las funciones y competencias de los mentados subdelegados y se aprobó el Real decreto de 30 de noviembre de 1833 sobre la división del territorio en provincias, al cual haremos mención a renglón seguido. Tales subdelegados quedaban fuera de la vida municipal[169], y así lo puso de manifiesto la Real orden de 12 de febrero de 1834, cuando afirmó que éstos "no debían presidir los Ayuntamientos, que son cuerpos encargados de velar sobre los intereses de la localidad", pues el ámbito de extensión de sus funciones era el

---

168 Concepción de Castro, *op.cit,* p. 141

169 La Real Orden de 12 de febrero de 1834 aparta a los subdelegados de la vida administrativa municipal y focaliza sus funciones en la provincia al considerar que los subdelegados debían velar por los asuntos provinciales y no por aquellos que se suscitaban en la vida local. Tanto la artificiosa división provincial como la creación e esta figura cristalizaban el deseo del Estado de estar presente y controlar el territorio. Más adelante ello se evidenciaría cuando mediante el Real Decreto de 13 de mayo de 1834 a estos subdelegados se les comenzó a llamar gobernadores civiles y unos años más tarde, ya en 1849, gobernadores de provincia, como única autoridad civil superior en cada provincia, dependiente del Gobierno central, por medio del Real Decreto de 28 de diciembre de 1849.

provincial, y no el municipal[170]. Aunque el municipio correría la misma suerte que la provincia, si aumentaba el control y la presencia estatal sobre la provincia, esto repercutiría directamente en el municipio como organismo sobre el que la primera ejercía un abierto y manifiesto control.

La organización provincial ideada por Javier de Burgos, mediante el Real Decreto de 30 de noviembre de 1833[171], dio lugar a la estructuración del país en 49 provincias, que han permanecido, casi sin variaciones desde la fecha en la que fueron ideadas por el Ministro de Fomento. La provincia, que en la reforma de régimen local de 1833 jugaría un papel fundamental, había de dotarse de otros organismos internos para permitir que su actividad fuese eficaz. Para ello, además de tener en cuenta distintos elementos en la división del mapa provincial, como el elemento histórico, las distancias o la población del momento, Javier de Burgos fijó otras unidades o núcleos territoriales de menor entidad en el seno de la demarcación provincial. Estos núcleos recibieron el nombre de Partidos Judiciales, que serían creados mediante Decreto de abril de 1834[172], y cuyo número ascendió a 463, en el marco de las 49 provincias[173].

Con la reforma de María Cristina se abordaron otras muchas cuestiones que ponían de manifiesto su intención política de su-

---

170 Adolfo Posada, *Evolución legislativa del Régimen Local en España. 1812-1909, op.cit,* p. 150.

171 Publicada en la Gaceta de Madrid el 3 de diciembre de 1833, núm. 154.

172 Subdivisión en Partidos Judiciales de la Nueva División Territorial de la Península é Islas Adyacentes aprobada por S.M. en el Real Decreto de 21 de abril de 1834 (Madrid: Imprenta Real, 1854). La copia digital se encuentra disponible en la Biblioteca Virtual Miguel de Cervantes, en el siguiente enlace: https://www.cervantesvirtual.com/obra/subdivision-en-partidos-judiciales-de-la-nueva-division-territorial-de-la-peninsula-e-islas-adyacentes—0/ [Fecha de última consulta: 12/11/2023].

173 Mateo Martínez Fernández, "La reforma administrativa de Javier de Burgos y la división territorial militar en Castilla y león. Proceso y criterios diferentes", *Investigaciones históricas: Época moderna y contemporánea* 15 (1995): 315-328.

bordinar el territorio a la Corona. El sufragio volvió a restringirse por medio de la Petición de Ayuntamientos de 9 de octubre de 1834, que fue firmada tanto por los moderados como por progresistas como F. Caballero o el Conde de las Navas[174]. Se puso el acento en la unidad de la nación como elemento vehicular para situar el Estado en el gobierno provincial y, como consecuencia, en el municipal, pese a las numerosas alusiones artificiosas que se hicieron sobre la importancia de los ayuntamientos. La separación de poderes, o si se quiere, de funciones, comenzó a desdibujarse cuando el poder ejecutivo y el deliberativo se fundían y confundían en los engranajes y la burocracia del Estado; así sucedió con la figura del alcalde. En 1823 su doble naturaleza no significaba que ninguna de sus funciones, como agente gubernativo o como órgano ejecutivo del municipio, primase sobre la otra. Cuestión diferente a la reforma de 1833, en la cual se previó que, ante todo, el alcalde era "el representante del Gobierno en el municipio". Del mismo modo que con Cádiz el municipio supuso la extensión del constitucionalismo en el territorio, María Cristina lo utilizó en 1833 para asegurarse su presencia en el mismo.

El Estatuto Real de 1834 perpetuó esta situación de entera dependencia de las entidades locales al Estado, en mayor medida respecto de la provincia. En 1835 se promulgaron dos Decretos que acompañarían al nuevo régimen, el Decreto de 23 de julio de 1835 en el marco del municipio, mediante el cual se establecían unos ayuntamientos electivos, pero directamente supeditados al ejecutivo; y el Decreto de 25 de septiembre de 1835, en lo concerniente a la provincia, que reducía las Diputaciones provinciales a meras agencias del gobierno[175]. Ambos Decretos desarrollaron las medidas recogidas en la reforma de 1833, y asentaron las bases para la extensión de un excesivo centralismo burocrático

174 Concepción de Castro, *op.cit.*, p.122.

175 Almudena Marazuela Bermejo, *op.cit.*, p.224; Cayetano Núñez Rivero y Santiago García Aranda, *op.cit.*, p.500-505, Adolfo Posada, *Evolución legislativa del Régimen Local en España. 1812-1909, op.cit,* pp. 152-155; Concepción de Castro, *op.cit,* pp. 133-140.

en el país. La regulación del régimen municipal en este periodo eliminó toda sustancia de progreso, pues "pierden, en efecto, la independencia supervisada que disfrutaran antes, limitándose su iniciativa en lo que a la administración local se refiere a presentar las correspondientes propuestas ante el funcionario del gobierno de la provincia"[176]. El moderantismo del gobierno de María Cristina se vio frenado por una reacción liberal que acabaría con la sublevación del Motín de la Granja en agosto de 1836. Este suceso obligó a la regente a replantear el orden instaurado hasta el momento e idear un nuevo orden constitucional. Durante el proceso de creación de la nueva Constitución en el seno de las Cortes constituyentes de 1836, se recuperó provisionalmente la vigencia de la Constitución de Cádiz de 1812, junto con la Ley de 1823 que, por consiguiente, derogaron los Decretos de 1835.

La extensa regulación que la Constitución de Cádiz había dedicado al régimen local se sustituyó en el texto constitucional de 1837 por una básica y parca mención dividida en 3 artículos (69-71), situados en el Título XI, que no iba más allá del establecimiento del carácter electivo de los órganos de las autoridades locales y una breve mención a los asuntos del "gobierno interior de los pueblos". La poca regulación de lo local se convirtió, a partir de entonces, en una nota característica del constitucionalismo español. Lo destacable de este texto constitucional fue que el artículo 70 remitía a una ley de desarrollo la regulación del régimen al que habían de adscribirse las entidades locales; cuestión, por lo demás, que suscitó grandes debates y polémicas en el proceso de propuestas legislativas en Cortes. Destacó la propuesta presentada el 3 de febrero de 1838 por el Marqués de Someruelos y el proyecto de ley de 23 de febrero del mismo año, sobre las atribuciones de los ayuntamientos[177]. Ninguno de los

---

176 Concepción de Castro, *op.cit.* p. 137.

177 Los debates se produjeron desde distintas direcciones, pero los temas que protagonizaron la discusión en Cortes fueron el carácter deliberativo de los Ayuntamientos, qué fuerza había de darle a los acuerdos estipulados con base a tal naturaleza, y el cargo de alcalde. Luciano Parejo

proyectos que se presentaron en Cortes para la regulación de las entidades locales alcanzó éxito en la legislatura, teniendo que esperar a 1840 para la aprobación de un compendio legislativo sobre régimen local[178].

En 1840, el Ministro de la Gobernación, Calderón Collantes presentó dos proyectos, uno para las Diputaciones y otro para los ayuntamientos[179]. Este último dio lugar a la aprobación de la Ley de organización y atribuciones de los Ayuntamientos de 14 de julio de 1840, que contó con grandes apoyos[180]. Esta nueva ley de ordenación del nivel municipal supuso la vuelta a un intenso centralismo y una considerable restricción del sistema electoral; no faltaron voces que la tachaban de inconstitucional. Varios ejemplos de medidas establecidas por la misma fueron: la debilitación del carácter deliberativo del ayuntamiento por medio de la instauración de un sistema de democracia censitaria ultra restrictiva, la dependencia de la figura del alcalde de la administración central dada su doble condición de administrador del pueblo y delegado del gobierno, pues respecto de la primera atribución actuaría siendo vigilado por la administración superior (Diputación provincial o Gobierno Civil) y respecto del segundo, igualmente, por la autoridad superior de la provincia; o el establecimiento de un régimen competencial sometido a un fuerte control y fiscalización por parte del gobierno[181]. El objetivo era claro: unificar

---

Alfonso, "La región y la legislación histórica de régimen local", *op.cit.*, p.61; Almudena Marazuela Bermejo, *op.cit.*, p.225. Adolfo Posada, *Evolución legislativa... op.cit.*, pp.155 a 180.

178 Adolfo Posada, *Evolución legislativa... op.cit*, pp.178-180.

179 Proyecto sobre Organización y atribuciones de las Diputaciones provinciales y Proyecto sobre la organización y atribuciones de los Ayuntamientos, ambos de 21 de marzo de 1840.

180 Durante el proceso de autorización del Proyecto se advirtieron fuertes debates donde no faltaron apreciaciones sobre la inconstitucionalidad de la Ley. Así lo admitieron en Cortes Sr.Ayllón o el Sr.Cabello. Adolfo Posada, *Evolución legislativa... op.cit*, pp 182-185.

181 José Luis Rivero Ysern, *Manual de Derecho Local* (Sevilla: Instituto Andaluz de Administración Pública, Junta de Andalucía, 1989), p.30.

y homogeneizar la planta local española para ejercer un control más eficaz por parte del gobierno central y monopolizar el poder político para no correr riesgos ante la posible desconcentración de núcleos de decisión alejados del mismo.

Desde su entrada en vigor la Ley municipal de 1840 causó profundos malestares. El más destacable fue el ocasionado entre la Reina regente y el General Espartero, que se oponía al excesivo carácter centralizador de las medidas de 1840 y se adhería al bloque que apuntaba la inconstitucionalidad del régimen local[182]. Ya eran muchas las ciudades de matiz progresista en las cuales existían profundas resistencias al intervencionismo gubernativo y a la restricción del sufragio como consecuencia del establecimiento de la nueva legislación municipal. El General Espartero fue adquiriendo popularidad en tales núcleos, como Madrid y Barcelona, aspecto que no hizo más que impulsar la caída de la regente María Cristina y su sustitución por Espartero hasta que Isabel II alcanzase la mayoría de edad. Tanto es así que, el enfrentamiento suscitado a causa de esta Ley entre las dos facciones políticas, moderados y liberales, los primeros simpatizantes de la centralización y los segundos de la descentralización, fue otro de los factores que propició, en el mismo día de su sanción, la abdicación de María Cristina el 12 de octubre de 1840[183]; que sería sucedida en el periodo de regencia por el General Espartero hasta 1843. Espartero redactó un manifiesto de corte descentralizador en el que explicó la necesidad de dotar de mayores dosis de autonomía a los ayuntamientos y acabar con el excesivo control central que el Estado se encontraba ejerciendo sobre los mismos, lo cual, dio lugar a que, al día siguiente de la abdicación de María Cristina, Espartero suspendiera la ejecución de la Ley de 1840 por medio del Decreto de la Regencia de 13 de octubre de 1840.

---

182 Luciano Parejo Alfonso, "La región y la legislación histórica de régimen local", *op.cit.*, p. 64

183 Adolfo Posada, *Evolución legislativa... op.cit,* pp.186.

Con Espartero, respondiendo a las sinergias pendulares del constitucionalismo español, se volvieron a recuperar ciertos elementos descentralizadores que recordaban al régimen de 1823. Varios proyectos sobre ayuntamientos, Diputaciones y jefes políticos fueron presentados, en esta línea, y suscritos por el Ministro de la Gobernación, Facundo Infante, liberal progresista. El régimen electoral se abría a una democracia moderadamente censitaria, pues los acuerdos y carácter deliberativo de los ayuntamientos estarían sometidos a la vigilancia de la Diputación, pero no serían ya enteramente dependientes de la misma ni se adscribirían al Estado como en los anteriores proyectos moderados y centralistas que habían tenido lugar durante la regencia de María Cristina. Se ideó un régimen tributario que aun no pudiendo afirmar una plena autonomía financiera del municipio, sí aumentaba considerablemente las atribuciones de los ayuntamientos en esta materia. En definitiva, las cuotas de libertad, independencia y, por tanto, de autonomía, se mejoraban en relación con el régimen centralizador que los moderados habían puesto en vigor en años anteriores, devolviendo al país la regulación de corte gaditano[184]. Sin embargo, la paulatina adopción de un carácter autoritario y las circunstancias histórico-políticas del país (el alzamiento de Barcelona, las divisiones del partido progresista o el enfrentamiento de Torrejón de Ardoz en 1843) no permitieron que las nuevas medidas ideadas por el regente pasasen de meras intenciones.

2.1.4. Del reinado de Isabel II y la Constitución de 1845 hasta el Sexenio Revolucionario

La regencia de Espartero finaliza con la prematura declaración de mayoría de edad de la Reina Isabel II en agosto de 1843, por medio del Ministerio de Joaquín María López. El 8 de septiembre, la Reina comparecía en una sesión conjunta del Congreso

184 Concepción de Castro, *op.cit*, pp.160-166

y el Senado, jurando la Constitución. El 3 de mayo de 1844 el General Narváez accede al poder, y con él, los moderados recuperan las riendas del país, que mantendrían a lo largo de 10 años. De nuevo, España volvió al centralismo y retrotrajo el régimen municipal al gobierno de María Cristina, en virtud de la publicación de la Ley de Organización y Atribuciones de los Ayuntamientos de 14 de julio de 1840, incluyendo modificaciones al régimen ideado por la regente y acompañándolo de un Real Decreto datado en la misma fecha. Bajo el reinado de Isabel II se elaboró una nueva Constitución, la de 1845. Es generalmente admitido que en España el Estado constitucional se consolidó con este texto, pues creó varias instituciones básicas del Estado, algunas mantenidas hasta el momento, y asentó una organización territorial, administración y ciertos elementos fiscales, sociales y educativos, aunque con un criterio conservador, centralizador y censitario. Ahora bien, en lo que respecta a los entes locales, la nueva regulación constitucional redundó en su perjuicio al convertirlos en meros administradores subordinados al poder central.

Antes del mes de mayo, fecha de entrada en vigor de la nueva Constitución de 1845, el Gobierno de Isabel II dictó dos leyes en enero del mismo año: una respecto de la organización y atribuciones de ayuntamientos y provincias, de 8 de enero de 1845 y otra para regir los consejos provinciales y el gobierno de las provincias, de 2 de abril de 1845[185]. La Ley de 8 de enero de 1845[186] estableció un sistema de elección censitario, indirecto y restrictivo. Los alcaldes pasarían a ser designados por la Reina en las capitales de provincia y de partido judicial de más de 2000 habitantes y, en los municipios restantes por el jefe político de acuerdo con la delegación real; en ambos, la elección se haría de entre los concejales elegidos previamente (art.9). Teniendo siempre la Reina la potestad para, cuando lo estimase conveniente, nombrar libremente un alcalde corregidor que sustitui-

---

[185] Adolfo Posada, *Evolución legislativa… op.cit*, pp 193-200.

[186] Publicada en la Gaceta de Madrid el 15 de enero de 1845, núm. 3776.

ría al ordinario (art.10), con la singularidad de que la duración del cargo del primero era ilimitada, y el segundo tan solo gozaría de su cargo durante dos años.

Respecto al régimen competencial, esta nueva Ley de enero 1845 vino a reproducir el contenido de la Ley de 1840: tutela y firme sujeción del municipio al poder central, eliminación de su carácter deliberativo, sumisión de sus actos a la aprobación del jefe político de la provincia o a la del Gobierno si el asunto lo requería, etc. En lo atinente a las Diputaciones, baste señalar que con la nueva Ley de 1845 se adscribieron a la Administración central. Los municipios se subordinaron a las provincias, y los alcaldes a los gobernadores[187]. Además, el jefe político, autoridad superior nombrada por el Rey y directamente dependiente del Ministerio de la Gobernación, podía suspender a los ayuntamientos, los alcaldes y los concejales, simplemente rindiendo cuenta al Gobierno central, en cuyas manos quedaba su disolución e incluso destitución[188]. Ambas Leyes fueron completadas por las Leyes de 2 de abril de 1845 de organización y atribuciones de los consejos provinciales y del gobierno de las provincias que, en la línea anterior, establecieron una serie de "agentes gubernativos jerarquizados"[189] y que no harían más que a confirmar la pérdida de la naturaleza local de la provincia, adscrita al Estado central, y su consiguiente influencia en la realidad municipal.

El 23 de mayo de 1845 tuvo lugar la sanción real de la Constitución española de 1845[190], cuya regulación sobre la cuestión

---

187 Almudena Marazuela Bermejo, *op.cit.*, p.277.

188 José Adrián García Rojas, "La administración local en el constitucionalismo histórico español", *Anales de la Facultad de Derecho* 19 (2002): 29.

189 Luciano Parejo Alfonso, "La región y la legislación histórica de régimen local", *op.cit.*, p.68. y Adolfo Posada, *Evolución legislativa… op.cit*, pp. 201-205.

190 Joaquín Varela Suanzes-Carpegna e Ignacio Fernández Sarasola (edit.), *Historia constitucional de España* (Madrid: Marcial Pons, 2020): pp. 205-266.

local fue igualmente parca, pues le dedicó apenas tres artículos (72 a 74, enmarcados en el Título XI), y volvió a constitucionalizar una remisión legislativa similar a la del texto de 1837. Las Leyes Municipal y Provincial de 1845, anteriores al texto constitucional aprobado en el mes de mayo, estuvieron vigentes hasta 1854 y, una vez superado el bienio progresista, desde finales de 1856 hasta la Revolución de 1868.

Durante el Bienio progresista (1854-1856) se restableció, mediante Real Decreto de 7 de agosto de 1854, la vigencia de la Instrucción de 1823 de gobierno económico-político de las provincias, como reacción ante las crudas tendencias centralizadoras que tenían lugar desde 1843 bajo el reinado de Isabel II. Se elaboró otro texto constitucional en 1856, esta vez con una naturaleza liberal-descentralizadora, que dedicó a las entidades locales 4 artículos enmarcados en su Título XI.

Este nuevo texto constitucional *non nato* de 1856 recogía una mención sugerente (art. 75) al respecto de la autonomía municipal, junto con una tímida autonomía provincial (art. 74). Al tiempo que se discutía el contenido de la Constitución de 1856 se promulgó la Ley de 5 de julio de 1856[191], conocida como la "Ley de Ayuntamientos" de un moderado, pero abierto carácter descentralizador que, si bien continuaba concibiendo al alcalde como figura a caballo entre la administración central y la municipal, establecía importantes elementos descentralizadores como la elección democrática y directa de los representantes locales por los vecinos contribuyentes (art. 25) o la creación de un compendio de competencias municipales con carácter directamente ejecutivo sin su posible suspensión por las Diputaciones (art. 126). Esta regulación se compensó con una desconfianza hacia el municipio en cuanto a su concepción como institución económico-administrativa, carente de autonomía política. Se establecía un nuevo orden constitucional que, en lo referente a la autonomía municipal, ofreció respuestas progresistas y descentralizadoras

---

191 Publicada en la Gaceta de Madrid el 6 de julio de 1856, núm. 1280.

respecto a etapas anteriores, pero muy atemperadas, que casi sugieren más una voluntad de acabar con los excesos de la fuerte centralización instaurada bajo el Gobierno de Isabel II, que de producir una ruptura e instaurar una nueva ordenación para el régimen local español.

Los intentos descentralizadores volvieron a frustrarse con la llegada al poder de los moderados liderados por O'Donell en 1856, que reestablecerían la vigencia de las Leyes sobre organización y atribuciones de los Ayuntamientos y Diputaciones de enero de 1845, mediante el Real Decreto de octubre de 1856. En este periodo y hasta el estallido de la revolución de 1868 se promulgaron: la Ley de 25 de septiembre de 1863 sobre gobierno y administración de la provincia, la Ley de 21 de abril de 1864 sobre alcaldes-corregidores, que refunden y perfeccionan la técnica de 1845 con el mismo argumento sobre la dotación de una mayor uniformidad y eficacia a la organización territorial del Estado; y el Real Decreto de 21 de octubre de 1866 sobre organización y atribuciones de los Ayuntamientos, que vendría a confirmar la presencia estatal en la vida municipal, restringiendo el carácter electivo de los ayuntamientos y concediendo, entre otras medidas, amplias facultades al Gobierno de la Nación para la incorporación o segregación de distritos municipales, así como para el nombramiento de alcaldes y designación de alcaldes-corregidores.

Una cuestión relevante recogida en esta ley fue la incorporación del requisito de población mínima para la constitución de ayuntamientos, que se cifró en 200 vecinos. Ello significaba, necesariamente, la supresión de aquellos municipios que no llegasen a tal número de habitantes. Otra medida destacable fue la promulgación de la ley que más tarde se conocería con el nombre de "Hacienda Municipal", presentada en 1859 como Ley sobre presupuestos y contabilidad Municipal con Posada Herrera como Ministro de la Gobernación, que finalmente fue aprobada el 29 de marzo de 1862. Con esta se consideró que debía proveerse a los municipios de un modo más eficiente de organización financiera dada su carencia de medios, presupuestos y contabilidad. Se trataron de solucionar las diferencias presupuestarias existentes entre unos y otros ayuntamientos, racionalizando la administración local en este plano, sin perder el control central sobre el municipio.[192]

2.1.5. De la Revolución de 1868 a la Restauración canovista. El Sexenio revolucionario y la proclamación de la I República.

La Revolución de 1868 tenía tras de sí la voluntad de romper con el régimen monárquico y de garantizar libertades individuales frente a la tutela del poder central en cada instancia territorial. Esta pretensión creó el perfecto caldo de cultivo para el advenimiento de un nuevo giro constituyente en el cual la cuestión territorial y el binomio centralización-descentralización serían clave[193]. Siguiendo la tendencia española, se volvió a declarar la vigencia del inmediatamente anterior compendio legislativo del mismo signo político, en este caso, la Ley de organización y administración municipal de 5 de julio de 1856 (fruto del bienio progresista), hasta promulgación de nuevas Leyes de naturaleza local en octubre de 1868, que supusieron una revisión de las anteriores con la introducción de leves modificaciones, tal como expresaba su propia Exposición de Motivos[194]. En la esta legislación sobre régimen local tuvo un gran calado la experiencia revolucionaria, y la teoría francesa del *pouvoir municipal* ya analizada.

Las Cortes constituyentes de 1869 perseguían la instauración unos principios democratizadores, la ampliación del sufragio y la laminación del excesivo centralismo a través del nuevo texto

---

192 Concepción de Castro, *op.cit*, pp. 173 -175; Adolfo Posada, *Evolución legislativa… op.cit*, pp. 209- 228; Enrique Orduña, *op.cit*, pp. 157 a 159

193 "La Monarquía Borbónica había hecho de la fórmula centralizadora de la Administración un instrumento de perpetuación del sistema, ahora centralismo y poder absoluto resultan una misma cosa". Luciano Parejo Alfonso, "La región y la legislación histórica de régimen local", *op.cit.*, p.84.

194 *Ibidem.*, p.85.

constitucional. Pese a la importancia de tales pretensiones sobre el régimen local, la configuración constitucional dejó a las entidades locales al albur del legislativo, cuestión que fue muy criticada por algunos parlamentarios como Balaguer o Rodríguez Seoane. La Constitución de 1869 dedicó un único precepto al régimen local, el artículo 99, en el cual establecieron numerosos avances. Entre ellos destacan la eliminación del control del Estado sobre Diputaciones y ayuntamientos[195], que abría la puerta hacia una gestión autónoma del territorio; la diferenciación entre las cuestiones que tenían una relevancia provincial y las que se calificarían como asuntos de interés municipal; o el depósito en sede de ambas corporaciones locales de la determinación de sus facultades en materia de impuestos a fin de mantener una coordinación entre el sistema tributario municipal, provincial y estatal.

La recuperación de los avances progresistas y liberales realizados hasta 1868, junto con las nuevas notas adheridas por el texto constitucional, resultan sumamente reveladores. Los anteriores regímenes progresistas como el de 1813, el de 1823, los que se propusieron durante la regencia de Espartero, o durante el bienio progresista, carecían de una perspectiva esencial que se introdujo en el Sexenio: el debilitamiento del control del Estado en beneficio de una verdadera gestión autónoma del territorio, a la que se le dotaría de un carácter político y administrativo dada la ampliación del sufragio y la práctica ausencia de la tutela del Estado y las Diputaciones. A esta configuración sobre el régimen local se sumó, además, una tímida autonomía financiera. Aunque no se recogieron expresamente las tres vertientes de la autonomía (política, administrativa y financiera) tuvieron sus manifestaciones en el texto Constitucional. La Constitución no llegó a mencionar que los ayuntamientos, alcaldes, provincias o

---

[195] Se recogía una única excepción para que las Cortes o la Corona pudieran intervenir sobre la gestión de las entidades locales: la posible extralimitación de sus funciones en perjuicio de los intereses generales y permanentes.

Diputaciones pudieran gestionar sus respectivos asuntos con una autonomía garantizada constitucionalmente; sin embargo, las tres previsiones más destacables que contenía el artículo 99 reflejan el contenido de la autonomía local, y su consiguiente protección constitucional, a pesar de su remisión a un ulterior desarrollo legislativo.

La primera previsión establecía que "la organización y atribuciones de las Diputaciones provinciales y Ayuntamientos se regirán por sus respectivas leyes". Pergeña, por tanto, una autonomía legislativa por parte de ambas entidades, en la regulación de su propio régimen jurídico. La segunda previsión contenida en el artículo 99 enunciaba los principios sobre los cuales el régimen local había de ajustarse, siendo uno de ellos el siguiente: "gobierno y dirección de los intereses peculiares de la provincia o del pueblo por las respectivas Corporaciones". Tanto el gobierno como la dirección de los intereses municipales y provinciales pertenecían a cada una de tales entidades. Lo cual, significaba que tales asuntos se sustraían del control por parte del Estado. Y, por último, como otro de los principios prescritos en el texto constitucional, la tercera de las previsiones a las que hacíamos referencia en materia tributaria disponía que correspondía a ayuntamientos y Diputaciones la "determinación de sus facultades en materia de impuestos a fin de que los provinciales y municipales no se hallen nunca en oposición con el sistema tributario español". Esto es, bajo el principio de coordinación con la hacienda del Estado y a fin de no crear colisiones en este sentido, ayuntamientos y Diputaciones podían determinar sus propias facultades en materia tributaria.

A la promulgación del texto constitucional le siguió inmediatamente la aprobación de distintas leyes que desarrollarían los principios constitucionales anteriormente descritos, primero a través de la Ley de 10 de enero de 1870 sobre los presupuestos y autonomía de gastos de Diputaciones y ayuntamientos, que fue presentada por el Ministro de Hacienda, Figuerola, con el fin de reconstruir la hacienda local de los pueblos y las provincias. Acorde con los principios proclamados en la Constitución de 1869, los debates en Cortes pusieron de manifiesto una nueva preocupación por las haciendas locales y la importancia del principio de autonomía local como guía para la elaboración de las nuevas leyes de régimen local. Por primera vez en la historia de nuestro constitucionalismo resonaba en las Cortes la obligación de los poderes públicos de preservar dicha autonomía, pues se manifestó que "la descentralización, la independencia absoluta del Estado, la armonía entre los ingresos locales destinados a satisfacer servicios locales o individuales, y los del Estado, que atienden a las necesidades y obligaciones de la Nación, serán las bases de este sistema". Los principios revolucionarios combinaban descentralización, autonomía respecto del Estado y ausencia de tutelas en el territorio, todo lo cual, abría la puerta a una incipiente autonomía local en el plano político, administrativo y financiero para las provincias y municipios españoles.

El régimen local se abordó y debatió en toda su complejidad con ocasión del proyecto de Ley sobre organización provincial y municipal presentado en Cortes el 18 de febrero de 1870, que dio lugar a la Ley Municipal de agosto de 1870[196] y a la provincial de la misma fecha. Tanto la Ley de enero, como la de agosto en materia municipal, fueron leyes adjetivadas como "científicas" puesto que empleaban una técnica legislativa preocupada, concisa, precisa y fiel a los principios constitucionales por parte del legislativo[197]. Los constituyentes revolucionarios dejaron de tratar a las entidades locales como meras divisiones territoriales, y comenzaron a ofrecerles un tratamiento con la sustantividad propia que revestía en el nuevo orden constitucional. La autonomía local ya no se veía como una amenaza para la unidad, ni tampoco para el Estado central. Hubo, incluso, pronunciamientos de tipo positivista, que no coincidían con la postura de los tratadistas clásicos sobre la concepción naturalista del municipio. Este aspecto se puso de manifiesto

---

196 Publicada en la Gaceta de Madrid el 21 de agosto de 1870, núm. 233.

197 Adolfo Posada, *Evolución legislativa... op.cit*, pp. 278-292

en votos como los del Sr. Benot, que propugnaba una definición sobre el municipio como asociación legal y no como expresión natural y abstracta, y así se plasmó en el primer artículo de la Ley. El Municipio, por tanto, y siguiendo a Parejo Alfonso, "deja de ser una «asociación natural» para pasar a ser una Administración territorial de creación legal, a la que pertenecen obligatoriamente todos los residentes en su jurisdicción; su desvinculación formal para con respeto al pueblo, a la población es, ya, total"[198].

A los ayuntamientos (art.66) les pertenecía, junto con la gestión, gobierno y dirección de sus intereses peculiares, el desempeño de un ámbito amplio y exclusivo de competencias fijadas en el artículo 67. Como consecuencia de ello, los actos de los municipios serían, aunque con ciertas excepciones (arts. 79 y 80) directamente ejecutivos, anulándose la posibilidad de suspender los acuerdos adoptados por estas corporaciones de un modo arbitrario y reduciéndose las posibilidades de control de oportunidad. El alcalde quedó investido de tres condiciones distintas, pues sería presidente de la corporación, jefe de la administración (encargado de velar por la publicación y ejecución de los actos del ayuntamiento) (art.107) y, además, representante del Gobierno, obrando en este extremo bajo la dirección del gobernador de la provincia (art. 12). Por primera vez se previó la posibilidad de que los ayuntamientos pudiesen formar asociaciones para la resolución de problemas compartidos, dando lugar a un indiscutible precedente para la formación de mancomunidades, como admite Martín-Retortillo[199].

No obstante, se encuentran pronunciamientos críticos para con el principio de autonomía en el desarrollo legislativo de la época. Es cierto que algunas materias de las reservadas a las entidades locales estaban sometidas a su tutela, supervisión e

---

198 Luciano Parejo Alfonso, "La región y la legislación histórica de régimen local", *op.cit.*, p.89.

199 Cirilo Martín-Retortillo, "La desamortización y los municipios rurales", *Revista de Estudios Agrosociales* 6 (1954): 83-96.

intervención por el gobernador civil de la provincia o por el Gobierno central, como lo fueron las cuestiones relativas a la policía urbana y rural. Y también que algunos artículos, como el 170, admitían que el Ministro de la Gobernación fuese, a su vez, el jefe superior de los ayuntamientos[200]. Sin embargo, al margen de tales apreciaciones, nos encontramos con un producto legislativo y constitucional que no tuvo parangón en la evolución legislativa del régimen local durante nuestro constitucionalismo decimonónico. Nunca se había previsto una configuración normativa de las entidades locales precedida de un amplio debate en Cortes donde la autonomía local protagonizara las deliberaciones parlamentarias. Tampoco antes se había comprendido que, para el buen funcionamiento de la dimensión política del municipio era necesario incidir en las haciendas locales, ni tampoco se había ideado con anterioridad una fórmula que compatibilizase la unidad de la nación y la soberanía nacional con la descentralización y la independencia de las entidades locales del Estado, previendo unas amplias limitaciones de la acción del Estado en el territorio.

Con la proclamación de la I República, tras la abdicación del Rey Amadeo de Saboya, se preparó un nuevo texto constitucional. El 11 de febrero de 1873 se convocaron Cortes constituyentes cuya votación dio lugar a la instauración de la I República española de la que sería fruto el proyecto de Constitución Federal de 1873, que pretendía romper con toda ideología centralista y perfeccionar el régimen legislativo desarrollado durante el Sexenio Revolucionario. En esta etapa la lucha por la descentralización no era una cuestión únicamente relacionada con el modelo territorial español, prueba de ello es que su texto constitucional es más conocido por su apellido (federal) que por su propio nombre. La descentralización era una técnica o herramienta revolucionaria para la fragmentación del poder político y su reparto o distribución en las distintas instancias territoriales. Así lo esgrimió Pi y

200 Enrique Orduña, *op.cit,* pp.159-162.

Margall en el discurso en que afirmó que "la descentralización es la unidad en la sociedad y la unidad en la sociedad es el orden del mundo. La descentralización es la libertad, y por la libertad somos hombres libres"[201].

El texto constitucional de 1873, en lo que a los municipios respecta, reconoció mediante los artículos 106 y 108 un grado de plena autonomía, pues no habría más que leer el comienzo del artículo 106: "Los Municipios tienen en todo lo municipal autonomía administrativa, económica y política". Se determina la elección mediante sufragio universal de los tres poderes que actuarían en el municipio: ayuntamiento (legislativo), alcalde (ejecutivo) y hasta sus propios jueces (art. 106). Además, se eliminó la tutela por parte de otras entidades hacia el municipio. Los municipios solo tendrían que rendir cuentas, directamente, ante el Consejo o común de vecinos (art. 107). El esquema municipal trazado por el proyecto de Constitución Federal republicana se cierra con el artículo 108, que prevé una lista de materias o competencias asignadas al municipio bajo el aseguramiento de las Constituciones de los Estados federados.

Esta es, a nuestro juicio, la verdadera madre de la autonomía local en el constitucionalismo histórico español, mínimamente pergeñada por la constituyente revolucionaria de 1868, pero finalmente positivizada con detalle, rigor y reflexión en el proyecto constitucional de 1873. Lamentablemente, la Constitución federal ni siquiera llegó a adquirir vigencia por las propias vicisitudes histórico-políticas de la I República Española.

---

201 La idea pimargaliana de federalismo sinalagmático, proveniente de Proudhon, la encontramos en su obra *Las Nacionalidades*. El citado discurso de Pi y Margall puede leerse en Luciano Parejo Alfonso, "La región y la legislación histórica…" *op.cit*, p.94.

2.2. EL TRATAMIENTO DE LA AUTONOMÍA LOCAL EN LARGA RESTAURACIÓN HASTA LA PROCLAMACIÓN DE LA II REPÚBLICA (1874-1931)

El golpe de Estado del General Pavía y luego el pronunciamiento de Martínez Campos frustraron el intento republicano de instauración de un nuevo régimen local español, que tantos y tan buenos avances había ideado y constitucionalizado en su texto de 1873. Se produjo entonces el retorno a la Restauración de la monarquía borbónica, esta vez con Alfonso XII, retornando con él una etapa de conservadurismo que supuso nuevamente la vuelta a las tendencias centralizadoras. Tuvo lugar la promulgación de un nueva Constitución, la de 1876[202], que dedicó a la regulación de las entidades locales tres artículos a lo largo del Título X (arts. 82-84) en los que no se aprecia una radical ruptura con el contenido del texto constitucional republicano, sino una leve continuación con un sesgo más centralizador. En el texto constitucional se refleja que el gobierno y dirección de los intereses peculiares de la provincia y el municipio recaen en sus respectivas corporaciones; se deja en manos del Rey y las Cortes la tutela de ayuntamientos y Diputaciones solo en casos de extralimitación de sus atribuciones en perjuicio de los intereses generales y permanentes; y se admite que las facultades que a estos corresponden en materia de impuestos son de su propia competencia, para asegurar su buen funcionamiento y su adecuación al sistema tributario del Estado (apartados tercero y cuarto del mentado artículo). Sin embargo, también se restringe el carácter electivo de los entes locales, anulándose la vigencia del sufragio universal, y dejando un considerable margen al posterior desarrollo legislativo sobre régimen local. En general, la Constitución de 1876 remite muchas cuestiones esenciales al legislador, desconstitucionalizando aspectos claves

---

[202] Remedio Sánchez Ferriz, "Restauración y su ley fundamental" (Tesis Doctoral, Universitat de València, 1978); José Luis Comellas, *La restauración como experiencia histórica* (Sevilla: Athenaica, 2018); Joaquín Varela Suanzes-Carpegna e Ignacio Fernández Sarasola, *op.cit*, pp. 327-382.

de la arquitectura institucional y normativa del Estado, lo que acabó permitiendo su adaptabilidad a los cambios y, por ende, su extraordinaria vigencia temporal.

El régimen local se completó con la Ley de 16 de diciembre de 1876[203] y se culminó con la Ley de 2 de octubre de 1877[204], que autorizaba al Ministro de la Gobernación para la publicación de las Leyes Orgánicas Municipal y Provincial, que así fueron finalmente promulgadas en la misma fecha. Esta Ley de 1877 estuvo vigente durante 47 años, hasta el surgimiento del Estatuto Municipal de Calvo Sotelo en 1924, siendo, por tanto, la Ley en materia local más duradera de la historia de España. El contenido de la Ley de 1877 puede resumirse en dos notas principales que presentan interés al respecto de la regulación del principio de autonomía local. La primera de ellas fue la restricción del sufragio universal y la instauración de un sufragio restringido[205]; la segunda, es que, pese a que teóricamente formulaba una regulación competencial y un mitigado control por parte de la Diputación y el Estado hacia el municipio, otras partes del cuerpo normativo mermaban tales formulaciones, reconduciendo la administración local hacia

---

203 Publicada en la Gaceta de Madrid el 17 de diciembre de 1876, núm.552.

204 Publicada en la Gaceta de Madrid el 4 de octubre de 1877, núm. 277.

205 "Ya no podían elegir sus Ayuntamientos todos los vecinos del Municipio, sino que se condicionó a los que llevasen dos años con residencia fija en el término o estuviesen pagando por bienes propios alguna cuota de contribución de inmuebles, cultivos o ganadería, o de subsidio industrial y de comercio, con un año de anterioridad a la formación de las listas electorales, o fuesen funcionarios en activo o jubilados, así, como los que se encontrasen en posesión de un título oficial". Y, además, "el sufragio universal se reservaba para los pueblos menores de 100 vecinos (art. 40). También eran solo elegibles los mayores contribuyentes en los Municipios superiores a cuatrocientos habitantes, con lo cual quedaban evidentemente condicionadas las clases menos favorecidas por la fortuna a no ocupar nunca los cargos locales electos en los Municipios superiores a los cuatrocientos habitantes" en Enrique Orduña, *op.cit,* pp.164 y 165. Este modelo de democracia censitaria recuerda al pensamiento de Turgot, fisiócrata prerrevolucionario, que otorgaba un privilegio electoral al propietario de inmuebles en el municipio.

una tutela centralista. Las funciones de dirección de los asuntos municipales que no fuesen de competencia exclusiva del ayuntamiento, la suspensión de acuerdos y cargos municipales, y la resolución y aprobación de acuerdos municipales previa ejecución de estos recaían en el gobernador civil de la provincia[206]. El esquema se completó con la nueva naturaleza del alcalde, que tanto en la Ley de 1876 como en la de 1877 figuraba como delegado del gobierno y administrador de los pueblos. Éste se elegiría de entre los componentes del ayuntamiento, reservando al Rey el nombramiento de los alcaldes de las capitales de provincia, de las cabezas de partido judicial y de los pueblos mayores a 6000 habitantes.

Desde la constituyente gaditana, la regulación de las entidades locales había respondido a dinámicas pendulares, cuando el uso de elementos centralizadores y descentralizadores dependía de quien poseyese el poder político en un determinado momento. Estas tendencias denostaban una abierta inestabilidad política en la regulación de la realidad local, que fue asumida desde entonces por nuestro constitucionalismo histórico. No fue casualidad que la Ley de octubre de 1877 presentase tal estabilidad, tras décadas de oscilación, debates y rupturas sobre el régimen local en España.

En el periodo de la Restauración, que continuaba manteniendo la misma estructura municipal que había creado Cádiz, la debilidad financiera de los municipios era más que evidente. Muchas administraciones municipales sobrevivían gracias al favor político. La desamortización (sobre todo la de Madoz) agudizó el problema, provocando que los ayuntamientos no pudieran sobrevivir sin

206 Luciano Parejo Alfonso, "La región y la legislación histórica de régimen local", *op.cit.*, pp. 103-105. Una de las innovaciones destacables, quizá la más interesante del texto legal, fue la posibilidad de constituir Mancomunidades y Agrupaciones de Municipios para el desempeño de una serie de servicios previstos en dicha Ley, lo cual, se plasmó en su artículo 80. Almudena Marazuela Bermejo, *op.cit.*, p.231.

ayuda del gobierno, pues reforzó la posición económica de las burguesías locales y de los terratenientes en detrimento de la capacidad financiera de los municipios. Según el texto constitucional entonces vigente y sus leyes posteriores, a los municipios se les reservaban ciertas cuotas de poder y se les otorgaba cierto margen de libertad en el desarrollo de sus competencias, pero este poder comenzó a depositarse en los caciques locales, y no en un cuerpo verdaderamente representativo de los vecinos de las localidades españolas[207]. El modelo caciquil en España pivotó sobre la figura del alcalde, quien controlaba los fondos municipales, los medios de esta corporación, e incluso el propio censo del que dependía la condición de elector[208]. Durante 40 años de vigencia de la Ley de 1877, que trató de reformarse veintidós veces sin éxito[209], el partido conservador y el liberal turnaron su presencia en los gobiernos municipales mediante el establecimiento de una fórmula electoral de control de los votos populares por los caciques locales, que les aseguraba su mantenimiento en el poder. De este modo, los municipios pasaron de ser el centro desde donde resistían las ideologías más progresistas, a ser núcleos de dominación política de una oligarquía y burguesía muchas veces, o la mayoría de ellas, urbana y alejada de los propios pueblos.

El mantenimiento del caciquismo propició que las élites locales apoyasen una centralización *sui generis* que no limitaba, sino que garantizaba, la estabilidad de sus privilegios a escala local, pues "les preserva frente a cualquier intento de subversión del orden existente" y, además, "les reserva un ámbito territorial de

---

207 Miguel Sánchez Morón, *La autonomía local. Antecedentes históricos y significado constitucional, op.cit,* pp.144 y 145. Miguel Martínez Cuadrado y Miguel Artola Gallego, *Restauración y crisis de la monarquía (1874-1931)* (Madrid, Alianza, 1991).

208 José Adrián García Rojas, *op.cit.* pp. 31 y 32.

209 Enrique Orduña, *op.cit.* p.166

libertad para hacer y deshacer a su antojo"[210]. Esta cuestión no afectó solamente a la escala local, puesto que la influencia de los caciques locales terminó por proyectarse también en cuestiones nacionales[211]. No eran solo los pueblos los que necesitaban del Gobierno para su subsistencia, también el Gobierno necesitaba el apoyo de los señores locales para garantizar su propia supervivencia. El municipio se convirtió en el "instrumento de una cadena de dominación política, que se funda en la colisión de intereses y en el reparto de parcelas de poder entre los componentes de un mismo bloque social"[212].

2.2.1. Los proyectos de Maura (1903 y 1907)

Durante los años que sucedieron a la entrada en vigor de la Ley de 1877 se presentaron numerosos pero fallidos proyectos que planteaban una renovación del régimen local español[213]. Los más

---

210 Miguel Sánchez Morón, *La autonomía local. Antecedentes históricos y significado constitucional, op.cit,* p.42.

211 *Ibidem.*, pp. 144 y ss. Resulta ilustrativa la expresión de Ortega: "Desde el punto de vista legal, fue el caciquismo un abuso constituido y permanente. Pero desde el punto de vista histórico, fue la reacción vital – torpe, bárbara, cruda, cuanto se quiera decir, pero viva- a un sistema de leyes inadaptado al tipo español. No puedo estimar el pensamiento político de quien no haya llegado a percibir la vertiente afirmativa y favorable del caciquismo. Era morboso porque era la forma violenta de adaptarse el cuerpo español a un medio legal antihigiénico, nocivo, absurdo. Ciertas enfermedades no son más que la adaptación naturalísima a un medio antinatural. Así el bocio, el bocio serrano. El caciquismo fue el bocio localista que le salió a una Constitución antilocal". José Ortega y Gasset, *La redención de las provincias y la decadencia nacional* (Madrid: Revista de Occidente, 1931)

212 Miguel Sánchez Morón, *La autonomía local. Antecedentes históricos y significado constitucional, op.cit,* pp.144 y 145.

213 "Venancio González, autor del Proyecto sobre estructura y régimen provincial. A este intento siguieron: los dos Proyectos de reforma presentados por Segismundo Moret el 8 de enero de 1884, sobre reforma de la Ley provincial y municipal; el Proyecto de Romero Robledo, de 25 de

ambiciosos fueron los proyectos presentados por Maura en 1903 y 1907. El segundo consiguió más recorrido que el primero, pues estuvo inspirado en las bases del anterior proyecto de 1903, que había sido presentado al Senado en el año siguiente a la entrega de la cartera de Gobernación a Antonio Maura bajo el gobierno conservador de Silvela en diciembre de 1902. Fue seis meses más tarde cuando Maura presentó su primer proyecto sobre reforma de la Administración local sin obtener éxito por parte de ambas Cámaras, dado que solo pasó el filtro del Senado. En este proyecto planteó su célebre "revolución desde arriba". El proyecto de 1907[214] no se modificó sustancialmente, sino que continuó en la línea del gobierno conservador, pero introdujo algunas notas que contenían reivindicaciones de diversas fuerzas políticas de la época como el partido liberal, el republicano, los catalanes o los carlistas[215], aspecto que lo situó como un producto del debate y la concordia.

Maura propuso la revitalización de la vida local por medio de la incorporación de la participación de todas las fuerzas vivas a escala local, y recuperó la concepción naturalista del municipio (art.1). El ayuntamiento quedaría al frente del municipio, el cual,

---

diciembre de 1884; sobre Gobierno y Administración Local; otro Proyecto de González de reforma municipal de 1886, en el que se insiste de manera sucesiva e infructuosa en los años 1887, 1888 y 1889 junto con el de reforma de la Ley provincial en vigor; el Proyecto elaborado por el Gobierno de Sagasta en el período de 1893-1894 conforme a las bases aprobadas por el Senado para proceder a una nueva refundición de las Leyes municipal y provincial; el Proyecto de Silvela de octubre de 1899, sobre descentralización administrativa, y el Proyecto de Dato de diciembre de 1899, por el que se modificaba la organización provincial y municipal", Almudena Marazuela, *op.cit*, pp. 231 y 232. En este sentido también ver Luciano Parejo Alfonso, "La región y la legislación histórica de régimen local", *op.cit.*, pp. 109-138. También puede consultarse Enrique Orduña, *op.cit*, pp. 166 y ss. Así como Adolfo Posada, *Evolución legislativa…*, *op.cit.* pp. 307 y siguientes.

214 ACD Serie General, Legajo 363 n.°1

215 Enrique Orduña, *op.cit.* p.172

estaría dotado de capacidad y personalidad jurídica (art.3). Al municipio también se le dotaba de un catálogo de competencias exclusivas en el texto del proyecto, dada la existencia de unos intereses peculiares que le pertenecían (art. 103), perspectiva íntimamente ligada a la concepción naturalista. Al tiempo, dichos intereses se autogestionarían por la corporación municipal y serían directamente ejecutivos, al margen de la existencia de los respectivos recursos que pudieren plantearse contra los mismos (art. 106)[216]. Maura, además, innovó en la naturaleza del municipio, en tanto en cuanto, en su proyecto planteó que los municipios menores de 2.000 habitantes se concibiesen como entidades locales menores y se les impusiese su agrupación forzosa para los servicios y facultades que no fuesen de exclusiva competencia municipal (art. 8).

Fue, además, el responsable de la culminación de la reforma planteada bajo el gobierno liberal de 1890, que trataba de democratizar el sufragio en tiempos de crisis de la Restauración, mediante la Ley de Sufragio Universal de 26 de junio de 1890[217], aunque sólo afectaría a los varones mayores de veinticinco años[218]. Se esgrimió que la apertura del sufragio para la elección de concejales podía provocar un posible freno al caciquismo local, aunque Maura era sobradamente conocedor de que la estructura caciquil no solo se mantenía a nivel electoral y en el ámbito local, sino gracias al soporte y mantenimiento del Ministerio de la Gobernación.

La regulación de la figura del alcalde sí resultó un tanto más conservadora, por cuanto estipuló su elección de acuerdo con una fórmula de segundo grado para los municipios de menos de

---

216 Además, como innovación de tendencia democratizadora y mediante los artículos 107, 108 y 111 se deposita la ejecución de ciertas competencias directamente en manos de los vecinos del municipio.

217 Publicada en la Gaceta de Madrid el 29 de junio de 1890, núm. 180.

218 Almudena Marazuela, *op.cit*, pp. 232 y 233; Luciano Parejo Alfonso, "La región y la legislación histórica de régimen local", *op.cit.*, pp. 130-138; Enrique Orduña, *op.cit.* pp. 170-176.

150.000 habitantes, y para el resto reservó la designación al Gobierno; así como su triple naturaleza como jefe de la Administración municipal, presidente de la junta y comisiones, órgano de ejecución de los acuerdos municipales, y representante "de ordinario" como delegado del poder central. Maura completó el esquema trazado para las entidades locales con una referencia a fórmulas asociativas como las agrupaciones de municipios y las mancomunidades (tanto municipales como provinciales), las primeras forzosas por motivos de conveniencia política o administrativa y las segundas de carácter voluntario. En materia tributaria se reconoció la autonomía local para el municipio, pero limitada a su adecuación con las competencias tributarias del Estado. En los casos de déficit crónico o de insolvencia probada se podía declarar, sobre la letra de su proyecto (artículos 223 y 224), la tutela del municipio, que podía eventualmente conllevar la supresión del ente.

Tras ser objeto de una amplia discusión parlamentaria, el proyecto se abandonó en 1909, a la caída del mismo gobierno de Maura, dadas las adversidades del momento. Aun así, su propuesta permeó las siguientes décadas hasta el punto de que, en la dictadura de Primo de Rivera, se utilizó el texto de Maura como cimiento para la creación de una regulación propia para el régimen local[219].

2.2.2. El Estatuto Municipal de Calvo Sotelo (1924)

El 13 de septiembre de 1923, con el golpe de Estado del General Primo de Rivera y el comienzo de la Dictadura, se retomó la

[219] Véase, Antonio Maura, *Ideario de Don Antonio Maura sobre la vida local (textos y estudios). Homenaje en el primer centenario del nacimiento de un gran español* (Madrid: Instituto de Estudios de la Administración Local, 1954). En los años siguientes a la exposición del proyecto de Maura también se presentaron otros proyectos como el de González Besada y Flores Lemus, o la Ley de grandes ciudades de Burgos y Mazo que servirían de inspiración en décadas posteriores. Enrique Orduña, *op.cit,* pp.176-179.

tendencia centralizadora mediante los Reales Decretos de 20 de noviembre de 1923, de disolución de Ayuntamientos electivos y de 12 de enero de 1924 de disolución de las Diputaciones provinciales, a excepción de las vascas y Navarra. Aquellas medidas, con el cese de las autoridades locales constituidas hasta el momento y su sustitución por los denominados "vocales asociados"[220] constituidos por las fuerzas vivas del momento, además de los municipios intervenidos por las diversas fuerzas militares, crearon un vacío en la regulación local que pretendía paliarse con los Estatutos Municipal (1924) y Provincial (1925) de Calvo Sotelo, por entonces, Director General de la Administración local bajo la Dictadura de Primo de Rivera.

El Estatuto Municipal de Calvo Sotelo fue elaborado con la colaboración de Gil Robles, Jornada de Pozas, Vallellano, Pi i Sunyer, Vidal y Guardiola y Leopoldo Calvo Sotelo, su hermano. Inmediatamente a la toma de posesión de su cargo, él y sus colaboradores comenzaron a redactar un nuevo y ambicioso régimen local en el contexto de la dictadura militar. Aunque partió de la base del proyecto de Maura de 1907, el Estatuto de Calvo Sotelo se mostró mucho más ambicioso en su desarrollo conceptual. Fue presentado y debatido en el Directorio a lo largo de tres sesiones a las que el propio Calvo Sotelo asistió para defender sus líneas fundamentales, impulsado por el temor a que las ideas plasmadas en su proyecto se estimasen excesivamente progresistas para la época, pues los redactores del Estatuto sabían que algunas de las notas características del Estatuto como la autonomía, el progreso democrático o la extensión del voto para las mujeres, serían ciertamente polémicos para el contexto en el que se planteaba la reforma. El 8 de marzo de 1924, Alfonso XIII sancionó el Estatuto Municipal[221].

Se trataba de un verdadero código de derecho local que disponía de 585 artículos, una disposición adicional y 28 disposiciones

[220] José Adrián García Rojas, *op.cit.*, p.32.

[221] Publicado en la Gaceta de Madrid de 9 de marzo de 1924, núm.69.

transitorias, que más tarde sería completado a través de distintos Reglamentos[222]. Calvo Sotelo fue un firme seguidor de la concepción naturalista del municipio, cuestión que puede asumirse con clarividencia al leer en la Exposición de Motivos de su Estatuto Municipal fragmentos como el siguiente: "El Municipio, en efecto, no es lujo del legislador: es un hecho social de convivencia, anterior al Estado y anterior también, y además superior, a la ley. Esta ha de limitarse, por tanto, a reconocerlo y ampararlo en función adjetiva". En esta línea, no supeditó la creación de municipios a un determinado número de habitantes, como sí lo había hecho Maura en 1907, pues consideraba que la creación de municipios con base a tal criterio era una cuestión de "mero artificio" inoperante[223]. Estableció una diferenciación, con base en el número de habitantes, entre municipios rurales y urbanos a los que asignó un modelo electoral distinto: concejo abierto para los primeros y concejales de elección popular y de elección corporativa para los segundos. Con esta modificación, abierta a un modelo mixto entre representación popular y corporativa, que se articuló por medio del artículo 72, se pretendía adoptar un modelo que ya existía en algunos países europeos y que se creía propicio para obstaculizar y poner fin a las dinámicas caciquiles.

Otra de las medidas en contra del caciquismo fue la reestructuración de la figura del alcalde, que siguió la tradición liberal, atendiendo a su naturaleza de representante del gobierno y director de la Administración local. El Estatuto de Calvo Sotelo suprimió

---

222 Reglamentos de Población y términos municipales y Contratación de 2 de julio de 1924; Reglamento de Organización y funcionamiento de los Ayuntamientos de 10 de julio de 1924; Reglamento de Obras, servicios y bienes municipales de 14 de julio de 1924; Reglamento de Secretarios, interventores de fondos y empleados municipales y Procedimiento en materia municipal y Hacienda municipal de 23 de agosto de 1924; Reglamento de Sanidad municipal de 9 de febrero de 1925. Enrique Orduña, *op.cit.* p. 184.

223 *Ibidem.*, p. 181.

la vieja costumbre de nombramiento real de alcaldes, y la posibilidad de supresión y nombramiento con carácter gubernativo, por lo tanto, los alcaldes serían elegidos de entre los concejales o los electores con capacidad para serlo. Asimismo, debía mediar decisión de la Audiencia Provincial para suspender a un concejal de su ejercicio. Dotó de seguridad jurídica y de fuerza ejecutiva a las resoluciones de los ayuntamientos, que no podrían ser revocadas por ninguna autoridad gubernativa, sino solo a través del ejercicio judicial, mediante recurso. Laminaba así el control de oportunidad de los niveles administrativos e institucionales superiores, reforzándose la autonomía local. Las mujeres cabeza de familia tendrían, sobre la letra del Estatuto, derecho al voto en caso de cumplir con unos determinados requisitos[224] que, en la práctica, reducirían sustancialmente el número de mujeres con posibilidad de votar. El Estatuto, en un principio, trató de dotar a todas las mujeres de este derecho sin condicionantes, pero la mera posibilidad de concedérselo se concebía, con más o menos limitaciones en su acceso, como choque frontal con los principios sociales del régimen.

En lo que respecta al modelo competencial, el Estatuto Municipal prescribía distintos asuntos para ser gestionados por el municipio (obras, urbanización, saneamiento, etc.), entre los que se encontraban algunos servicios sobre los que el municipio tendría el monopolio para su gestión. Dispuso, en este orden de cosas, un recurso de las corporaciones frente al Gobierno por abuso de poder y vulneración de su régimen de autonomía (art. 290). Creó el Cuerpo de Secretarios de ayuntamiento y el Cuerpo de Interventores de la Administración Local, con presencia obligatoria en los ayuntamientos que sobrepasasen un determinado presupuesto. A partir de entonces surgieron los Cuerpos Nacionales de la Administración local con habilitación para su ejercicio en todo el

---

[224] Se estimaba que, para ser mujer cabeza de familia, debían cumplirse los siguientes requisitos: ser española de veintitrés años, no sujetas a la patria potestad, autoridad marital, ni tutela, y que fuesen vecinas con casa abierta en algún término municipal.

territorio, y se asentaron las bases para el acceso y estabilidad del resto de funcionarios de la Administración local[225], idea proveniente del modelo francés de cuerpos nacionales creado mediante la administración napoleónica. La regulación de esta cuestión supuso un gran avance en la evolución del régimen local puesto que con ella se unificó el cuerpo funcionarial de personal a cargo de la Administración local.

En el plano económico-financiero destacó la eliminación del ejercicio del gobernador civil sobre las finanzas locales, en favor de los delegados de hacienda. Además, las reclamaciones de los contribuyentes serían competencia de los tribunales económico-administrativos provinciales. Del mismo modo, Calvo Sotelo creó tres figuras que trataban de dar solución a la situación de las haciendas locales: los presupuestos extraordinarios, el recurso al crédito público y el Banco de Crédito Local[226].

El proyecto municipal, y municipalista, ideado por Calvo Sotelo preveía la incorporación de una considerable autonomía para las entidades locales. En el plano municipal ofrecía un tratamiento democrático y representativo, descentralizador de funciones y respetuoso con los intereses peculiares de éste, que eliminaba la tutela estatal y la presencia de figuras que antaño habían supuesto una merma considerable para la gestión autónoma del territorio.

Pese a sus considerables aportaciones, ni el proyecto de Calvo Sotelo, ni el de Maura, incidieron suficientemente en la raíz del problema: la ultra-fragmentación de la planta local y el consiguiente mantenimiento del minifundismo local. Lógico, teniendo en cuenta la influencia de la concepción naturalista del municipio en sus planteamientos. El inframunicipalismo, entendido como la situación deficitaria en el plano político, administrativo, financiero, poblacional, etc. de los municipios

---

225 Enrique Orduña, *op.cit.*, p.183

226 *Idem.*

españoles no se combatía con estas propuestas pues, aunque ideasen alternativas sobre la mejora democrática del nivel local, difícilmente conseguirían materializarse sin una reforma integral que dotase de un tamaño y capacidad considerable a los municipios ya existentes, de cara a su posterior ejecución y consolidación real y efectiva.

El caciquismo no era la única amenaza para el principio democrático en las localidades españolas. La democracia local también se ve (antes y ahora) gravemente comprometida por el inframunicipalismo porque, en los pequeños municipios, con escasa capacidad económica, con una administración de pequeño tamaño o con un reducido número de habitantes, entre otros factores, la autonomía local es prácticamente inexistente. Los asuntos que pueden decidirse en el municipio son muy pocos y la democracia local se encuentra, consecuentemente, muy repercutida. Un aumento competencial, sin incidencia en la planta local minifundista, tampoco mejoraría la capacidad para tomar tales decisiones, aunque se intentase acompañar de recursos financieros. Los problemas que, de antaño, los municipios españoles arrastraban en el ámbito de la toma de decisiones no solo tenían que ver con la falta de medios económicos, sino también con la escala de prestación de algunos servicios y con el reducido tamaño de sus administraciones.

Con el proyecto de Calvo Sotelo sucedió lo mismo que había acontecido con el proyecto de Maura, pues ambos estaban ideados para su entrada en vigor en un régimen de libertades, y no en una dictadura. La respuesta de Primo de Rivera al régimen ideado por Calvo Sotelo fue totalmente contraria a la letra del Estatuto. Lejos de su cumplimiento, se acentuó un fuerte intervencionismo militar y gubernativo en los municipios españoles, y se dio continuidad al caciquismo que "siguió campando, alimentado por un sistema que en la práctica protegió los intereses de sus protagonistas", y que no cesaría hasta principios del siglo XX.

2.3. EL MUNICIPIO EN LA II REPÚBLICA (1931-1936) Y EN EL FRANQUISMO (1936-1975)

Las elecciones municipales convocadas el 12 de abril de 1931 desembocaron en la proclamación de la II República. El nuevo gobierno republicano tuvo la pretensión de revisar la actividad legislativa que se había producido en el marco de la dictadura, y así se puso de manifiesto con la promulgación del Decreto sobre revisión y clasificación de la actividad legislativa desde 1923 hasta 1931, del Ministerio de la Gobernación y del Gobierno provisional de la República. Se derogaron, eliminaron y redujeron numerosas disposiciones legislativas del régimen anterior, pero subsistieron otras disposiciones necesarias para el normal funcionamiento del régimen republicano y se confirió al Gobierno la posibilidad de modificar tales disposiciones dando cuenta al Parlamento. Entre éstas últimas se encontraba, parcialmente, el Estatuto Municipal de Calvo Sotelo de 1924 y la Ley Municipal de 1877.

En el marco de este nuevo período republicano se sancionó por las Cortes el día 9 de diciembre de 1931 un nuevo texto constitucional cuyo Título Preliminar, en su apartado tercero, reconoció que "La República constituye un Estado integral, compatible con la autonomía de los Municipios y las Regiones". En el Título Primero, dedicado a la organización nacional española, se realizó una mención a la división territorial del Estado, integrada por municipios mancomunados en provincias y las regiones que se constituyesen en régimen de autonomía (art. 8). Acto seguido, se dedicó el artículo 9 a garantizar la autonomía de los municipios en las materias de su competencia, así como el carácter electivo de sus ayuntamientos por sufragio universal, igual, directo y secreto, del mismo modo que el alcalde, que sería designado por elección directa del pueblo o, en su caso, por el ayuntamiento[227]; fórmula que la Constitución del 78 ha recogido.

---

[227] A estas formulaciones estipuladas en el texto de 1931, hay autoras como Almudena Marazuela, *op.cit*, p. 234, que arguyen que este es el primer texto constitucional que reconoce la autonomía municipal de forma

El texto constitucional republicano fue el primero en garantizar plenamente la autonomía local. En 1869 se ideó una fórmula similar, pero se combinó con las remisiones legislativas y, desde algunos puntos de vista, con principios "francamente intervencionistas"[228]. La regulación constitucional sobre las entidades locales no se pondría en marcha hasta la promulgación de la Ley municipal, que apareció por primera vez en la Gaceta de Madrid el 31 de octubre de 1935 y que, en la línea trazada previamente por la Constitución y en lo que a la autonomía del municipio atañe, se garantizaba por medio del aseguramiento del gobierno, fomento, dirección y administración de sus intereses peculiares (art.101), así como de un listado de competencias que respondían a los intereses propios del municipio, que se cerraba con una cláusula a modo de *numerus apertus* (art. 102). De este modo, es incuestionable que la II República consiguió grandes avances en la regulación constitucional de las entidades locales y en el blindaje de la autonomía municipal. Eso sí, para entonces, ya se contaba con grandes obras municipalistas precedentes como los Proyectos de Maura de 1903 y 1907, el Estatuto Municipal de Calvo Sotelo o el régimen local ideado en el Sexenio revolucionario y su texto constitucional de 1869 o el malogrado republicano de 1873.

El debate sobre la organización territorial del Estado fue realmente protagonizado por las regiones, que asumirían la competencia del régimen local de acuerdo con lo prescrito en la Constitución. La vida local comenzaba a perder la fuerza que tuvo en los debates de Cortes años atrás. Las regiones y sus Estatutos de Autonomía coparon el debate sobre la descentralización republicana en el marco

---

explícita. Pero esto no es cierto, la Constitución de la I República ya lo hizo, cuestión distinta es que ni siquiera entrase en vigor para el periodo en que se previó. Pero no resulta innovadora la fórmula trazada, sino simplemente constitutiva de unos esfuerzos por descentralizar el poder que no situarían, en realidad, al municipio como figura central del régimen local.

228 Enrique Orduña, *op.cit.* p.188.

del "Estado integral", que pretendía proceder al reparto del poder político conservando la unidad estatal, y que así lo consiguió dotando a los territorios de sus propios regímenes autonómicos[229].

A diferencia del contexto de nacimiento del Estatuto de Calvo Sotelo, el régimen municipal ideado en la II República fue concebido en un ambiente propicio para su desarrollo y puesta en funcionamiento, ya que el texto constitucional era muy avanzado en la garantía de la autonomía local, pero el régimen local que le acompañaría a partir de la Ley de 31 de octubre de 1935[230] apenas tuvo repercusión y fue ampliamente criticado. No innovó respecto de los textos anteriores e incluso llegó a señalarse que el Estatuto de Calvo Sotelo de 1924 era mucho más avanzado[231]. A esto último se le sumó la situación política que se estaba fraguando en España. Los grupos de ultraderecha abandonaron la defensa del principio democrático y la autonomía de las entidades locales para abrazar los totalitarismos y la llamada "democracia orgánica". Solo unos meses más tarde estallaría la Guerra civil y comenzaría la dictadura franquista, en julio de 1936, cuando España quedó dividida en la zona nacional y la zona republicana, que dieron pie a la aparición de distintas formas de organización municipal en una y otra parte.[232].

En la zona nacional las entidades locales pasaron a estar controladas militarmente siguiendo el precedente de la dictadura de Primo de Rivera. Se destituyó a todos los alcaldes, que se sustituyeron por oficiales retirados en capitales de provincia y ciudades

---

229 Cfr. José Álvarez Junco, *Mater Dolorosa: la idea de España en el siglo XIX* (Madrid: Taurus, 2001); Daniel Guerra Sesma (edit.), *El pensamiento territorial de la segunda república española: estudio y antología de textos* (Sevilla: Athenaica: 2016); Sebastián Martín Martín, Luis Ignacio Gordillo Pérez y Víctor Javier Vázquez Alonso (dirs.), *Constitución de 1931: estudios jurídicos sobre el momento republicano español* (Madrid: Marcial Pons, 2017).

230 Publicada en la Gaceta de Madrid el 1 de noviembre de 1935, núm.305.

231 Enrique Orduña, *op.cit.* p 191.

232 José Adrián García Rojas, *op.cit.*, p.36.

clave, y por personas seguidoras del régimen en municipios rurales. Se derogó la Ley republicana de 1935, a excepción de algunos extremos como la organización y funcionamiento de los servicios, que fue utilizada convenientemente a partir de enero de 1938. En la zona republicana no se declaró el Estado de excepción hasta bien entrada la Guerra. La atomización del poder propiciada por el surgimiento de organizaciones obreras, protagonizadas por la figura del Comité local, dieron lugar a una excesiva fragmentación del poder político que más tarde trataría de corregirse a partir de Proyectos como el de Francisco Largo Caballero[233]. Tampoco en esta parte del territorio se consiguió un normal funcionamiento de la Administración local.

Por medio de la Orden del Ministerio del Interior de 4 de noviembre de 1938 se creó una Comisión para el estudio de un proyecto de Ley de Gobierno y Administración local, promovida por el titular de la cartera Ramón Serrano Suñer, para regular el régimen municipal y provincial. Apenas se supo del trabajo desarrollado por tal comisión, que se localizó en Burgos[234]. Se tuvo que esperar a 1940, con la llegada de Iturmendi al Ministerio de Interior para la elaboración de un Código que regulase las entidades locales, y al año 1945 para la promulgación de la primera Ley de Bases de Régimen Local[235].

En la Ley de Bases de Régimen Local de 1945 destacó el papel desempeñado por el Instituto de Estudios de la Administración local. Este organismo fue creado en 1940, por medio de la Ley de 6 de septiembre del mismo año, para la investigación, estudio, enseñanza y propaganda de las materias de la Administración Local, previsto para asesorar al Ministerio de la Gobernación en tal

---

233 Rafael Quirosa-Cheyrouze y Muñoz, "Los Consejos municipales: una nueva articulación del poder local en la retaguardia republicana", *Revista Historia Actual Online (HAOL)* 4(2004): 115-126.

234 Enrique Orduña, *op.cit.* pp. 193 y 194

235 Publicada en el Boletín Oficial del Estado el 18 de julio de 1945, núm. 199.

materia. El impulso del Instituto sobre la Ley de Bases permitió a Pérez González, Ministro de la Gobernación en 1944, presentar un anteproyecto definitivo, que fue remitido a Cortes el 25 de mayo de 1945. Defendida en el Pleno por Álvarez Gendín, la Ley fue aprobada el 14 de julio y promulgada como Ley el 17 de julio de 1945. En el Decreto de 16 de diciembre de 1950 se hizo constar que la Ley se renovaría cada cinco años, con el fin de adaptarla a los cambios que se produjesen a raíz de las nuevas experiencias.

El régimen legislativo en materia local sentado por ambas disposiciones contenía una visión abiertamente naturalista sobre el municipio, que había sido propugnada por Álvarez Gendín como representante de la Comisión y por Pérez González como Ministro. La configuración de la autonomía local en dicho texto fue cuestionada por la doctrina[236]. En la defensa del proyecto en el Pleno, Pérez González se limitó a decir que se trataba de una "autonomía funcional" y Álvarez Gendín, que la autonomía, pese a su falta de declaración expresa, se encontraba presente a lo largo del texto de la Ley, que él pasó a denominar "autonomía orgánica"[237]. Si nos situamos en el texto de la Ley encontramos algunas notas como el carácter natural de la entidad municipal, el reconocimiento de unos intereses peculiares municipales y el depósito del gobierno y dirección del municipio en sede del propio municipio, reconociéndoles a tal fin, plena capacidad jurídica dentro de los límites establecidos en la ley. En cuanto a las competencias municipales, las corporaciones tenían un listado de estas que, de acuerdo con sus intereses particulares, debían desarrollar exclusivamente (BASE 11) y, solo las que no fuesen de esta modalidad se ejercerían bajo la tutela del gobierno; lo que lleva a inferir que las competencias exclusivas en el municipio se realizarían sin un control o vigilancia por parte del Estado. Sin embargo, en la Base Primera se suprime la condición

236 *Ibidem*, pp. 198 y 199.

237 Fernando Albi, *op.cit. p.*93; Enrique Orduña, *op.cit.* p 197.

política del municipio, al declarar que sus fines son meramente económico-administrativos.

Lo que parecía una incipiente autonomía, posiblemente marcada por el Estatuto de Calvo Sotelo de 1924, se combinaba con un principio fuertemente antidemocrático en el ámbito electoral, y un fuerte intervencionismo sobre la vida del municipio[238]. Resulta curioso que la Ley de 1945 tratase de compatibilizar el régimen local anterior, marcado por la importancia del Estatuto de 1924, con la naturaleza de su democracia orgánica y de los principios del franquismo. Esto daba lugar a que el propio contenido de la Ley fuese contradictorio, y que ciertos sectores doctrinales se pronunciaran en contra y a favor porque, efectivamente, había elementos por los cuales pronunciarse a favor y en contra si se hacía una lectura integral del texto[239].

En 1953 se aprobó una nueva Ley de Bases de Régimen Local, que entró en vigor en diciembre del mismo año y que no introdujo

---

238 Se reservó la elección de los alcaldes al Ministro de la Gobernación en las capitales de provincia y en aquellos casos en que el municipio sobrepasase los 10.000 habitantes, y la de los Concejales a partir de un sistema de "terceras partes" (BASE 8). Este sistema de terceras partes constaba de una elección por los vecinos cabezas de familia, organismos sindicales y un tercer escalón formado por los concejales elegidos por los grupos anteriores. Estos tres grupos elegirían de entre vecinos pertenecientes a entidades económicas, culturales y profesionales en su término municipal o vecinos de reconocido prestigio de la localidad, así como otros que quedaban en manos de una lista de candidatos propuestos por el gobernador civil, que representaban al gobierno en las provincias y que, a su vez, eran nombrados y separados del cargo por Decreto y a propuesta del Ministro de la Gobernación. Se ve también muy claramente en la BASE 67, en la cual, tras hacer una oda a la autonomía local, se define el régimen de tutela e intervención del Estado, así como en la BASE 68 sobre la inspección y asesoramiento de los organismos locales. Con ellas se abrió una ventana a la arbitrariedad sobre el régimen local, que pondría en jaque todo lo anteriormente propugnado por la ley, que parecía pergeñar un atemperado principio de autonomía.

239 Enrique Orduña, *op.cit.* pp.196-200.

ninguna novedad sobre autonomía local, ni sobre el ausente principio democrático[240]. Vino, contrariamente, a refundir el texto legal anterior, y a consolidar la tutela y fiscalización estatal sobre las entidades locales, aunque trató de revestirse de ciertos elementos modernizadores[241]. En 1957 se dictó la Ley de 7 de noviembre del mismo año, que introdujo algunas modificaciones a la anterior, así como las Leyes Especiales de los Municipios de Madrid y Barcelona por medio del Decreto 1674/1963, de 11 de julio y del Decreto 1166/1960, de 23 de mayo, respectivamente. Inspiradas en el modelo estadounidense, las Leyes especiales crearon interesantes figuras como las Juntas de Distrito, que se encargaban de agrupar barrios de la ciudad para colaborar con el gobierno del municipio y gestionar algunos servicios. Las Juntas de Distrito, a partir de 1979, con la democratización de las entidades locales, tendrían una incidencia considerable en el panorama local español.

Es relevante hacer una mención al fenómeno demográfico que España venía viviendo desde hacía unas décadas. Entre 1940 y 1970 se produjo en nuestro país el mayor éxodo rural de nuestra historia reciente, época que algunos autores como Sergio del Molino han denominado el *Gran Trauma*[242], por la envergadura del suceso que tuvo lugar en el marco del periodo reseñado. En apenas 30 años, España pasó de ser un país eminentemente rural y campesino, volcado en el sector primario, a ser un país esencialmente urbanizado y centrado en el sector terciario. Este fenómeno coincidió con la llegada de la industrialización a España y, además, fue mediado, impulsado y favorecido por el desarrollismo franquista. A diferencia de lo sucedido en el resto de los países europeos, donde también se vivieron éxodos rurales, en nuestro país el éxodo se produjo súbitamente y en un periodo temporal muy reducido. El motivo principal del éxodo que tuvo lugar du-

---

240 Publicada en el Boletín Oficial del Estado el 4 de diciembre de 1953, núm. 338.

241 *Ibidem,* pp.200-203

242 Sergio del Molino, *La España vacía. Viaje por un país que nunca fue* (Madrid: Turner, 2016): 42-45.

rante la segunda mitad del siglo XX en España fue el mayor desarrollo de las ciudades, así como su dotación, generalmente, de mayores instituciones públicas, universidades, empresas y, en general, oportunidades laborales y de ocio. El despoblamiento no solo afectó al pequeño municipio de la *España vacía,* sino también a las cabeceras comarcales y, aunque en menor medida, también a algunas capitales de provincia que hasta entonces habían servido como centro de referencia a nivel administrativo y como un polo atractivo (también desde el ámbito demográfico) para aquellas personas que abandonaban su pequeño municipio natal en busca de un mayor bienestar. A partir de entonces, ciudades como Madrid y Barcelona comenzaron a aglutinar cifras de población hipertróficas y a situarse como lugares de oportunidades frente a otras zonas de España, desde entonces entendidas como territorios de emigración histórica (*vgr.* Extremadura).

La insuficiencia endémica de las haciendas municipales en estas décadas fue tal que propició la reforma operada en virtud de la Ley 48/1966, de 23 de julio, sobre modificación parcial del Régimen Local[243], mediante la cual se creó el Fondo Nacional de Haciendas Municipales, como pretendida solución al problema del empobrecimiento de los municipios. Una de las medidas interesantes que contiene la citada norma es el fomento de las agrupaciones municipales que, de acometerse, vendrían aparejadas de ciertos beneficios (art. 16).

A la entrada de 1969 se comenzó a idear un nuevo régimen local que pretendía modernizarse, pese a que el carácter corporativo continuaba imponiéndose al principio democrático. El proyecto anteriormente descrito se presentó en Cortes en diciembre de 1971 como Proyecto de Ley de Bases de Régimen Local. Las notas más interesantes del proyecto de 1973, dado que se trató de compatibilizar el carácter reformista con la representación corporativa y el intervencionismo, fue, por una parte,

---

243 Publicada en el Boletín oficial del Estado el 25 de julio de 1966, núm.176.

la previsión de una iniciativa de participación vecinal en la actividad del ayuntamiento como cauce para que los vecinos presentasen sus críticas y manifestaciones al amparo de la Ley de Asociaciones de 1964. Y, por otra parte, la creación de una variada tipología municipal formada por municipios con núcleos diseminados de población, turísticos, en régimen de expansión, municipio-comarca[244], entidades municipales de ámbito comarcal, municipalidades urbanas, ciudades representativas del valor histórico artístico, etc. Dada la irrefrenable voluntad por legislar, sin realmente tener una pretensión por reformar los principios esenciales del régimen, se optó por crear un conglomerado de entes municipales que recuerdan al caos organizativo de la planta local existente en el Antiguo Régimen. A partir de su presentación en Cortes, pasó a ser ampliamente debatido y se presentaron un gran número de enmiendas que propiciaron su fracaso en 1973.

En 1974 se volvió a presentar un nuevo proyecto de Ley de Bases de Régimen local, más escueto que el presentado en 1971, y de tendencia liberalizadora y algo más reformista, aunque mantuviese la representación corporativa y una más tímida intervención del Estado. Pero no sería hasta el 19 de noviembre de 1975[245] cuando se aprobaría, sirviendo de poco, pues el día próximo a aquella fecha falleció Francisco Franco y, con él, la Ley de 1975.

2.4. EL TRATAMIENTO DE LO MUNICIPAL EN LA TRANSICIÓN Y EN LA CONSTITUYENTE DE 1978

Hasta el 25 de enero de 1976 se continuó con el régimen corporativo. En tal fecha se celebraron elecciones para cubrir alcaldías de 4.523 municipios, siguiendo la misma fórmula, y en las capitales

---

[244] Fernando Albi, "Las derivaciones inmediatas de la crisis del municipalismo", *Revista de Estudios de la Vida Local* 150 (1966): 801-869; Luis Jordana de Pozas, "La previsible alteración de nuestra división territorial", *Revista de Estudios de la Vida Local* 155 (1967): 641-660.

[245] Publicada en el BOE de 21 de noviembre de 1975, núm.280.

de provincia (a excepción de Madrid y Barcelona). En los ayuntamientos superiores a 100.000 habitantes repitieron mandato 39 alcaldes y se designaron 19 adicionales. Varios puestos de alcaldía habían quedado vacantes porque la desafección ciudadana llegó a las mismas corporaciones. La dictadura franquista había terminado, pero con ella no terminó la llamada representación corporativa, aspecto que creó un gran desinterés y descontento por parte de la opinión pública. Las corporaciones se quedaron sin candidatos para proveer los cargos de alcalde, lo cual obligó a convocar nuevamente elecciones el 20 de febrero de 1976. El 11 de marzo de 1976 se aprobó la Ley 7/1976, que modificó la disposición transitoria décima de la Ley 41/1975 y que fijaba un nuevo plazo para la celebración de elecciones con el fin de cubrir los puestos de alcalde, y presidentes de Cabildos Insulares y Diputaciones.

Llegado el primer gobierno de Adolfo Suarez, el 8 de octubre de 1976 el nuevo Presidente decidió posponer las elecciones municipales para que estas coincidiesen con las elecciones generales del país, por medio del Real Decreto-ley 17/1976. Ello por un sencillo motivo, en 1976 España no disponía de un sistema electoral funcional para la realización de una consulta democrática. Se decidió, de este modo, que las siguientes elecciones tuvieran lugar cuando se reunieran las condiciones necesarias para afrontar tal situación, teniendo que esperar a la Ley 39/1978, de 17 de julio, de elecciones locales, que serían las primeras elecciones democráticas en España desde la II República.

Más problemáticas hubo en los aspectos relativos a las haciendas locales. Los municipios españoles y su situación financiera se encontraban en una crisis endémica desde el siglo XIX, cuestión que entraba en colisión con las pretensiones de los principios políticos que caminaban hacia la transición democrática del país. La Ley 41/1975 fue desarrollada a través del Decreto 3462/1975 de 26 de diciembre. Dado que el modelo financiero instaurado durante el franquismo no era suficiente para el mantenimiento de las haciendas locales y el saneamiento de sus deudas, se previó la dependencia financiera de las corporaciones locales sobre la base de las transferencias del Estado. La hacienda local quedó enteramente supeditaba al Estado porque no existía la posibilidad de que hicieran frente, con sus propios recursos, a las obligaciones más básicas asignadas al ente municipal. A final de año se promulgó el Real Decreto 3250/1976, de 30 de diciembre, que también desarrollaba las disposiciones de la Ley 41/1975, y que confirmó la misma estrategia financiera que la prescrita en el anterior Decreto.

En 1977, constatada la situación de empobrecimiento de las haciendas locales y, en vista a su falta de mejora, se recurrió de nuevo a la legislación de urgencia y se promulgó el Real Decreto-ley 34/1977 de 2 de junio. Esta medida excepcional trataba de sanear las deudas de los ayuntamientos a través de una importante operación de crédito que pretendió dotar de presupuestos suficientes a los ayuntamientos en el año 1977, a través de la concesión de numerosas ayudas económicas. Con el fin de llevar a cabo esto último se creó el Fondo Nacional de Cooperación local y la Comisión Nacional de colaboración del Estado con las Corporaciones Locales. El primero se creaba con el objetivo de que los ayuntamientos pudieran pedir una ayuda excepcional al mentado Fondo en caso de no conseguir nivelar sus presupuestos con el nuevo régimen financiero municipal. Y se culminó la legislación en materia de haciendas locales con el Real Decreto-Ley 15/1978, de 7 de junio, de impuestos sobre el valor de los terrenos y dotación de presupuestos especiales en materia de urbanismo para el año 1978.

La Ley de Bases de Régimen Local (Ley 41/1975) contenía previsiones completamente obsoletas, que ya no acompañaban a la situación histórica, jurídica y política del país. El caos legal en el que entonces se sumía la realidad local tenía que afrontarse de algún modo, y se optó por aprobar y promulgar legislación para adecuar la Ley a las circunstancias del momento. Se promulgaron distintas disposiciones como la Ley 7/1976, el Real Decreto-ley

22/1976 de 12 de noviembre, o el Real Decreto-ley de 23 de diciembre de 1976, a tal fin; pero todavía quedaban numerosas cuestiones locales sin un marco jurídico de referencia. Esta situación motivó la intervención del Gobierno en 1977 que, previo dictamen del Consejo de Estado, dictó las normas para el desarrollo y articulación de los preceptos que contenía la Ley 41/1975. Se aprobaron, como consecuencia, una serie de Reales Decretos[246] que, pese a ser criticados por sus deficiencias y falta de armonía, intentaron ofrecer soluciones a los problemas del régimen local. A la entrada en vigor de todas las bases que asentaba la nueva legislación de la transición hacia la democracia, ya se conocía el anteproyecto de Constitución, que venía a modificar sustancialmente la Administración local y la realidad municipal.

El 24 de diciembre de 1977 se dio a conocer el anteproyecto, previamente filtrado en Cuadernos para el Diálogo. El Boletín Oficial de las Cortes, núm.44, publicó el texto del anteproyecto el 5 de enero de 1978, incluyendo los votos particulares formulados por los ponentes a cargo de la redacción del texto. En el marco de los siguientes 20 días naturales se presentaron más de 3000 enmiendas, recogidas en 779 escritos. El Informe de la Ponencia fue publicado en el Boletín Oficial, núm.82, de 17 de abril de 1978.

En el anteproyecto no figuraba una declaración expresa sobre la organización territorial y el reconocimiento de la autonomía local se situaba en otra posición distinta a la que finalmente resultó del texto aprobado en 1978. La fecha de aprobación del anteproyecto

---

[246] Real Decreto 1046/1977 de 6 de octubre por el que se regulaban numerosas materias como la organización municipal, el régimen de los municipios de menos de 5.000 habitantes o la función pública, entre otras. Se consolidó como órgano colegiado de ámbito provincial la Comisión Nacional de Colaboración del Estado con las Corporaciones Locales a través del Real Decreto 2668/1977, de 15 de octubre. Y se regulo un sistema de Planes Provinciales con el fin de reforzar la inestable situación de los pequeños municipios españoles mediante el Real Decreto 688/1978, de 17 de febrero. Enrique Orduña, *op.cit,* p 213-215.

de Constitución coincidió en el tiempo con la presentación del Proyecto de Ley del Gobierno sobre Régimen Local, que derogaba la legislación de 1975. En el mismo se previó una importante disposición que reconocía al Gobierno la potestad de dejar sin efecto con carácter general la fiscalización, intervención y tutela que ejercía el Ministerio del Interior sobre las entidades locales, a excepción de unas pocas materias, si convenía propuesta del mentado Ministerio en este sentido.

En el informe sobre el anteproyecto de Constitución, tras el estudio de las enmiendas presentadas al mismo, se incorporaron algunas modificaciones interesantes respecto del régimen local. El Título VIII, que en el primer anteproyecto era denominado "De los Territorios Autónomos", pasó a llamarse "De la Organización Territorial del Estado", cuyo contenido quedaba dividido en tres capítulos dedicados a los "Principios Generales", "De la Administración Local" y "De las Comunidades Autónomas". Una idea muy clara guio la intención constituyente en la regulación del Título VIII, o lo que es lo mismo, en la nueva organización territorial del Estado: el país se regiría por una fórmula de descentralización del poder político, superando los años de intervencionismo, corporativismo y centralización que habían precedido a la constituyente, cuestión que consiguió un gran consenso entre las fuerzas políticas que apoyaron el texto constitucional.

Una matización importante respecto del municipio es que a partir de entonces se consideraría como una instancia de descentralización y gestión del poder político del Estado, abandonándose esa "inercia histórica de considerar la Administración local como brazo ejecutor de instancias políticas superiores"[247]. Por ínfimo que fuese el espacio que ocupó lo local en la constituyente,

[247] Jesús Ángel Fuentetaja Pastor, "Marco constitucional de la Administración local", en Marta Lora-Tamayo Vallvé (dir.) *Manual de Derecho local* (Madrid: Iustel, 2020): 97; María Teresa Salvador, *La autonomía provincial en el sistema constitucional español. Intermunicipalidad y Estado autonómico, op.cit.* p.34.

el municipio se configuró como un ente político autónomo, con todas sus consecuencias.

Se fraguó en aquellas Cortes el genuino Estado Autonómico que reorganizaría el país en una nueva fórmula, y añadiría una nueva entidad territorial más allá del municipio y la provincia. Las Comunidades Autónomas coparon los debates constituyentes y las aspiraciones de los grupos políticos y eclipsaron el debate sobre la descentralización del Estado en detrimento de la realidad local. Prueba de ello es que apenas existan recursos bibliográficos que nos permitan ahondar sobre el papel que tuvo el municipio en las sesiones parlamentarias, y que los pocos existentes[248] confirmen que, tanto el artículo 140, como el artículo 142 se plasmaron de forma idéntica, con alguna salvedad terminológica, en el texto constitucional definitivo. Pese a que el Título VIII fue uno de los más debatidos a partir de julio de 1977, no todos los niveles territoriales del Estado recibieron la misma atención en los trabajos parlamentarios.

Podemos observar en los trabajos de la ponencia constitucional en los que se fraguó el texto fundamental de 1978 las pocas referencias que se encuentran sobre las entidades locales. La Minuta de la ponencia de constitución en su reunión del día 10 de noviembre de 1977 refleja que, cuando se entró a considerar la materia referente a la Administración Pública, una vez analizados los textos presentados, se tomó como base el documento del Grupo Socialista. Sobre el mismo, la minoría catalana precisó la necesidad de recoger algunas cuestiones referentes a la Administración local y a la garantía de la autonomía local, sin más detalle. El día 17 de noviembre, volvió a reunirse la ponencia y el representante de la minoría catalana expuso el criterio de su grupo en relación con las propuestas de Unión de Centro Democrático (UCD), que en ese momento se encontraban analizando. Una

---

[248] Manuel García Pelayo, *Inédito sobre la Constitución de 1978* (Madrid: Tecnos, 2021); Oscar Alzaga Villaamil, *Comentario sistemático a la Constitución española de 1978* (Madrid: Marcial Pons, 2016): pp. 621-636.

de las puntualizaciones se basó en la fijación de unos principios básicos para el régimen local, concretamente para el municipio. La minoría catalana pidió que el texto constitucional reflejase que la Administración Local descansaba sobre la base del municipio, cuya autonomía debía reconocer el texto constitucional y cuyo gobierno debía recaer en el ayuntamiento, integrado por concejales elegidos por sufragio universal. Y que, asimismo, quedase consagrado en el texto el principio se suficiencia financiera de las haciendas locales. El constituyente era consciente de la insuficiencia endémica de las haciendas locales arrastrada por el constitucionalismo español desde Cádiz. La inclusión de esta previsión fue realmente importante porque, a diferencia de los demás entes territoriales como las Comunidades Autónomas que no disponen en la Constitución de un principio de suficiencia financiera, sí se expresó respecto de las entidades locales la necesidad de procurar que éstas tuviesen medios suficientes para gestionar sus intereses.

El día 13 de marzo de 1978 se abrió una nueva sesión a las cinco de la tarde, bajo la presidencia de Pérez-Llorca y Rodrigo, en la cual, UCD presentó un nuevo documento como propuesta formal de redacción del Título VIII. En la propuesta, la Administración Local ya ocupaba el lugar que más tarde pasaría a ser definitivo: el capítulo II del Título VIII, con una redacción idéntica, salvo alguna precisión terminológica que se corregiría antes de la entrada en vigor de la Constitución de 1978. Fue en esta sesión donde se propuso que el artículo relativo a las haciendas locales y el aseguramiento de la suficiencia de medios para el desempeño de sus funciones se estableciesen en el Título VIII, cuestión que se recibió en el debate de forma pacífica y, consiguientemente, fue reubicado en el texto definitivo.

Tras la fase de Enmiendas, el informe de la Ponencia en el que se recogieron todas las propuestas anteriores fue debatido durante 24 sesiones el seno de la Comisión de Asuntos Constitucionales y Libertades Públicas, que se celebraron entre los meses de mayo y junio. De entre las 24 sesiones en las cuales se sustanciaron tales debates, sobresale la sesión número 20, celebrada el miércoles 14 de junio de 1978, pues las deliberaciones producidas en la misma estuvieron dedicadas al Capítulo II del Título VIII ("La Administración Local"). Además de las disposiciones que finalmente fueron aprobadas en el texto constitucional, fueron dos las aportaciones que nos resultan más interesantes.

Por una parte, la realizada por el señor Fraga Iribarne, que propuso que fueran los municipios democráticamente los que se dieran a sí mismos un Estatuto de la Administración Local, aprobado mediante Ley Orgánica. Entendía, en este sentido, que ésta era la mejor forma de adaptar las necesidades de cada comarca a la letra de la ley. Esgrimía, así, que "la democracia verdadera va de abajo arriba y no de arriba abajo"[249]. También defendió un modelo de municipios comarcales, en relación con el desmesurado número de municipios existentes en España en 1978. La propuesta de Fraga consistía en fusionar municipios de una misma comarca natural o mancomunar sus servicios, en el marco de la ley. Ninguna de sus propuestas fue aprobada.

Por otra parte, también nos parece sugestivo el debate que tuvo lugar a raíz de la incorporación de las agrupaciones de municipios o entidades locales distintas al municipio y la provincia en el texto constitucional, que en su versión definitiva se dispuso en el artículo 141, párrafo 3. El ente que se tuvo en consideración, sobre todo, a la hora de incorporar estas previsiones fue la comarca, pues se trataba de una realidad altamente consolidada en algunas zonas de España 1978, aunque no se descartaba la posibilidad de que en la misma previsión quedasen englobadas también las mancomunidades. En este sentido se pronunciaba Fraga, Gastón Sanz (que defendía incorporar el nombre de las comarcas expresamente en el texto constitucional) o Peces-Barba Martínez. En este orden de cosas, Meilán Gil defendió que las posibilidades

---

[249] Diario de Sesiones del Congreso de los Diputados, Comisión de Asuntos Constitucionales y Libertades Públicas, 14 de junio de 1978, núm.88, p. 3237.

de articular comarcas, mancomunidades, parroquias, municipios-comarca u otras entidades locales no debían expresarse mediante la Constitución, sino mediante la norma encargada de desarrollar el régimen local[250]. Así, se entendió que todas estas entidades locales, distintas al municipio y la provincia, quedaban incluidas en la mención de "agrupaciones de municipios diferentes a la provincia", no siendo necesario, por consiguiente, proceder a su mención expresa en el seno de la Constitución.

El Dictamen de la Comisión, las enmiendas que se mantuvieron para su defensa ante el Pleno y los votos particulares fueron publicados en el Boletín Oficial de las Cortes el 1 de julio de 1978, núm. 121. Durante el mes de Julio, se debatió el Dictamen en el Pleno del Congreso, en 12 sesiones. Lo relativo a la administración local en el marco del Título VIII se deliberó particularmente en la sesión plenaria núm. 40, celebrada el martes 18 de julio de 1978.

La aportación que nos resulta más relevante en el marco de esta sesión plenaria fue la del Señor González Márquez, en representación del Grupo Parlamentario Socialista, que insistió en interpretar correctamente la estructuración territorial del Estado que se estaba elaborando en el proceso constituyente. En su intervención, González Márquez señaló que "El Estado no sólo es el Gobierno central. El Estado no sólo son las Cortes aquí representadas. El Estado son las entidades autónomas. El Estado también son los Municipios y los poderes locales. No se puede contraponer Estado y entidad autónoma; lo que hay que hacer es armonizar sus funciones, compatibilizar sus funciones"[251]. En su disertación, González Márquez aportó luz a la rigurosa interpretación del principio de descentralización que allí se estaba fraguando.

---

250 Diario de Sesiones del Congreso de los Diputados, Comisión de Asuntos Constitucionales y Libertades Públicas, 14 de junio de 1978, núm.88, p. 3250.

251 Diario de Sesiones del Congreso de los Diputados, 18 de julio de 1978, núm. 112, p. 4384.

El texto fue aprobado en el Pleno del Congreso el 21 de julio y publicado en el Boletín Oficial de las Cortes el 24 de julio, núm.135. Inmediatamente se procedió a su remisión al Senado, y se dio apertura a la fase de presentación de enmiendas, que concluyó el 7 de agosto de 1978. Se presentaron 1254 enmiendas y ninguna de ellas, más allá de cuestiones puramente nominales o de técnica legislativa, se centró en la posición del municipio dentro de la estructura territorial del Estado, o cuestiones adyacentes a la misma. En el marco del debate en la Comisión de Constitución, que se llevó a cabo a lo largo de 17 sesiones celebradas entre el 18 de agosto y el 14 de septiembre de 1978, podemos destacar la intervención del señor Martín-Retortillo Baquer en la sesión número 14, celebrada el viernes 8 de septiembre de 1978. En la misma defendió la incorporación de las funciones de los barrios, como una realidad local separada de los municipios y como una tipología adicional a la gran amalgama de realidades municipales españolas. Martín-Retortillo, que fue defensor del municipio como marco de la vida comunitaria del país, creía que en los espacios urbanos el barrio debía estar presente en la gestión más cercana de los problemas de la metrópoli. A su juicio, si algunas realidades aisladas como la de los concejos abiertos recibían mención en el texto constitucional, la mención expresa al barrio también debía incorporarse[252]. La propuesta fue finalmente rechazada.

El texto del Dictamen de la Comisión y el de los votos particulares fueron publicados en el Boletín Oficial de las Cortes el 6 de octubre de 1978, núm.157. El debate en el Pleno del Senado se realizó entre el 25 de septiembre y el 5 de octubre, a lo largo de 10 sesiones. El texto resultante se publicó en el Boletín Oficial de las Cortes el 13 de octubre, núm. 161.

De acuerdo con lo establecido en la Ley para la Reforma Política, la existencia de discrepancias entre los textos aprobados por

---

252 Diario de Sesiones del Senado, Comisión de Constitución, 8 de septiembre de 1978, núm.52, p.2501.

el Congreso y el Senado exigía la constitución de una Comisión Mixta de Diputados y Senadores, con el fin de obtener, fruto del consenso, un único texto para ser sometido a los Plenos de ambas Cámaras. Las sesiones de esta Comisión Mixta tuvieron carácter secreto y su Dictamen fue publicado en el Boletín Oficial de las Cortes el 28 de octubre, núm.170. En el texto resultante de la Comisión Mixta, los preceptos relativos al régimen local eran los que definitivamente se incorporarían al texto constitucional, incluida su numeración. La autonomía de todas las entidades territoriales para su gobierno y administración se plasmó con el mismo grado en el artículo 137 (130 en el Informe de la Ponencia sobre el anteproyecto), y se confirmó en el precepto número 140 para los municipios. Éste último provenía del artículo 105.1 del anteproyecto, y se reprodujo sin modificaciones en el art. 133 del Informe de la Ponencia. Tampoco sufrió modificación alguna el actual artículo 142, dedicado a enunciar el principio de suficiencia financiera de las haciendas locales, que fue previsto en el artículo 105.3 del anteproyecto y en el 135 de la Ponencia.

La Constitución española de 1978 fue aprobada por las Cortes en sesiones plenarias del Congreso de los Diputados y del Senado celebradas el 31 de octubre de 1978, ratificada por el pueblo español en referéndum de 6 de diciembre de 1978 y sancionada por S. M. el Rey ante las Cortes el 27 de diciembre de 1978. La autonomía local era una deuda histórica del Estado con el municipalismo español. A lo largo de nuestro constitucionalismo histórico se habían puesto de manifiesto numerosas problemáticas que debieron ser resueltas en aquella constituyente, entre las cuales se encontraba la insuficiencia endémica de las haciendas locales, la fragmentación de la planta local española o la tradición intervencionista del Estado a la que se sumó una entidad intermedia que tenía potestades sobre el municipio. Esa deuda pendiente no consiguió saldarse más que parcialmente. La autonomía local quedaba establecida en el texto resultante de la constituyente, pero los defectos en su positivización, que no consiguieron hacer frente a los históricos problemas que arrastraba la planta local desde el periodo decimonónico, condenaron a la mayoría de los municipios españoles a seguir experimentando aquellas graves problemáticas que impiden un verdadero gobierno y administración autónoma desde lo local. La autonomía local configurada en la Constitución de 1978 gravita en el más absoluto vacío porque se estableció como un principio inacabado sin garantías de materialización efectiva. La apertura del mandato es tan amplia como el margen de apreciación ulterior de los distintos actores a cargo de su delimitación y garantía. De ahí que el régimen local y su autonomía, principio constitucional sobre el que pivota la esencia política del municipio y la democracia local, se encuentren muy comprometidos por su cuestionable blindaje en nuestra norma suprema.

Capítulo III:

Regulación constitucional de la autonomía local en la Constitución de 1978

El municipio, institución con más larga trayectoria política, tradición y antigüedad, ha sido un elemento basilar de los modelos jurídico-políticos incluso antes de la llegada del Estado constitucional contemporáneo. Es difícil tratar de descifrar si esta fue también la visión de nuestros padres constituyentes; si también ellos creían en el municipio, y en su autonomía, como un elemento consustancial al orden jurídico constitucional en construcción a partir de la apertura del proceso constituyente en 1977. A este respecto, es ya un lugar común en la doctrina sostener que a lo municipal se prestó poca atención en comparación con los anteriores periodos constituyentes españoles[253]. Y es precisamente de tal desatención de la cual se derivan numerosas problemáticas *de iure* (y *de facto*) en el regular funcionamiento de la realidad local, cuestión sobre la que tendremos ocasión de profundizar a lo largo de este y los capítulos sucesivos.

---

[253] Luciano Parejo Alfonso, "Relaciones interadministrativas y régimen local", *Revista española de derecho administrativo,* parte estudios 40-41 (1984): 195-230; Francisco Sosa Wagner, "La autonomía local", *Revista de Estudios de la Administración Local y Autonómica* 241 (1989): 11; Joaquín García Morillo, *La configuración constitucional de la autonomía local* (Madrid: Marcial Pons, 1998): 11; Javier García Roca, "Un bloque constitucional local conforme al principio de subsidiariedad (un desarrollo constitucional pendiente)", *Revista de estudios de la administración local y autonómica (REALA)* 294-295 (2004): 15; Francisco Caamaño Domínguez "Autonomía local y constitución. Dos propuestas para otro viaje por el callejón del gato", *Revista española de Derecho Constitucional* 70 (2004): 162.

Efectivamente, “desde la Constitución de 1978 la autonomía local ha sido, entre nosotros, un concepto jurídico de existencia indiscutible y vitalidad incomprendida”[254]. El debate sobre la autonomía local nunca ha residido en su existencia, o no, sino en las implicaciones que conlleva su prescripción constitucional, es decir, en aquellos aspectos sobre los cuales nuestro texto constitucional guarda silencio.

En lo que respecta al municipio, tres son los artículos clave sobre los que gira la regulación constitucional del principio de autonomía. En primer lugar, el artículo 137 CE, que contempla el principio de autonomía local como principio general básico de la organización territorial del Estado, de la cual forma parte el municipio, y como tal, se le reconoce autonomía para la gestión de sus respectivos intereses. En segundo lugar, el artículo 140 CE, que abre el Capítulo II del Título VIII, “De la Administración Local”. En éste se exponen los extremos de la vertiente administrativa y política del principio de autonomía. Y, por último, en tercer lugar, el artículo 142 que constitucionaliza la dimensión financiera del principio de autonomía, esa “suficiencia financiera” necesaria para que las corporaciones locales gocen de un efectivo autogobierno y autoadministración. Estos no son los únicos artículos constitucionales que tienen incidencia sobre la autonomía local o, directamente, sobre el municipio, su gobierno, administración y hacienda[255], pero sí son los preceptos sobre los que giran todos los demás pronunciamientos constitucionales sobre lo local. Por este motivo nos centraremos en estos tanto para examinar su contenido, como para analizar otras prescripciones constitucionales que encuentran su sentido a la luz de alguno de estos artículos. Haremos un recorrido por el texto constitucional, analizando los diferentes artículos

---

254 Caamaño Domínguez, *op.cit*, p.161.

255 Javier García Fernández, “Derecho constitucional y entidades locales. Sistema de fuentes y autonomía como fundamentos constitucionales básicos del derecho local”, *Parlamento y Constitución, Anuario* 6 (2002): 228-233.

expuestos, con la pretensión de ofrecer un concepto constitucional de partida, utilizando para ello tanto la doctrina como la jurisprudencia constitucional recaída en la materia. En vista de lo anterior, incidiremos en las tres vertientes de la autonomía local que encuentran su reflejo en el Título VIII: la política, la administrativa y la financiera.

Dado que cualquier intento de delimitación constitucional del concepto de autonomía local requiere una mínima acción creativa hemos de tener en cuenta a este respecto, en primer lugar, que no existe un único concepto de autonomía local[256] y que nuestro texto constitucional presenta una apertura suficientemente amplia como para que quepan diversas interpretaciones acerca del mismo. Además, el concepto de autonomía local es un concepto cambiante[257], pues el funcionamiento de la institución a la que hace referencia tal autonomía no es inmutable, sino que su entendimiento variará en función de las circunstancias históricas, sociales y jurídicas en las que tal institución se inserte. Es, por consiguiente, un concepto necesariamente adaptable o, al menos así debería plantearse, como lo es, en general, el derecho mismo, incluido el constitucional[258]. En este orden de cosas, lo que aquí trataremos de abordar es el concepto que, en todo

---

256 Massimo Severo Giannini, *op.cit*, p. 852; Luciano Parejo Alfonso, "Relaciones interadministrativas...", *op.cit.*, p.209 y Luciano Parejo Alfonso, "La autonomía local", *Revista de estudios de la Administración local y Autonómica (REALA)* 229 (1986): pp.11 y 12; Juan Luis de la Vallina Velarde, "Potestad organizatoria y autonomía local", *Revista de estudios de la administración local y autonómica (REALA)* 255-256 (1992): 520.

257 Ricardo Jesús García Macho, "La autonomía municipal y su protección en la Ley de Bases de Régimen Local", *Revista de administración pública* 109 (1986): 413-426; José Esteve Pardo, "Garantía institucional y/o función constitucional en las bases del régimen local", *Revista Española de Derecho Constitucional* 31 (1991): 127 y 128.

258 Juan Fernando López Aguilar, "De la constitución «irreformable» a la reforma constitucional «exprés»", Teoría y Realidad Constitucional 29 (2012): 199-218; Pedro de Vega, *La reforma constitucional y la problemática del poder constituyente* (Madrid: Tecnos, 1985).

caso, nos parece más acertado en relación con el espíritu constitucional en el contexto actual.

3.1. AUTONOMÍA POLÍTICA Y ADMINISTRATIVA (137, 140 Y SU RELACIÓN CON EL 142 CE)

3.1.1. Autoorganización

Conceder a un ente político la potestad para gestionar de forma autónoma los asuntos de su interés conlleva como "atributo lógico"[259] la potestad de autoorganizarse de forma interna. De hecho, no hay debate acerca de este extremo como manifestación específica de la autonomía del municipio. Podríamos definirla como la "facultad para disponer de la estructura interna que decidan adoptar"[260] los ayuntamientos, pues esta dará la posibilidad de que, *ad intra*, cada municipio pueda libremente configurar la estructura administrativa sobre la que descansará la gestión de sus respectivos intereses. Ahora bien, que sea generalmente aceptada como una potestad propia de los entes territoriales autónomos configurados en la Constitución de 1978 no significa que no disponga de ciertos límites, pues autoorganización no significa independencia[261].

Los primeros límites que han de reseñarse son los que configura el propio texto constitucional[262]. El artículo 140 CE enumera una serie de normas a las que tal autoorganización deberá acogerse. Así lo hace cuando admite que el gobierno y la administración

---

259 Ramón Martín Mateo, "El gobierno municipal", *op.cit.*, p. 425.

260 *Idem.*

261 Massimo Severo Giannini, *op.cit*, p.864.

262 Antonio Cidoncha Martín, "El significado constitucional de la autonomía local", en Antonio López Castillo y Antonio Arroyo Gil (dirs.), *Garantías y límites de la autonomía local* (Madrid: Fundación democracia y gobierno local, 2022), p.75.

del municipio corresponden al ayuntamiento, el cual, estará integrado por los concejales y el alcalde. Ambos cargos, el de concejal y el de alcalde, serán cargos representativos, pues los primeros serán elegidos por los vecinos mediante sufragio universal, igual, libre, directo y secreto; y éstos, a su vez, elegirán al alcalde. Sin perjuicio de ello, el artículo 140 CE también permite que los alcaldes sean directamente elegidos por los vecinos. La Constitución, de este modo, configura la organización interna básica de la institución en la que se deposita el gobierno y administración del municipio.

La autoorganización, como vertiente de la autonomía política y administrativa, se presume de los "respectivos intereses". Adelantamos que la delimitación de los intereses locales será una problemática común al planteamiento de la autonomía local en el texto constitucional debido al siguiente razonamiento. En primer lugar, el artículo 137 CE, precepto en el que se establece la estructura territorial básica del Estado, hace referencia tanto a un elemento modal, como a un elemento sustancial. Con el elemento modal nos referimos, propiamente, al principio de autonomía local, pues el texto constitucional prescribe cómo las entidades locales han de ejercer el poder político que se residenciará en ellas en virtud de la descentralización: de modo autónomo. El elemento sustancial responde al contenido sobre el que recaerá tal autonomía. En este sentido, la Constitución añade que ese poder autónomo que tendrá cada entidad territorial será para gestionar sus "respectivos intereses". Por lo tanto, en sede del municipio, el elemento sustancial serán los intereses locales, sobre los cuales se podrá desplegar un poder autónomo.

Partimos, por tanto, de una posición conflictiva derivada de la apertura del enunciado constitucional, dado que, si bien entendemos que el municipio tiene la facultad de autoorganización, el límite de tal facultad será aquello que entendamos por "intereses locales". La intervención del supremo intérprete de la Constitución ha sido clave para la delimitación de este concepto, pues las problemáticas en la delimitación constitucional del concepto de autonomía no se sitúan en aquello que dice la Constitución, sino más bien en aquello que no dice, de ahí el conflicto.

Para la explicación de esta dimensión de autoorganización que consideramos implícita al principio de la autonomía local, nos serviremos del asunto resuelto en la STC 214/1989, en el marco de la cual el Tribunal Constitucional (en adelante TC) tuvo ocasión de pronunciarse sobre varios recursos de inconstitucionalidad acumulados e interpuestos por el Parlamento de Galicia (610/1985), la Junta de Galicia (613/1985), el Consejo Ejecutivo de la Generalidad de Cataluña (617/1985), y el Parlamento de Cataluña (619/1985). En tal sentencia el TC consideró inherente a la autonomía local la potestad de autoorganización y estableció ciertos límites en su configuración. La Ley Reguladora de las Bases del Régimen Local (en adelante LRBRL), en sus artículos 5.a), 20.2 y 32.2., configuraba una organización interna homogénea y uniforme para todas las entidades locales de España. Sobre esta legislación estatal que reflejaba la LRBRL, se confería a las Comunidades Autónomas la potestad de establecer una regulación complementaria a ese modelo común establecido en la LRBRL. Sin embargo, esta última potestad conferida a las CCAA entraba en conflicto con la potestad de autoorganización de los ayuntamientos que, de acuerdo con la mentada Ley, podían dotarse a sí mismos de una organización complementaria a aquella que previamente había establecido el Estado en la legislación básica a partir de sus Reglamentos Orgánicos. La cuestión sobre la que debía pronunciarse el TC era qué potestad tenía prioridad, si la de la CCAA o la de la entidad local en desarrollo de la legislación básica.

Este argumento debe vincularse a la cuestión de los intereses, esto es, si la autoorganización se vincula a la autonomía y ésta, a su vez, a la gestión de unos intereses determinados, la prioridad de la potestad autonómica o la local debía establecerse teniendo en cuenta cuál era el interés en conflicto. En este orden de cosas, ¿la organización interna de las entidades locales es más bien una cuestión de interés local o de interés autonómico? El TC admitía que "la redistribución de competencias entre entidades de distinto nivel se ha de efectuar en función del respectivo interés de dichas entidades, si bien la concreción de ese interés en relación con cada materia no es fácil, llegándose en ocasiones a distribuir la competencia en función del «interés predominante», sin que, no obstante, ello signifique un interés exclusivo que justifique una competencia exclusiva en el orden decisorio" (FJ5). De *facto,* hasta que la discusión se abordó en la mentada sentencia, se estimó que la organización interna de los ayuntamientos era una cuestión de interés local. Se entendía, por ende, que el Reglamento Orgánico de los ayuntamientos, en lo que concernía a la organización interna de los mismos, prevalecía a la legislación autonómica, con base a la autonomía local constitucionalmente garantizada. Tal prevalencia, además, venía fundamentada en el artículo 20.2 LRBRL, que pese a que reconocía la potestad legislativa de las CCAA para que éstas estableciesen una organización municipal complementaria a la prescrita en la legislación básica, circunscribía tal legislación a todo aquello sobre lo que el Reglamento Orgánico de la corporación en cuestión no se pronunciase.

Interés y competencia son dos cuestiones inexorablemente unidas. Por eso, en este supuesto no se trataba de dirimir un conflicto de jerarquía, sino un conflicto de competencia. La situación no se debía resolver desde la tensión entre ley-reglamento, que es clara, sino entre interés y autonomía de la CCAA o de las entidades locales (EELL). El Reglamento Orgánico de los ayuntamientos es el vehículo a través del cual los municipios pueden dotarse de una estructura administrativa interna, una vez cumplida la organización básica que la Constitución establece de forma explícita en el artículo 140. Si hacemos descansar el debate sobre este asunto en un conflicto de jerarquía los municipios nunca tendrán prioridad a la hora de autoorganizarse.

La situación descrita a partir de la cual la legislación básica del Estado otorgaba a los municipios la capacidad de autoorganizarse a través de sus Reglamentos Orgánicos, sin que la legislación autonómica pudiese incidir más que en aquello donde el Reglamento no se pronunciase, fue estimada contraria al orden constitucional por el TC dado que, a su parecer, vulneraba la competencia de las Comunidades Autónomas en materia de regulación del régimen local (148.1.2ª CE). De este modo, admitía el TC que, pese a que la autoorganización es una vertiente ineludible de la autonomía local, la organización interna de los ayuntamientos como manifestación de su autonomía local no podía desplazar a la legislación autonómica en la materia. Los artículos 5.a), 20.2 y 32.2 LRBRL fueron declarados inconstitucionales. Aunque no fue expresado en estos términos, en el fondo, el Tribunal Constitucional estaba identificando la primacía del interés autonómico sobre el local en la organización interna de los ayuntamientos.

El voto particular discrepante del Magistrado don Eugenio Díaz Eimil resulta especialmente clarificador a este respecto, pues coincidimos plenamente en la opinión de que la legislación básica impugnada no era contraria al orden constitucional establecido en nuestra norma suprema. Existen, como afirmada don Eugenio Díaz, tres ámbitos normativos distintos en nuestro modelo constitucional, que han de equilibrarse y no excluirse entre sí. En lo que respecta al conflicto dirimido en la sentencia, los tres niveles de organización normativa resultantes de nuestro modelo territorial deben ordenarse del siguiente modo: primero, la organización básica común a todos los municipios españoles, que le corresponde al Estado, y que debe establecer un mínimo homogéneo en virtud de la competencia atribuida en el artículo 149.1.18 CE; segundo, la organización complementaria de su organización interna corresponde a los propios municipios, pues expresamente se deriva del núcleo básico de su autonomía pergeñada en el artículo 140 CE; y, tercero, corresponde a las CCAA, en virtud del artículo 148.1.2 CE y de sus respectivos Estatutos, incidir de forma complementaria en materia de régimen local. Estos tres niveles han de entenderse a la luz del artículo 140 CE, precepto que no puede servir como título competencial (autonómico o central) sino como límite de los demás niveles de gobierno, que lejos de transgredirlo, han de intentar procurar su cumplimiento. Con Eugenio Díaz, compartimos que no es "aceptable afirmar que tales preceptos legales básicos desplazan indebidamente la competencia autonómica sobre la organización municipal a un plano distinto del que constitucionalmente le corresponde, eliminando la posibilidad de todo espacio normativo para la legislación de desarrollo autonómico en esta materia, puesto que la naturaleza supletoria y residual de esa competencia autonómica viene necesariamente determinada por la garantía de la autonomía municipal, la cual exige de manera insoslayable que las Comunidades Autónomas no puedan cubrir más espacio organizativo municipal complementario que aquel que el Municipio no haya complementado".

El fallo final de la sentencia, que terminó priorizando la competencia autonómica en la autoorganización del municipio, propició que varias CCAA decidieran optar por un criterio constitucional más garantista para con sus entidades locales y limitaran la eficacia de su normativa autonómica para dar mayor cabida a la reglamentación orgánica interna de los ayuntamientos, volviendo, *de facto*, al criterio originario de la LRBRL[263] como reacción al fallo del TC. Nos adherimos al criterio que mantuvieron tales CCAA en la interpretación del texto constitucional, dado que, la jurisprudencia constitucional que se desprendió de la STC 214/1989 nos resulta altamente restrictiva para con el principio de autonomía local. Cuestión íntimamente relacionada con la potestad de autonormatividad que encontramos implícita en el mandato constitucional sobre la autonomía política y administrativa depositada constitucionalmente en sede municipal[264].

---

263 Jesús Ángel Fuentetaja Pastor, *op.cit*, pp.104-107.

264 *Idem.* Véase, en el mismo sentido, Massimo Severo Giannini, *op.cit.*; Ramón Martín Mateo, "Autonomía local y el sistema normativo..." *op.cit*, pp. 61 y ss; Ramón Martín Mateo, "El gobierno municipal", *op.cit.* p. 425; Cayetano Núñez Rivero y Santiago García Aranda, *op.cit.* pp.408

3.1.2. Autonormatividad

El municipio no tiene atribuida la potestad legislativa, pero sí la normativa, pues la facultad de autonormarse es otra de las manifestaciones del principio de autonomía local en su vertiente política y administrativa. Por autonomía normativa debemos entender la capacidad de un determinado ente de darse a sí mismo normas jurídicas, que se integran en el ordenamiento de un determinado Estado[265]. Entendemos, por tanto, que el municipio tiene atribuida la potestad normativa, en relación con la vertiente política de la autonomía local, en tanto en cuanto éste puede producir normas y adecuar su realidad al derecho que previamente ha elaborado[266], es decir, de darse un ordenamiento propio[267].

La autonormatividad es intrínseca a la autonomía local[268]. En nuestra Constitución se observa implícitamente en el Capítulo II del Título VIII, cuando el texto constitucional enuncia específicamente la organización interna y las facultades que confiere a las entidades locales. Y lo dispone expresamente respecto de la materia tributaria en el artículo 133 CE, que prevé la facultad de las corporaciones locales para "establecer y exigir tributos", conforme a su potestad normativa, por medio de las ordenanzas fiscales (106 LRBRL). Los instrumentos mediante los cuales los ayuntamientos desarrollan su potestad normativa son las ordenanzas municipales. Ahora bien, al margen del plano fiscal, la Constitución no contiene ninguna referencia concreta acerca de las ordenanzas municipales, aspecto que denota, de nuevo, un desinterés

---

y 409; Antonio Cidoncha Martín, "El significado constitucional de la autonomía local", *op.cit,* p. 75.

265 Massimo Severo Giannini, *op.cit.* p.854

266 Ramón Martín Mateo, "autonomía local y el sistema normativo..." *op.cit,* pp. 61 y ss.

267 José Luis Carro Fernández-Valmayor, "El debate sobre la autonomía municipal", *Revista de Administración Pública* 147 (1998): 62.

268 Parejo, "Relaciones interadministrativas...", *op.cit,* p. 210

sobre lo local en el plano de su regulación constitucional. Esto ha provocado, además, problemas serios en torno a la interpretación del alcance de las ordenanzas y su categorización en el sistema de fuentes.

En el reconocimiento de esa autonormatividad no creemos que el acento haya de ponerse en la forma que reviste la norma emanada, es decir, no creemos que el debate haya de centrarse, como tradicionalmente lo ha hecho[269], en si la autonomía de las entidades locales es menor que la de las CCAA porque las primeras tengan únicamente potestad normativa y las segundas legislativa. Efectivamente, las normas emanadas de los ayuntamientos no son leyes, pero sí tienen un valor que puede reconducirse a los intereses locales y que está subordinado al interés general. Desde el momento en que la Constitución prevé que el municipio pueda elaborar normas para la comunidad, dictadas por un órgano integrado por los representantes de esa comunidad para la cual se dictan, es jurídicamente irrelevante que la norma derivada de la potestad normativa del municipio sea o no sea ley, pues en su ámbito competencial se comportará materialmente como una ley[270]. Distinta es la cuestión del contenido sobre el cual el municipio podrá desplegar su potestad normativa, esto es, el ámbito material y el alcance de tal potestad y, por tanto, de su capacidad de decisión política. Pues, ¿qué pueden, o no, regular las entidades locales?

La principal limitación constitucional a la potestad normativa de los municipios es el principio de reserva de ley[271]. En el momento en el que la regulación de una determinada materia se reserve a la ley se estará automáticamente eliminando la capacidad del municipio de regular sus elementos esenciales, aunque todavía cabe la posibilidad de que complemente la regulación dictada al amparo de tal reserva. No obstante, la capacidad para desplegar

---

269 *Idem.* Así como Ricardo Jesús García Macho, *op.cit,* p. 414.

270 Francisco Caamaño Domínguez, *op.cit.,* p.170.

271 Joaquín García Morillo, *op.cit,* pp.31 y 32

sus decisiones políticas en relación con esa determinada materia se reduce sustancialmente. Y esto, a su vez, se interrelaciona con una segunda limitación, pues la autonormatividad local desplegará sus efectos en relación con "sus respectivos intereses". Así, la potestad normativa de los ayuntamientos deberá reconducirse a los intereses locales sin que deba, en este sentido, adoptarse una interpretación fisiocrática sobre el deslinde del interés general y el interés local. Los intereses locales también son propios del interés general, solo que se están más acotados espacial y materialmente.

Un obstáculo insalvable a este respecto es la apertura con la que la Constitución reconoce los intereses locales, que permitirá un amplio ejercicio de discrecionalidad sobre las materias susceptibles de tal autonormatividad. De ahí que la cuestión de los intereses sea una problemática trasversal a la autonomía local, dado que la apertura en la configuración constituyente del principio de autonomía local deja demasiado margen de discrecionalidad para su ulterior interpretación. En este caso, propugnamos que la autonormatividad es una dimensión insoslayable, junto con la potestad autoorganizativa, porque es la conclusión más coherente con una lectura integral del texto constitucional, y a la luz de la Carta Europea de la Autonomía Local (en adelante CEAL), de la cual nos ocuparemos en el siguiente capítulo, cuando analicemos los principales componentes del régimen municipal.

Si pretendemos alinearnos con una lectura integral del texto constitucional, y aspiramos a que la letra de la Constitución sea verdaderamente operativa, hemos de partir de que la autoorganización y, para la misma, la autonormatividad del ente local, es esencial en el desempeño de su autonomía política, pues permite una mayor adaptación al medio por parte del gobierno autónomo del municipio y, por tanto, una mayor adecuación a los preceptos constitucionales con una trascendencia irrefutable respecto del régimen local, y eficacia con la cual ha de responder la administración en un Estado social y democrático de Derecho (103 CE).

3.1.3. Competencias

Otorgar al municipio autonomía política y administrativa implica asegurarle un margen de libertad para decidir[272], para tomar decisiones políticas. Tales decisiones deberán circunscribirse a las materias de interés local, y la habilitación para incidir sobre las mismas se realizará por medio de las competencias. La competencia, en este sentido, debe ser entendida como una "cuota de poder político"[273]. Mediante ésta se deposita en el municipio la potestad para incidir políticamente en relación con un aspecto concreto de su interés. En 1981 el TC reconocía (STC 2/1981) que el artículo 137 CE "exige que se dote a cada ente de todas las competencias propias y exclusivas que sean necesarias para satisfacer el interés respectivo". Efectivamente, la cuestión de las competencias no puede entenderse si no es, de nuevo, a la luz de los intereses, pues una competencia se depositará en sede municipal en tanto en cuanto exista un interés local que gestionar[274]. Si la problemática sobre la determinación de los intereses locales tenía su importancia en la configuración de los límites de la potestad normativa y la de autoorganización del municipio, en el ámbito competencial adquiere una especial trascendencia. Pues, llegados a la vertiente competencial es cuando se entiende, con García Fernández, que "el núcleo de regulación constitucional de las entidades locales no es la autonomía sino los intereses propios garantizados por

---

272 Miguel Sánchez Morón, *op.cit*, pp. 176 y 177.

273 Francisco Sosa Wagner, "La autonomía local", *Revista de Estudios de la Administración Local y Autonómica (REALA)* 241 (1989): 22 y 23.

274 Ricardo Jesús García Macho, *op.cit*; Juan Luis de la Vallina Velarde, *op.cit*, p. 522; Javier García Fernández, *op.cit*, p.240; Luciano Parejo Alfonso, *Constitución, Municipio y garantía institucional* (Lima: Grijley, 2000): 108-110.

medio de la autonomía, en donde lo sustantivo son los intereses y lo instrumental la autonomía"[275].

La Constitución no cierra un paquete fijo de competencias para las entidades locales, pues se limita a decir que éstas han de gestionar autónomamente sus intereses (art.137 CE) y que, en el ámbito municipal, corresponde al ayuntamiento su gobierno y administración (140 CE). Este es uno de los extremos más problemáticos del texto constitucional en lo que respecta al modelo competencial del régimen local. Ahora bien, la inobservancia de un mandato expreso no obsta a que podamos identificar una serie de requisitos que necesariamente han de darse para no vaciar de contenido a la institución.

El principal requisito que encontramos implícito en el texto constitucional es la necesaria reserva de un mínimo de competencias en favor del municipio. Sin perjuicio de lo anterior, como tendremos ocasión de analizar más adelante, nuestro ordenamiento jurídico ha venido admitiendo que ese mínimo de competencias puede reducirse exponencialmente. Desde el prisma de la teoría de la garantía institucional (que es la seguida por nuestro TC), bastaría con no hacer desaparecer por completo tales competencias, y por tanto el mismo principio de autonomía local, para cumplir con el texto constitucional. Lo cual, posibilita al legislador a reducir al mínimo el objeto de la autonomía local (y de la democracia local) sin que de ello, necesariamente, se desprenda un incumplimiento de la Constitución.

Aceptamos que la apertura constitucional permite también un amplio margen de configuración de la autonomía local y del modelo competencial anexo a la misma. Pero, "no es posible que la Constitución haya querido con frio cinismo de un lado proclamar la inviolabilidad de una institución y, por otro, suministrar las posibilidades de aniquilarla"[276]. Nuestro criterio a este respecto es

---

275 Javier García Fernández, *op.cit*, p.235

276 Raúl Bocanegra Sierra, "Nueva configuración de la tutela sobre las Corporaciones locales", *Documentación Administrativa (DA)* 182 (1979): 373.

que el paquete de competencias que gestiona el municipio debe partir de un mínimo exponencial que no permita su completa reducción, hasta la cuasi-desaparición de las posibilidades de decidir por parte del municipio sobre las materias de que se trate.

Desde un punto de vista material, la cuestión competencial puede interpretarse de dos formas. La menos garantista es la ya esgrimida, la que propugna nuestro TC basándose en la garantía institucional. De acuerdo con esta, se estimará acorde con la Constitución el sistemático vaciamiento competencial del municipio, siempre y cuando no se lleve al extremo de hacer desaparecer la institución. Según esta postura, mientras que el municipio tenga alguna competencia de la cual ocuparse, la autonomía local quedaría constitucionalmente garantizada. La más garantista, y que sostiene buena parte de la doctrina, mantiene que tan solo cuando existe una "justificación razonable" puede procederse a un desapoderamiento competencial en detrimento del municipio, que deberá basarse "en el principio de eficacia o en la convivencia de perseguir mediante ella la tutela de otros bienes constitucionalmente protegidos"[277]. Con base a la doctrina del TC alemán, también se afirma que el único motivo por el cual puede sustraerse una competencia con marcado carácter local al municipio es por motivos de interés general y, en todo caso, "si no fuese posible asegurar de otro modo el ordenado cumplimiento de dicha competencia" [278]. En tal sentido, compartimos con García Roca que sería más razonable, y más garantista, pensar que "la subsidiariedad está inmanente o implícita en el art. 137 CE"[279], sin perjuicio de su posible y conveniente introducción expresa en el texto constitucional.

---

277 Miguel Sánchez Morón, *op.cit,* pp.187-190.

278 En cuanto a la jurisprudencia, puede consultarse la STC Rastade 23 de noviembre de 1988. También en José Luis Carro Fernández-Valmayor, *op.cit,* pp. 89 y 90, así como en Javier García Roca, "El concepto actual de autonomía..." *op.cit,* p.44.

279 Javier García Roca, "Un bloque constitucional local conforme al principio de subsidiariedad...", *op.cit,* p. 23

Además del punto de vista material (el número de competencias y las materias sobre las cuales recae el modelo competencial), la Constitución se pronuncia en un sentido formal, esta vez, explícitamente. El punto de vista formal se refiere a que el municipio debe estar preparado para desempeñar de forma autónoma sus competencias. La cantidad y cualidad de la autonomía queda directamente afectada por las posibles tutelas o controles hacia el municipio como entidad territorial, cuestión sobre la que nos pronunciaremos en el siguiente epígrafe. Parte de la doctrina[280], alineada con la jurisprudencia del TC y con la cual disentimos, ha mantenido que nuestra Constitución prescinde de la vertiente material de la autonomía y que únicamente garantiza este elemento formal, "pero ¿no es irrisorio conceder autonomía a quien de hecho es incapaz de actuar?"[281]. De nada nos sirve garantizar el elemento formal (ese ejercicio autónomo en la toma de decisiones políticas) si no reservamos un ámbito sobre el cual se puedan tomar tales decisiones.

Resta un último apunte al respecto del ámbito competencial asignado al municipio en virtud de la autonomía local pergeñada en el texto constitucional. Ese mínimo competencial al que nos venimos refiriendo, y que creemos que se alinea con el mandato constitucional, no se corresponde con la tipología de competencias delegadas o de mecanismos de participación de las entidades locales en competencias que le son ajenas, pues no es ese un modo de realizar y procurar la gestión autónoma de los intereses locales, su autogobierno y autoadministración. El sentido de una competencia propia o exclusiva es la de dotar al municipio de una vía de actuación sobre una materia de su interés, todo lo demás se encamina a realizar el principio de cooperación y coordinación entre las distintas administraciones y entes autónomos, pero no el principio de autonomía local.

---

280 Antonio Cidoncha, *op.cit*, p. 87 y Luciano Parejo Alfonso, *Constitución, municipio y… op.cit*, p. 101

281 Ortega y Gasset, *La redención de las provincias…*, *op.cit*, p.11.

3.1.4. Controles

Los controles hacia el municipio están íntimamente relacionados con la vertiente formal de la que hablábamos *supra.* Las competencias que se decidan depositar en sede municipal deberán ser unas "competencias no intervenidas"[282], por lo tanto, no sometidas a controles más allá de los controles de legalidad a los que también deberán someterse otras entidades territoriales, no solo los municipios, pues incluso el Estado, en tanto Estado de Derecho (1.1. CE) debe someterse al ordenamiento jurídico en el desempeño de sus funciones. Autonomía local implica asegurar un ámbito de decisión propio del municipio para que éste pueda actuar "bajo su propia responsabilidad" (art. 3.1. CEAL).

El aseguramiento de un ejercicio autónomo en favor del municipio no quiere decir de manera alguna que deban suprimirse los controles hacia el mismo, pues autonomía "no significa exención de la sujeción al ordenamiento jurídico"[283]. Entendemos que la existencia misma de los controles encuentra su más completa significación en la idea de "interés general", como admite Parejo "en la doble idea de la necesidad de salvaguarda del interés general para evitar el dislocamiento de las piezas componentes de la estructura estatal descentralizada y de protección de los ciudadanos, a fin de impedir un tratamiento desigual de los mismos ante la ley. De esa estructura resulta la supremacía del interés general o nacional sobre el territorial o autonómico y de los dos anteriores

---

282 Alfredo Galán Galán, "La reforma constitucional de la autonomía local: una asignatura todavía pendiente", en Antonio López Castillo y Antonio Arroyo Gil (dirs.), *Garantías y límites de la autonomía local* (Madrid: Fundación democracia y gobierno local, 2022): 23; Antonio Embid Irujo "Autonomía municipal y constitución: aproximación al concepto constitucional y significado de la declaración constitucional de autonomía municipal", *Revista de Derecho Administrativo* 30 (1981): 466; Ramón Martín Mateo, "Autonomía local y el sistema normativo...", *op.cit.*, p. 67.

283 Joaquín García Morillo, *op.cit.* p.45.

sobre el local"[284], perspectiva propia de los modelos federales o descentralizados europeos. Asumimos, asimismo, que autonomía no es soberanía y que, por ende, tal autonomía debe sujetarse a unos límites, los que establece la Constitución y el resto del ordenamiento jurídico[285].

Los controles contrarios a la autonomía son aquellos que se establecen de forma genérica e indeterminada, que sitúan a los entes locales en una posición de dependencia y subordinación casi jerárquica respecto de otros entes territoriales, especialmente, respecto del Estado y las CCAA. La STC 4/1981 fue clara cuando fijó su criterio al respecto, de acuerdo con el cual, aquellos controles de oportunidad sobre las decisiones adoptadas por los órganos de gobierno o administración locales eran contrarias al mandato de autonomía local[286]. En la mentada sentencia el TC admitía que "la autonomía de un ente se caracteriza por el requisito de estar dotado de competencias que reúnan las notas de exclusividad y decisoriedad, pues la autonomía no es sino autodeterminación, determinación libre en cuanto a la actuación dentro del marco del Ordenamiento Jurídico, libertad de determinación que no es posible si la competencia a ejercitar no decide el asunto o lo hace condicionada a otra intervención, aunque sin perjuicio, naturalmente, de la existencia de técnicas de control de legalidad" (FJ2). Es en la capacidad decisoria del ente en la que ha de ponerse el acento, como admitió el TC. Como sucede con los demás niveles de gobierno, también "debe respetarse a las corporaciones locales la posibilidad de equivocarse"[287], aspecto que se deriva de su composición democrática, de la rendición de cuentas a ella aparejada, y de las potestades que la Constitución les otorga (art.140).

---

284 Luciano Parejo Alfonso, "Relaciones interadministrativas...", *op.cit.* p.215.

285 Franz-Ludwig Knemeyer, "Autonomía Municipal para el fortalecimiento de la Democracia", *THEMIS: Revista de Derecho* 3 (1985): 7.

286 Jesús Ángel Fuentetaja Pastor, *op.cit.*, pp.102 y 103

287 Ramón Martín Mateo, "autonomía local y el sistema normativo...", *op.cit,* p. 67.

En el marco de un Estado descentralizado como el nuestro es especialmente relevante realizar una sucinta matización sobre la distinción entre colaboración, coordinación y controles (STC 214/1989), en la línea de lo ya señalado sobre la cuestión competencial. La articulación de técnicas de coordinación y la colaboración entre las distintas entidades territoriales en las que se compone el Estado no son *per se* incompatibles con la autonomía. Se convertirán en incompatibles en el momento en el que tales técnicas incidan en la ejecución de un interés local. Esto es, "en materia de régimen local, ni el Estado ni las CC.AA. pueden tener competencias de ejecución, entre otras razones, porque la ejecución («gestión de sus respectivos intereses» ex art. 137 CE) es la esencia misma del gobierno local. Si las entidades locales son objeto de potestades de ejecución del Estado o de las CC. AA, entonces, no son autónomas"[288]. Las técnicas de coordinación y de colaboración, si se aplican al ámbito de ejecución de una competencia local, pueden asimilarse a un control o tutela impropio respecto del ámbito de actuación autónomo de las entidades locales, y ello, como es evidente, es manifiestamente contrario al mandato de autonomía.

A la pregunta de quién debería ejercer dichos controles, existen dos posturas doctrinales. Por una parte, la esgrimida por el profesor Parejo Alfonso, que mantiene como un error entregarlos por entero a los tribunales y cree que esta tarea "no consiste más que en el ejercicio por Administraciones superiores de sus propias competencias para asegurar el mantenimiento de la autonomía local en sus límites propios" [289], y por la otra, la propuesta por

288 Francisco Caamaño Domínguez, *op.cit,* p.184.

289 Luciano Parejo Alfonso, "Relaciones interadministrativas...", *op.cit.* p. 217. No debe extrañar que ésta fuera la postura del profesor Parejo Alfonso, que mantuvo que la naturaleza de los municipios, y también la de su autonomía, era de carácter administrativo y no político. Como consecuencia, su visión sobre la garantía de la autonomía política dista considerablemente del concepto que estamos tratando de exponer en estas páginas, particularmente respecto de la cuestión competencial y

el profesor Sánchez Morón, que contrariamente admite que tales controles deberían externalizarse, es decir, centrarse en fórmulas de control administrativo de pura legalidad lejos de todo riesgo de politización[290].

3.1.5. Un debate ya clásico: ¿autonomía política o autonomía administrativa?

Hasta ahora hemos expuesto unas notas básicas y esenciales acerca del principio de autonomía local, y cuál es la interpretación que nos parece más acorde con una lectura garantista de nuestro texto constitucional, desde una perspectiva municipalista. Ahora nos ocuparemos del clásico debate que ha tenido lugar en sede jurisprudencial y doctrinal acerca del carácter político o meramente administrativo de la autonomía de los entes locales.

La discusión podría parecer obsoleta, pero desafortunadamente no lo es. Todavía no ha devenido en un debate pacífico el de reconocer que nuestros municipios son instituciones y entidades políticas, y no solo administraciones. No hace demasiados años que nuestro TC aducía que las entidades que gozan de una verdadera autonomía política eran las CCAA en contraposición a la autonomía de la que disponen las entidades locales[291]. Y del mismo modo sucede en el ámbito doctrinal donde nos encontramos con opiniones, a las que les cuesta reconocer de forma tajante el carácter político del municipio, y de

---

respecto de la articulación de los controles o la tutela hacia el municipio. En este último caso el profesor Parejo Alfonso, al no creer que el municipio fuese una entidad política, dotada también de autonomía política, sostenía que debían ser otras entidades territoriales como las CCAA, dotadas de una verdadera autonomía y significación política de acuerdo con su criterio, las que ejercieran tales controles sobre el municipio como ente legítimamente tutelado.

290 Miguel Sánchez Morón, *op.cit,* p.222.

291 STC 111/2016.

su autonomía[292]. En esta línea, la tendencia jurisprudencial marcada por el TC y la doctrina han diferido sustancialmente, pues mientras que el alto Tribunal ha mantenido una línea más homogénea desde 1981, próxima a la negación del carácter político de la autonomía municipal, la doctrina ha seguido un desarrollo marcadamente distinto.

El periodo comprendido entre 1981 y 1985 fue clave para las entidades locales y su regulación jurídico-constitucional en nuestro ordenamiento. La jurisprudencia emitida por nuestro TC, a la luz de la teoría germánica de la garantía institucional de la autonomía local introducida en España por el profesor Luciano Parejo Alfonso, comenzó a asentar las bases para la consideración del municipio como un ente de naturaleza administrativa. Antes de acoger la teoría de la garantía institucional de la autonomía local el TC ya había expuesto su posición en este debate en la STC 4/1981 de 2 de febrero, con ocasión del pronunciamiento emitido en el marco de un recurso de inconstitucionalidad sobre determinadas leyes preconstitucionales, donde reconoció que las entidades locales tenían una autonomía administrativa, y las CCAA una autonomía superior a ésta[293].

El siguiente pronunciamiento clave del TC fue el realizado en la STC 32/1981, donde mostró su criterio acerca de la garantía de la autonomía local, por medio de la teoría de la garantía institucional. Aunque más tarde nos encargaremos de exponer con detalle los extremos de la garantía institucional, baste realizar una referencia a la misma, tal y como se determinó a partir de la jurisprudencia de 1981. Dados los silencios constitucionales acerca de este principio, el actor principal a cargo de la configuración jurídica del principio de autonomía local es el legislador. En este orden de cosas, la teoría de la garantía institucional surge con la intención de articularse como mecanismo protector de

---

292 Antonio Cidoncha Martín, "El significado constitucional de la autonomía local", *op.cit.* pp. 79 y 80.

293 STC 4/1981, FJ3

la autonomía local preservada en la Constitución frente a su posible transgresión por el legislador. Es, por este motivo, por el cual suele reconocerse al principio de autonomía como un principio "de configuración legal" y no tanto de configuración constitucional, pese a que puedan inferirse algunos límites infranqueables de su regulación constitucional.

La teoría de la garantía institucional, tal como el TC la delimitó en la STC 32/1981, estipulaba un límite negativo al legislador, el de no reducir las competencias en sede local hasta el punto de desnaturalizar la institución. De ahí que el nombre de la garantía institucional sea muy acertado, pues lo que pretende preservar no es tanto el ejercicio autónomo de la institución, sino la pervivencia de la institución misma y un mínimo de competencias necesarias para que la institución no se desnaturalice y continue siendo, al menos, recognoscible. Con su exposición, el TC también expuso un límite en positivo: el municipio tendrá derecho a participar en cuantos asuntos le atañen y, para ello, tendrán que asignársele las funciones necesarias. Esto es, si la Constitución garantiza que la autonomía se presume en el marco de la gestión de sus respectivos intereses, habrá que asegurar, como mínimo, que el municipio pueda participar en la gestión de aquellos asuntos considerados "de interés municipal" y, como vehículo para ello, se le asignarán ciertas competencias como título habilitante para proceder a tal participación.

El periodo de tiempo reseñado (1981-1985) fue especialmente relevante para la ulterior comprensión doctrinal y jurisprudencial de lo local en España. Primero, porque fue entonces cuando comenzaron a emerger los pronunciamientos doctrinales tras la entrada en vigor de la Constitución de 1978 sobre la nueva configuración constitucional de las entidades locales. Buena parte de la doctrina reaccionó en contra de la opinión jurisprudencial, pero también hubo sectores que, apoyándose en la misma, mostraron una posición negativa hacia el reconocimiento del carácter político del municipio. Y segundo, porque el 4 de abril de 1985 entraba en vigor la LRBRL, una ley que se encargaría de regular el grueso del funcionamiento de nuestras entidades locales, y también de su autonomía. El espíritu que guio esta ley fue la ya consolidada jurisprudencia del TC.

Una vez había asentado la senda constitucional para dar cabida al margen político del legislador (estatal o autonómico) en la regulación de las entidades locales, el TC continuó de manera reiterada negando la dimensión política de la autonomía local. Así sucedió en 1989, a través de la STC 214/1989, cuando reconocía que "la Constitución no configura ni los intereses ni el haz mínimo de competencias que deberá identificar el legislador ordinario, aunque éste encuentra un límite precisamente en la misma garantía constitucional de la autonomía local, que es administrativa y, por ende, cualitativamente diferente de la de las Comunidades Autónomas que el mismo T.C. ha adjetivado como política" (FJ 11, E.). Continuó con el mismo criterio en años posteriores, sosteniendo que la autonomía de las Comunidades Autónomas y la de las entidades locales es "de distinto cariz" (STC 11/1999, FJ4), que es "sustancialmente diferente" (STC 132/2012, FJ 7), o que "la autonomía local se diferencia de la autonomía política de las Comunidades Autónomas" (STC 111/2016). Lo cual, daba un amplio margen al legislador para su delimitación, dados los silencios constitucionales en la materia (SSTC 240/2006, de 20 de julio, FJ 8, y 103/2013, de 25 de abril, FJ 6).

La nota más obvia y fundamental que caracteriza al municipio, que lo diferencia de los entes meramente administrativos, y que el Tribunal Constitucional no supo (o no quiso) ver es que éstos realizan el principio democrático. Su sustancia política y sus potencialidades democráticas son innegables. Cuanta más capacidad política tiene el Estado, o en general, el legislador de la índole que sea, en la configuración de la regulación de las entidades locales, menos margen de actuación política y de decisión democrática se deja al municipio, y mayor es el adelgazamiento de la democracia local. A diferencia de los sujetos administrativos, que están vinculados positivamente a la ley porque tienen el derecho-deber de desempeñar las competencias que le asigna el ordenamiento jurídico y, a la par, única y exclusivamente pueden ejercitar aquellas aunque se les confiera un cierto grado de discrecionalidad en su ejercicio, los ayuntamientos, como sujetos políticos, están vinculados a la ley de forma negativa, "pueden hacer o no hacer todo aquello que la ley no les prohíbe"[294], aspecto que responde a su legitimación democrática.

Respecto de las tendencias doctrinales, por una parte, están los pronunciamientos que siguiendo la jurisprudencia sentada por el TC a partir de 1981 (principalmente a través de las STC 4/1981 y 32/1981) han negado esa naturaleza política de la autonomía local[295]. Aunque de forma más nominal que sustancial, pues a la par que negaban el reconocimiento de la sustancia política en lo municipal, aducían la existencia innegable del elemento democrático en la escala local o la insoslayable necesidad de depositar ciertas prerrogativas en sede del municipio como exigencia que se infiere con facilidad del texto constitucional de 1978. Es, por antonomasia, la postura *sui generis* del profesor Luciano Parejo que, pese a su reiterada negación de la autonomía política en sede local, reconoce que el principio democrático y el autogobierno del municipio son incuestionables en la regulación jurídica de las entidades locales. Especialmente reseñable en este sentido es que el profesor Luciano Parejo fue el responsable de la introducción de la teoría de la garantía institucional de la autonomía local de origen germánico en la doctrina española, junto con Antonio

---

294 *Ibidem,* p.170.

295 Del autor Luciano Parejo Alfonso, baste con citar su más célebre obra, *Garantía institucional y autonomías locales, op.cit*; Además, véase en este sentido Luis María López Guerra, *Introducción al Derecho Constitucional* (Valencia: Tirant lo Blanch, 1994): pp. 178-181; Manuel Aragón Reyes, "El tratamiento constitucional de la Autonomía local", en *Organización territorial del Estado (administración local) [Jornadas de Estudio]* Vol. I (Madrid: Ministerio de Hacienda, Instituto de Estudios Fiscales, 1985): 463-495; Baldomero Ruiz Cuadrado "La autonomía local y su defensa ", *Anales de Derecho. Universidad de Murcia* 16 (1998): 210-215.

Embid Irujo, sobre el precedente ya sentado por Nicolás Pérez Serrano. La diferencia entre la doctrina y la jurisprudencia es que, mientras que la primera fue abriéndose progresivamente hacia el reconocimiento de una autonomía política consagrada en la Constitución a favor del municipio[296], la jurisprudencia no lo hizo ni lo ha hecho, ni al principio, ni al final.

La negación del carácter político de la autonomía local se debe a unos motivos comunes y reconocibles tanto en sede doctrinal como en jurisprudencial. La identificación de tales motivos es repetitiva, generalmente homogénea y fácilmente identificable entre la corriente doctrinal que aboga por la negación de la sustancia política (y, por implicaciones directas, democrática) en lo municipal.

En primer lugar, partiendo de lo más básico, aquellos que se sitúan en esta posición se dejan llevar por esa tradicional tendencia a considerar el municipio como "brazo ejecutor"[297] de las políticas del Estado, en quien verdaderamente reside el poder político. Pero esta tradicional posición carece en la actualidad de lógica jurídico-constitucional, pues el principio de descentralización de nuestro Estado social y democrático de Derecho configura el reparto del poder político en distintas instancias territoriales entre las cuales se encuentra el municipio; y con base a ello, confiere autonomía para la gestión de los respectivos intereses que se depositen en cada una de tales instancias (art. 137 CE). Es sencillo, si no se hubiera querido dotar al municipio de carácter político y de autonomía política no se hubiera situado como una instancia de descentralización del poder político del Estado, ni se le

296 Esta cuestión puede apreciarse en la lectura cronológica del autor. Primero, en *Garantía institucional y autonomías locales op.cit* , mantiene una postura que, más tarde, sin abandonar su esencia, va atemperando, tal y como puede comprobarse en *Constitución, municipio y garantía institucional, op.cit.* y "Relaciones interadministrativas y…." *op.cit.*

297 Jesús Ángel Fuentetaja Pastor, *op.cit.*

hubiera concedido autonomía (de administración, y también de gobierno) para la gestión de sus respectivos intereses.

En segundo lugar, es un argumento reiteradamente utilizado, tanto por el TC como por la doctrina que mantiene esta posición, la de incurrir en el agravio comparativo entre CCAA y entidades locales. Se esgrime que, mientras que las primeras disponen de verdadera autonomía política, a las segundas se les confiere autonomía administrativa. De esta comparativa derivan las dos siguientes diferenciaciones que sostiene este sector de la doctrina, pues mientras las CCAA disponen de potestad legislativa y su ejecutivo está separado de su legislativo, las entidades locales no. Hemos de entender al respecto de la primera consideración que, aunque las entidades locales no gozan de potestad legislativa, sí cuentan con potestad normativa, cuestión que se comprueba con facilidad especialmente en el ámbito tributario, como ya hemos mantenido.

Es innegable que existen diferencias sustanciales entre la autonomía de las Comunidades Autónomas y la autonomía del municipio, a la luz del texto constitucional. El principio de autonomía del que habla el artículo 2 CE es distinto al principio de autonomía que recoge el artículo 140 CE. El ente autonómico, en virtud de su potestad legislativa, tiene capacidad para regular sobre el interés general. El ente municipal, aunque también, deberá acotar tu potestad normativa a los intereses locales, es decir, circunscribirse a un ámbito más limitado[298]. Pero, que la autonomía municipal deba adscribirse a un ámbito más acotado, no implica que la sustancia política intrínseca a la misma sea discutible. Utilizar como subterfugio la potestad legislativa de las Comunidades Autónomas para negar la sustancia democrática y política del municipio no es correcto

---

[298] Aunque las entidades locales tienen, incluso, por vía de algunos Estatutos de Autonomía, iniciativa legislativa. Por ejemplo, el Estatuto de autonomía de Extremadura así lo dispone en su artículo 23, aunque esta opción todavía no ha sido desarrollada mediante Ley.

porque equivale a comparar dos cuestiones que son política y jurídicamente independientes. El alcance y objeto de las decisiones que se tomen desde las autonomías será distinto del municipal, pero esto no mengua la significación política del ente municipal *per se*. Este es el planteamiento que consideramos erróneo en sede jurisprudencial, pues pese a que compartimos que ambos entes territoriales disponen de una autonomía de distinto cariz, no estamos de acuerdo en que esta cuestión, que resulta evidente, adelgace la sustancia política y democrática de aquello que se decide en sede del municipio.

En tercer lugar, otro de los motivos sobre los cuales incide esta corriente doctrinal para justificar su criterio es la falta de separación entre ejecutivo y legislativo en sede de la organización interna del municipio. Respecto de esta cuestión, no encontramos relación de causalidad alguna entre el motivo esgrimido y la negación de la dimensión política de la autonomía de los entes municipales. Este es también el argumento utilizado en la STC 111/2016 como premisa para el reconocimiento de la autonomía política de la CCAA, frente a la autonomía de las entidades locales. El hecho de que el principio de separación de funciones no tenga un reflejo directo en el funcionamiento interno de los ayuntamientos no quita que tales instituciones dispongan de un órgano deliberativo, el Pleno. Profundicemos, si se quiere, en la interiorización de este principio a nivel municipal para consolidar el sistema de frenos y contrapesos, pero no neguemos el carácter político de los resultados que se derivan de su órgano asambleario. El Pleno, además, se encuentra compuesto por los diversos grupos políticos que ostentan representatividad en la corporación. Constituye, por tanto, una asamblea un tanto atípica, pues está presidida por el alcalde, que representa el poder ejecutivo del municipio, pero no deja de ser representativa del cuerpo municipal y de tener carácter deliberativo. Mantener esta postura equivale a manifestar que los Reales-Decretos leyes no derivan de la capacidad política del Gobierno, una postura que nadie se atreve a sostener. Recordemos, en este sentido que, en los modelos parlamentarios, como es el caso español, la línea divisoria que salvaguarda el principio de separación de poderes es cada día más difusa, tanto a nivel estatal como a nivel autonómico[299].

No encontramos un soporte constitucional sólido y riguroso en estos argumentos. Otra cuestión bien distinta es que fundemos la diferencia entre la autonomía de la que disponen las CCAA y las entidades locales en el grado de concreción con que fueron previstas unas y otras entidades territoriales en el texto constitucional. Este es el motivo en el que, a nuestro criterio, se diferencia verdaderamente la dimensión política de la autonomía de la cual disponen las CCAA y las entidades locales. Mientras que la autonomía de las primeras está mucho más positivizada, detallada y, por tanto, garantizada en la CE, la otra no. Perspectiva, además, que coincide con el relato constituyente sobre la desatención de las entidades locales en la construcción de nuestro modelo territorial. Pero, el hecho de que las entidades locales no dispongan de una regulación constitucional tan detallada como las CCAA no habilita a su desnaturalización como entidades políticas, con autonomía política.

No es baladí detenerse en el sentido político o administrativo del municipio y de su autonomía. La diferencia entre lo administrativo y lo político puede ser en ocasiones compleja[300], pero la necesidad de delimitarla existe desde el momento en que la interpretación del municipio como mera administración tiene consecuencias negativas para el mismo como entidad territorial, y para el conjunto de nuestro Estado desde el prisma democrático.

---

299 Juan José Solozábal Echavarría, "Sobre el principio de la separación de poderes", *Revista de estudios políticos* 24 (1981): 215-234.

300 Ramón Martín Mateo, "El gobierno municipal", *op.cit,* p.412; Joaquín García Morillo, *op.cit,* p.28.

3.2. SUFICIENCIA FINANCIERA DE LAS HACIENDAS LOCALES (142 CE)

Si hasta ahora hemos mantenido que la principal característica de la autonomía local es el depósito del poder político en sede municipal para la gestión de sus respectivos intereses, bajo su propia responsabilidad y sin injerencias externas e indebidas, y que tal cosa solo podrá conseguirse por medio de la atribución de competencias en favor del municipio, ahora debemos dar un paso más, pues no será posible la ejecución de unas determinadas competencias atribuidas formalmente al municipio si no se cuenta con un soporte material que permita tal ejecución. En el concepto de autonomía local lo político y lo financiero son dos caras de una misma moneda. Con Alfredo Galán compartimos que "la financiación debe ser entendida, de este modo, como un elemento más del propio concepto de competencia: para que la atribución competencial sea efectiva, la entidad destinataria debe disponer de los medios necesarios para su ejercicio, incluidos los económicos"[301].

La vertiente financiera de la autonomía local expresada en el texto constitucional de 1978 en el artículo 142 CE es ese soporte material de su expresión política y administrativa, y así puede corroborarse tras una lectura conjunta de los artículos 137, 140, 142 y 156 CE, compendio al que debe añadirse el artículo 9 CEAL[302] como guía para el debido entendimiento del binomio político-financiero de la autonomía de nuestros municipios. La Constitución de 1978, a diferencia de lo que ocurre con las CCAA, sí prevé un principio de suficiencia financiera respecto de las haciendas locales

---

301 Alfredo Galán Galán, *op.cit,* p. 23.

302 Francisco Javier Durán García, *La fusión de municipios como estrategia* (Madrid: Dykinson S.L, Colección Derecho Administrativo, 2016): p. 41; Javier García Roca, "El concepto actual de autonomía local según el bloque de la constitucionalidad", *Revista de Estudios de la Administración Local y Autonómica (REALA)* 282 (enero-abril, 2000): 67.

porque el constituyente era consciente de la situación de histórica precariedad de la que partían las haciendas locales en 1977.

Como premisa para la comprensión de este concepto debemos partir de unas ideas básicas extraíbles de la literalidad del artículo 142 CE, en conjunción con el resto del articulado al que acabamos de hacer referencia. En primer lugar, el artículo 142 CE comienza prescribiendo que “las Haciendas locales deberán disponer de los medios suficientes para el desempeño de las funciones que la ley atribuye a las Corporaciones respectivas”. En este sentido podemos identificar que el artículo 142 CE en su primera oración hace referencia a dos cuestiones. La primera ¿de qué deberán disponer las haciendas locales? y, la segunda, ¿para qué deberán disponer de tal cosa? Ninguna de ambas preguntas tiene actualmente una respuesta unívoca. Si nos situamos en la primera, tenemos que la Constitución habla de “medios suficientes”, pero aclarar qué es lo suficiente no es una tarea sencilla. Así lo ha puesto de manifiesto la jurisprudencia constitucional, que ha dejado en manos del legislador la tarea de resolver e interpretar la cuantía de lo suficiente[303]. En el caso de la segunda, el texto constitucional es más concreto, pues especifica que la suficiencia sirve “para el desempeño de las funciones que la ley atribuye a las Corporaciones respectivas”. Esta última determinación vendrá, a su vez, ligada a la problemática de los intereses y de las competencias, pues las funciones que la ley asigne a las entidades locales se materializarán por medio de una competencia, cuyo trasfondo será la existencia de un interés local, tal como establece el artículo 137 CE.

En segundo lugar, el artículo 142 continúa determinando una secuencia de actores llamados a realizar el principio de suficiencia financiera. Así, establece que para garantizar que tal principio se cumpla, las entidades locales “se nutrirán fundamentalmente de tributos propios y de participación en los del Estado y de las Comunidades Autónomas”. La redacción del enunciado que aca-

303 STC 179/1985

bamos de reproducir, algo defectuosa, no deja patente cuestiones clave en la regulación constitucional sobre la suficiencia financiera. Por ejemplo, si la participación de las entidades locales en los tributos de las Comunidades Autónomas se refiere tan solo a participación en sus tributos propios o, en general, en sus tributos. O si existe una simultaneidad en los actores llamados a procurar la materialización del principio de suficiencia financiera. Esto es, ¿son los municipios los que deben garantizarse a sí mismos su suficiencia de medios, y solo después el Estado y las Comunidades Autónomas se conciben como responsables de su garantía? O, ¿son los tres niveles de gobierno (estatal, autonómico y local) los que deben procurar la suficiencia financiera de las haciendas locales de manera simultánea?

De acuerdo con ambas prescripciones, podemos identificar que el enunciado del artículo 142 CE se compone de dos partes, susceptibles de una interpretación abierta, una primera donde identificaremos de qué medios deberán disponer las haciendas locales y para qué cosa, y una segunda en la cual trataremos la secuencia de actores mencionada, y en qué grado éstos deberán contribuir a la materialización del mandato de suficiencia.

3.2.1. ¿Qué es y para qué está prevista la suficiencia de medios?

La autonomía local en su vertiente financiera está compuesta por dos parcelas: la tributaria y la presupuestaria[304]. La primera hace referencia a cómo allegar ciertos recursos en sede municipal, la segunda a cómo emplear tales recursos a través de la toma de decisiones políticas, en el marco de los intereses municipales[305]. Teniendo en cuenta ambas consideraciones, podemos entender que el primer enunciado del artículo 142 CE implica, de un lado,

---

[304] Es lo que algunas autoras como Almudena Marazuela optan por llamar autonomía *ad intra* y autonomía *ad extra*, *op.cit*, pp. 273 y 274.

[305] Fátima Pablos Mateos, *Autonomía y suficiencia financiera de la hacienda municipal* (Pamplona: Aranzadi, 2016): p. 124.

que los municipios deberán disponer de suficientes medios, y de otro, que tal suficiencia está ligada a su ámbito competencial. De tal forma que los municipios han de tener recursos suficientes para gastarlos, con autonomía, en el ámbito competencial que el ordenamiento jurídico les asigne. De aquí no solo se desprenden consecuencias para la parcela del ingreso, que deberá ser suficiente, y para la parcela del gasto, que deberá ser en el marco de sus competencias, sino también para el modo en que tal gasto se lleve a cabo, que deberá ser de forma autónoma.

Por eso no es casualidad que lo financiero se haya caracterizado tradicionalmente como "complemento y presupuesto" de la autonomía local[306] o como "complemento inexcusable" de tal autonomía[307]. Porque, primero, la suficiencia financiera en la vertiente del ingreso se sujetará a aquello que entendamos por intereses locales, en virtud de los cuales el ordenamiento jurídico determinará unas competencias en favor del municipio, que se concretarán a través de unas determinadas funciones asignadas por la ley. La Constitución acepta que los ingresos de que dispondrán los municipios deberán ser proporcionalmente suficientes en relación con el desempeño de unas determinadas competencias. De ahí la necesaria correlación entre medios y fines, entre financiación y competencias. Garantizar el principio de suficiencia financiera implica dotar de unos recursos, que se alineen con los fines asignados al municipio y que, adicionalmente, permitan a sus representantes poder gastar tales recursos con un margen de discrecionalidad suficiente en el ejercicio de sus opciones políticas.

---

306 Albi, *La crisis…op.cit.* p.,300; Entrena Cuesta, "Comentario al artículo 142 de la CE" en *Comentarios a la Constitución* F.Garrido Falla, (dir.) 3ª edición, (Madrid: civitas, 2001), p.2460; Manuel Medina Guerrero, *op.cit.*, p. 40; María Teresa Salvador, *op.cit.*, p. 40; Ramón País, *op.cit.* p. 526; Alguna jurisprudencia en el mismo sentido: SSTC 237/1992, 87/1993, 233/1999 y 104/2000.

307 SSTC 233/1999; 166/1998; 171/1996; 68/1996; 135/1992; 201/1988; 179/1985. Adicionalmente véase Maria Teresa Salvador, *op.cit.*, p. 40.

Esto es lo que diferencia la suficiencia financiera de la financiación complementaria. La financiación complementaria de la que disponen los municipios, por ejemplo, ligada a una subvención, o a los recursos sujetos a la prestación de una competencia delegada, no responde a los fines de la suficiencia financiera porque no se encamina a garantizar "el desempeño de las funciones que la ley atribuye a las Corporaciones respectivas", en el marco de la gestión autónoma de sus propios intereses. Se orienta, muy al contrario, a cumplir con una directriz previamente decidida por otra instancia de gobierno. Sin embargo, en la práctica, la financiación complementaria está sirviendo para financiar a los municipios con carácter estructural, con evidentes consecuencias para la democracia local, dada la afectación de su autonomía política.

Y, segundo, porque una vez se cuenta con medios suficientes, los representantes municipales deberán poder tomar decisiones políticas que les permitan actuar con cierto margen de discrecionalidad en el ejercicio de sus funciones. Esto es, los recursos con los cuales se prevé que operen las entidades locales responden a un fin, el ejercicio de su autonomía política. Estos entes no deben disponer de recursos necesarios para que sean otros actores los que tomen las decisiones políticas por ellos. La CE parte, por tanto, de una suficiencia de ingresos que permita una autonomía en el gasto. O, dicho de otro modo, que nuestros municipios dispongan de "recursos propios y capacidad de decisión sobre el empleo de estos recursos"[308].

Ahora bien, si concretar qué son los intereses locales es una tarea difícil, aún más problemático resulta responder a la pregunta

---

[308] Juan José Ferreiro Lapatza, "Principios constitucionales informantes de la hacienda local", en *Organización territorial del Estado (administración local)* Vol.1 (Madrid: Instituto de Estudios Fiscales, 1985), 210; Eva Nieto Garrido, "El estatuto constitucional de los entes locales", en Antonio López Castillo y Antonio Arroyo Gil (dirs.), *Garantías y límites de la autonomía local* (Madrid: Fundación democracia y gobierno local, 2022), pp. 50-55.

de qué es lo suficiente, pues ni las concreciones constitucionales acerca de la misma dan demasiadas pistas sobre su correcta interpretación, ni los actores a cargo de su garantía han adquirido un especial compromiso al respecto, como veremos en el siguiente epígrafe. El intérprete supremo de la Constitución se ha resistido a pronunciarse en reiteradas ocasiones[309] acerca de este extremo para aclarar qué es lo suficiente, esgrimiendo que ante ciertas dudas interpretativas su opción es preservar la esfera de decisión propia del legislador democrático.

Ha de tenerse en cuenta, para responder de manera más completa a las preguntas que titulan este epígrafe, la diversidad de realidades locales presentes en nuestro país, pues no cuesta lo mismo prestar una competencia en el medio rural que en el medio urbano; en una isla que en la península; en una pedanía que en una cabecera comarcal; o en una ciudad que aglutine cientos de miles de habitantes como Sevilla que en un pequeño municipio del Pirineo aragonés. Por eso, refiriéndonos al siguiente epígrafe, así como a esa tendencia del Tribunal Constitucional a dejar en manos del legislador la definición de lo suficiente, es especialmente importante que las CCAA se inmiscuyan en la garantía de la suficiencia financiera, dado que la escala autonómica, por su posición y mayor cercanía a las entidades locales, presumiblemente presentan una mayor consciencia acerca de las particularidades de cada territorio, de cara a prever la adecuación entre medios y fines necesaria para determinar los recursos suficientes de los entes municipales.

---

309 Manuel Medina Guerrero, "La garantía constitucional de la suficiencia financiera de las entidades locales", *Cuadernos de Derecho Local (QDL)* 1 (2003): 38-57. Asimismo, véase, entre otras las SSTC 179/1985 y 192/2000.

3.2.2. ¿Quién está llamado a procurar la suficiencia y cómo ha de garantizarse?

Tras haber expuesto con qué medios han de contar los municipios (con los suficientes) y para qué deben disponer de éstos (para el ejercicio de sus funciones), el segundo enunciado del artículo 142 CE expresa, por una parte, la secuencia de actores implicados en la garantía del principio de suficiencia: los municipios, el Estado y las CCAA. Y, por otra, cómo han de garantizar tal suficiencia, disponiendo, primero, que los municipios "se nutrirán fundamentalmente de tributos propios", y después "de participación en los del Estado y de las Comunidades Autónomas". Los llamados a procurar su suficiencia de medios son los propios municipios, que a través de sus propios tributos abastecerán sus haciendas, y el Estado y las CCAA, que deberán acudir en su auxilio articulando vías de coparticipación en sus ingresos tributarios en beneficio de los entes locales.

3.2.2.1. Los municipios

El artículo 142 CE expresa que la suficiencia financiera de las haciendas locales se deberá alcanzar "fundamentalmente" mediante tributos propios, además de mediante la participación en los del Estado y las Comunidades Autónomas. En el plano municipal, este enunciado se encuentra interconectado con el artículo 133 CE, que establece que "las Corporaciones locales podrán establecer y exigir tributos", en virtud de su facultad de autonormatividad, como expresión de su autonomía política.

Pese a esta primera prescripción, según la cual los municipios son los primeros llamados a garantizar su suficiencia de medios, en España nos encontramos con un obstáculo insalvable que impide que tal previsión se materialice en todo el territorio: el reducido tamaño de los municipios españoles, hoy agravado por el reto demográfico. A fecha de 2023, España cuenta con un total de 47.615.034 habitantes y de 8.132 municipios. En 6.671 municipios tan solo viven 7.538.929 habitantes. Esto implica que en más del 80% de la superficie total que abarca el país tan solo vive un 20% de la población, concentrándose el resto en el 20% del territorio. En esta primera previsión acerca de la garantía de la suficiencia de medios, la Constitución no hace diferenciación alguna entre pequeños municipios rurales[310] cuya media de población es ínfima, y grandes ciudades, como Madrid o Barcelona, cuyas cifras de población alcanzan millones de habitantes. Sin embargo, sus posibilidades de alcanzar los recursos suficientes para prestar sus competencias a través de sus tributos propios variarán, en gran medida, en función del número de vecinos presentes en una determinada localidad.

El fenómeno de la despoblación tiene serias y graves consecuencias dado que los municipios con menos población, que en España son los más numerosos, se verán perjudicados e incluso imposibilitados a alcanzar esa suficiencia financiera por medio de tributos propios. En tales territorios, pese a que las prestaciones encomendadas al municipio han de seguir llegando a los habitantes del mismo, las posibilidades de obtener ingresos son ínfimas porque la población que tributa en el territorio, y de la que se obtienen tales ingresos, es muy reducida. Como es evidente, su autonomía política se verá directamente afectada, pues al final, son las haciendas locales las que posibilitan el despliegue de opciones políticas[311].

El reto demográfico, junto con la ultra-fragmentación de la planta local española (dada su división en 8.132 municipios), también repercutirán en la misma capacidad de gestión para la liquidación y la recaudación de tales ingresos de naturaleza tributaria, pues el reducido tamaño de las administraciones y los pocos medios de personal de que disponen la mayor parte

---

310 Ley 45/2007, de 13 de diciembre, para el desarrollo sostenible del medio rural.

311 Fátima Pablos, *op.cit,* pp.343-346; Francisco Javier Durán García, *op.cit.* pp. 13 y 83-89.

de los ayuntamientos españoles ofrecen una fotografía clara y evidente. Frente a la España abarrotada, la España vacía se encuentra con serias dificultades para obtener suficientes recursos y, de este modo, ser autónoma en el desempeño de las funciones asignadas a sus representantes. La satisfacción de la suficiencia financiera por medio del establecimiento y exigencia (133 CE) de tributos propios beneficiará a los municipios de grandes dimensiones y perjudicará a los municipios de pequeñas dimensiones.

En tales circunstancias y, al margen de no estar expresamente previsto en el artículo 142 CE, las Diputaciones provinciales realizan una importante labor asistencial hacia sus municipios en el plano financiero, pues destinan numerosos recursos en beneficio de los mismos, dadas sus carencias estructurales, sobre todo en el plano de sus recursos disponibles. La financiación que reciben los entes municipales proveniente de las Diputaciones suele ser, en la mayoría de las ocasiones, financiación condicionada al cumplimiento de un fin, es decir, aquella con la que (teóricamente) no debe alcanzarse la suficiencia de medios pero que, materialmente, sí está sirviendo para realizar prestaciones básicas de titularidad municipal.

Dada la situación descrita, ha de reforzarse la idea con la que continúa el artículo 142 CE, que expresa que tal suficiencia no solo deberá cubrirse con los tributos de naturaleza local, sino también con la "participación en los del Estado y de las Comunidades Autónomas". De tal modo, la Constitución cierra expresamente la secuencia de los actores implicados en la garantía del principio de suficiencia financiera inmiscuyendo a otros entes que no solo son los locales a través de sus tributos propios.[312]

---

[312] *Ibidem,* pp. 39 y 40.

3.2.2.2. Coparticipación incondicionada

Antes de entrar en el análisis de la secuencia de actores obligados por el mandato de suficiencia financiera del artículo 142 CE conviene reseñar dos notas fundamentales acerca de la forma a la que ha de adecuarse la participación de las entidades locales en los tributos del Estado y de las Comunidades Autónomas.

La primera nota se desprende expresamente del texto constitucional, y ha sido propugnada en la reciente STC 40/2021 respecto de las Comunidades Autónomas, aunque sus pronunciamientos pueden hacerse extensibles al Estado. En el artículo 142 CE se establece que las entidades locales han de participar en los tributos del Estado y de las Comunidades Autónomas. Esto significa, de un lado, que debe materializarse una verdadera coparticipación, es decir, que las transferencias realizadas por el Estado o las Comunidades autónomas deben sujetarse a la evolución de la recaudación de los tributos coparticipados. El importe de la transferencia realizada en función de la coparticipación prevista en el artículo 142 CE no puede ser fija, lo cual, supondría una previa y subjetiva decisión por parte del Estado o de la Comunidad Autónoma respecto de la concreta cantidad transferida a la entidad local. Debe ser variable, cuyo importe venga fijado de acuerdo con criterios objetivos y en función de la recaudación de la cesta de tributos coparticipados.

No existe en la Constitución un modo concreto a partir del cual deban articularse tales opciones de coparticipación; no obstante, *a priori*, existen dos alternativas. La primera consistiría en ceder parcial o totalmente la recaudación de tributos hacia las entidades locales, opción que resultaría prácticamente inviable dada la imposibilidad material de asumir esta tarea por parte de los municipios españoles a causa del reducido tamaño de sus administraciones, del poco personal a su servicio o, en general, de su falta de medios oportunos para desempeñar esta labor. Lo cual, supone que no nos decantemos por la conveniencia de articular un modelo de cesión de la recaudación por parte de los entes municipales, por falta de viabilidad. La segunda sería crear un fondo incondicionado sujeto a una cesta de tributos, de manera que, el importe que reciban los municipios en relación con dicho fondo varíe en función de la evolución de la recaudación de tales tributos.

La segunda nota no se desprende expresamente del texto constitucional, pero podemos llegar a ella como conclusión lógica tras la lectura del Capítulo I y II del Título VIII de la Constitución. En el caso de que los municipios se vean imposibilitados para llegar a la suficiencia a través de sus tributos propios y hayan de servirse de su participación en los tributos del Estado y de las CCAA, las transferencias realizadas en virtud de tal mandato no pueden ser transferencias condicionadas. Los entes locales deberán alcanzar la suficiencia a partir de ingresos de naturaleza tributaria, los demás ingresos, como su propio nombre indica, deberán complementar los recursos que tales entidades ya tengan para poder prestar sus competencias básicas.

Los ingresos que hoy reciben muchas de nuestras entidades locales y que tienen carácter complementario no son los ingresos previstos constitucionalmente para que los municipios alcancen la suficiencia financiera, son ingresos complementarios que se ceden con carácter meramente coyuntural[313]. Y, ¿por qué mantenemos que esto se desprende implícitamente del texto constitucional? Porque la suficiencia financiera sirve, principalmente, para la materialización de la autonomía política. Los recursos complementarios articulados por el Estado, por las CCAA y hasta en la práctica por las Diputaciones provinciales en favor de los municipios, se otorgan a condición del cumplimiento de un determinado fin preestablecido por a la entidad que da acceso a tales recursos. Se toma la decisión de dotar a un determinado municipio, de una determinada cantidad, para la realización de un determinado objetivo sin que el propio municipio beneficiario pueda participar en tal decisión. Lo cual equivale a una decisión política previamente tomada por otra entidad sobre la cual el municipio

---

313 Jesús Ángel Fuentetaja Pastor, *op.cit,* p. 110.

solo podrá ejecutar, pero no decidir. Que esta vía financiación se haya convertido en la regla general y sirva, además, para financiación competencias básicas del municipio, resulta contrario a las previsiones constitucionales porque nuestra norma suprema otorga a los municipios la libertad para decidir en qué, cuándo y cómo quieren destinar sus recursos, en virtud de su autonomía, con el único límite que establezca la Constitución y el resto del ordenamiento jurídico.

En un primer momento fue nuestro Tribunal Constitucional el que dio apariencia de constitucionalidad a la condicionalidad de los fondos articulados en virtud el artículo 142 CE. En la STC 150/1990 se puso de manifiesto la vulneración del principio de autonomía local por el Fondo de Solidaridad Municipal constituido en la *Ley de la Asamblea de la Comunidad Autónoma de Madrid 15/1984, de 19 de diciembre, del Fondo de Solidaridad Municipal de Madrid*. El motivo por el cual se planteó el recurso fue precisamente que, los medios puestos a disposición en virtud del fondo controvertido estaban destinados a inversiones de carácter local, pero tales inversiones serían discrecionalmente seleccionadas por la Comunidad de Madrid, sin que mediasen criterios objetivos de reparto. Lo cual, infringía la posibilidad de que todos los ayuntamientos de la Comunidad dispusiesen libremente del importe proveniente del ente autonómico, en pie de igualdad. El alto Tribunal estimó que "los arts. 140 y 142 de la Constitución no prescriben, con alcance general, que los ingresos que perciban las Entidades locales en concepto de participación en los tributos del Estado o de las Comunidades Autónomas hayan de quedar a la entera y libre disponibilidad de aquellas corporaciones. No exigen que dicha participación se instrumente, en cualquier caso, mediante transferencias o subvenciones incondicionadas de fondos estatales o autonómicos a las Haciendas locales". Por tanto, no consideró que se estuviese realizando un uso indebido de las responsabilidades autonómicas en virtud del principio de suficiencia financiera (art.142 CE).

Recientemente rectificó su criterio a través de la STC 40/2021, y se alineó con una postura más proclive a la garantía de la autonomía política del municipio, reconociendo que, efectivamente, los fondos condicionados no son un medio pertinente para garantizar la suficiencia financiera de las entidades locales. En la mentada STC se resolvía un recurso de inconstitucionalidad interpuesto por cincuenta y tres senadores del Grupo Parlamentario Socialista contra el *Decreto-ley 6/2020, de 2 de julio, de la Junta de Castilla y León*, en los que se modificaban determinados aspectos de la *Ley 10/2014, de 22 de diciembre, de medidas tributarias y de financiación de las entidades locales vinculada a los ingresos impositivos de la Comunidad de Castilla y León*. En lo que respecta a nuestro objeto de estudio, la norma impugnada ponía a disposición de los municipios de la Comunidad dos fondos. Uno llamado "Fondo de participación de los impuestos propios de la Comunidad", incondicionado y coparticipado, y, otro, "Fondo de cooperación económica local general", parcialmente condicionado y cuyo importe era discrecionalmente decidido por el ente autonómico.

Lo que verdaderamente nos interesa de la sentencia es que el Tribunal Constitucional estimó que el primero era un fondo proclive para financiar a los municipios en virtud del artículo 142 CE, y el segundo no. El primero, dado que era un fondo incondicionado y, además, cuyo importe aumentaba o disminuía al alza o a la baja en función de la recaudación de los impuestos sujetos al mismo, se alineaba con las prescripciones constitucionales establecidas en el artículo 142 CE. Del mismo se desprendía la articulación de un instrumento por la Comunidad Autónoma tendente a procurar la suficiencia financiera de sus municipios para que éstos realizasen a su vez su autonomía política. El segundo, dada su condicionalidad y al no estar coparticipado, sino que su importe era unilateralmente decidido por la Comunidad Autónoma, se asemejaba más a una subvención que a una obligación del ente autonómico de cumplir con sus funciones en virtud del artículo 142 CE.

La conclusión derivada de las dos notas expuestas es que, independientemente de la modalidad de participación en los tributos por la que opte el Estado o la Comunidad Autónoma para realizar el mandato del artículo 142 CE, ésta deberá articular una verdadera coparticipación por parte de las entidades locales y, además, no podrá estar sujeta a la realización de un fin previamente decidido por el nivel de gobierno del que provenga la financiación derivada del principio de suficiencia financiera de las haciendas locales.

3.2.2.3. El Estado

Además del mandato del artículo 142 CE, que sitúa expresamente al Estado como obligado en la garantía de la suficiencia de medios del municipio, existen otras previsiones legales y constitucionales que confirman su labor como actor a cargo de la protección de la autonomía financiera de las haciendas municipales. La previsión constitucional la encontramos en el artículo 149.1.14 CE, según la cual, el Estado está llamado a definir el sistema hacendístico del Estado autonómico, aunque no realiza especificación alguna acerca de las haciendas locales. La legal se encuentra en la Ley Reguladora de las Haciendas Locales (en adelante LRHHLL), que pergeña un sistema de acuerdo con el cual los ingresos provenientes del Estado se convierten en una fuente esencial de recursos para los municipios (y para las provincias).

Con el fin de dilucidar cómo el Estado ha regulado la participación de las entidades locales en sus tributos, hemos de adentrarnos en el Capítulo IV del Título II de la LRHHLL, esencialmente en sus artículos 111 y siguientes. En este capítulo se prevén dos secciones, dado que existen dos modelos de participación en los tributos del Estado: el modelo de cesión (Sección 1.ª) y el modelo de variables (Sección 2.ª), y también se prevé un modelo de participación específico para los denominados como municipios turísticos (artículo 125 LRHHLL).

El modelo de cesión está destinado a un número muy reducido de municipios españoles, toda vez que los requisitos para acogerse a tal modelo son, tal como indica el artículo 111 LRHHLL, ser una capital de provincia o de Comunidad Autónoma, o tener una población de derecho igual o superior a los 75.000 habitantes. Los municipios que reúnan tales características participarán en los tributos del Estado a través de un Fondo Complementario de Financiación que se determinará en cada ejercicio y para cada municipio, aplicando un índice de evolución que variará en función del incremento que experimenten los ingresos tributarios del Estado (ITE).

Para el resto de los municipios que no reúnan tales características, es decir, el 80% de los municipios españoles aproximadamente, se establece un modelo distinto de participación en los tributos del Estado (art. 122 LRHHLL): el modelo de variables. La determinación del importe total de la participación en los ingresos del Estado por los municipios españoles se calculará aplicando un índice de evolución, de acuerdo con la fórmula determinada en el artículo 123 LRHHLL. La distribución de tal importe se realizará atendiendo a distintas variables, de ahí el nombre de este modelo de coparticipación en los tributos del Estado. Las variables a tener en cuenta son, en un 75% el número de habitantes de derecho de cada municipio, de acuerdo con unos coeficientes multiplicadores en función del número de habitantes. Con más de 50.000 habitantes, el coeficiente será 1.40; entre 20.001 y 50.000 habitantes el coeficiente será 1.30; entre 5.001 a 20.000 habitantes el coeficiente será 1.17; y hasta los 5000 habitantes el coeficiente será 1. El 25% restante, al margen de la variable de población, se determinará de acuerdo con el esfuerzo fiscal medio de cada municipio[314] obtenido en el segundo ejercicio anterior al de la

---

[314] El "esfuerzo fiscal medio de un municipio" mide la carga tributaria promedio que recae sobre los contribuyentes en un municipio determinado. Constituye una manera de evaluar la presión fiscal en un espacio geográfico concreto, pues proporciona una posibilidad para medir la cuantía de ingresos que destinan los contribuyentes al pago de impuestos. Dicho con otras palabras, ofrece un diagnóstico sobre la relación entre capacidad económica e ingresos fiscales. Así, un mayor esfuerzo

Ley de Presupuestos Generales del Estado correspondiente, ponderado por el número de habitantes de derecho (en un 12.5%). Y en virtud del inverso de la capacidad tributaria (en un 12.5%) en los términos establecidos por las Leyes de Presupuestos Generales del Estado.

De los datos anteriores se desprenden varias conclusiones. En lo que respecta al cumplimiento de los requisitos de coparticipación incondicionada, la participación de las entidades locales en los ingresos del Estado es correcta, pues el importe que se transfiere a los municipios varía en función de la evolución de los ingresos tributarios del Estado, y no está condicionada a la consecución de ningún objetivo ulterior.

Sin perjuicio de lo anterior, observamos un inconveniente en la distribución de tales importes: la variable de población. Cuanto menor sea el número de habitantes, menor será el importe que reciban tales municipios. Esta perspectiva perpetúa la lógica de la despoblación y no ayuda a afrontar el reto demográfico en nuestro país porque, si los municipios con menos población son los que menos recursos tienen, y ya de por sí son los que menos posibilidades tendrán de alcanzar la suficiencia financiera a partir de sus propios medios, también serán finalmente los que tengan unas haciendas locales más empobrecidas y, por tanto, a los que les resulta más complicado materializar su autonomía política y administrativa. Se entra, a menudo, en una rueda de despoblación y falta de medios de la que es difícil salir, y que se encamina, a medio largo-plazo, a la desaparición en términos poblacionales del ente municipal. Los municipios con menos habitantes son los que más necesitan del auxilio estatal y autonómico para alcanzar la suficiencia, prestar sus competencias y asegurar unos servicios

---

fiscal medio significa que los contribuyentes soportan una mayor carga tributaria en proporción a su capacidad económica, mientras que un menor esfuerzo fiscal medio implica una carga tributaria menos elevada en comparación con la capacidad económica del contribuyente en cuestión.

en sede municipal. Sin embargo, son los que menos fondos reciben por parte del Estado porque el grueso del importe estatal depende del número de habitantes presentes en su localidad.

Las previsiones son correctas en términos estrictamente jurídicos, pero son insuficientes desde un punto de vista práctico. Para combatir el fenómeno de la despoblación, y sus perniciosas consecuencias, es necesario incorporar una perspectiva territorial donde la variable demográfica no suponga tan alto porcentaje de la distribución de las transferencias estatales. De lo contrario, continuaremos situando a los municipios con más población en una situación más beneficiosa, situación que ya de por sí es privilegiada dado que las economías de aglomeración permiten que la prestación de un servicio cueste menos dinero en aquellos municipios con más habitantes, teniendo en cuenta, eso sí, que aquellos municipios con más población también deben realizar un mayor número de prestaciones (art. 26 LRBRL). Esta lógica conlleva inherentemente que los municipios que dispongan de más habitantes puedan asegurar mejores servicios para la ciudadanía y ver su autonomía local mucho más fortalecida que aquellos municipios que dispongan de menos habitantes. Por eso estimamos que la participación en los ingresos del Estado por parte de los municipios es correcta, pero es muy mejorable, y debe caminar hacia una mayor adaptabilidad de sus postulados a la realidad sobre la que opera la norma.

3.2.2.4. Las Comunidades Autónomas

3.2.2.4.1. ¿Participación en los tributos o participación en los tributos "propios"?

Las últimas entidades implicadas por el mandato de suficiencia financiera prescrito en el artículo 142 CE son las Comunidades Autónomas. Al igual que sucede con el Estado, estas también deben articular medios que faciliten a sus entidades locales la posibilidad de participar en sus tributos para alcanzar los medios suficientes para el desempeño de sus competencias.

En este sentido, el enunciado del artículo 142 CE establece que para alcanzar la suficiencia financiera los entes locales "se nutrirán fundamentalmente de tributos propios y de participación en los del Estado y de las Comunidades Autónomas". La inclusión del adjetivo "propios" condujo al Estado a entender que la participación de las entidades locales en los tributos de las Comunidades Autónomas tenía como límite los tributos propios de cada Comunidad Autónoma. Como reiteramos *supra*, la redacción de este precepto en el texto constitucional es tan defectuosa que su interpretación no nos permite obtener una respuesta concluyente, sino que cabe más de una interpretación al respecto.

Las entidades locales, de acuerdo con este criterio, no pueden participar en cualesquiera tributos, sino tan solo en aquellos tributos que cada Comunidad Autónoma tiene como propios. Los tributos propios de cada Comunidad Autónoma serían, en definitiva, los que integren esa cesta de tributos coparticipados entre éstas y sus entidades locales. Esta perspectiva se reprodujo expresamente en el artículo 39 LRHHLL, pues tal y como establece su apartado 2, "las entidades locales participarán en los tributos propios de las comunidades autónomas en la forma y cuantía que se determine por las leyes de sus respectivos parlamentos". El mantenimiento de este criterio supone una importante limitación para las entidades locales, habida cuenta de que ni siquiera las propias Comunidades Autónomas eran capaces de alcanzar la suficiencia financiera mediante sus propios tributos antes de las reformas operadas a partir de 2001. Principalmente, porque los tributos propios de los cuales disponen las Comunidades Autónomas son muy pocos.

En tal año, se avanzó en la consecución de mejoras del principio de corresponsabilidad fiscal en beneficio de las Comunidades Autónomas y, en esta línea, se introdujeron distintas reformas en su modelo de financiación, que ampliaban las posibilidades de cesión parcial de nuevas e importantes figuras impositivas como el Impuesto sobre el Valor Añadido en sede autonómica a través de la *Ley Orgánica 7/2001, de 27 de diciembre, de modificación de la Ley Orgánica 8/1980, de 22 de septiembre, de Financiación de las Comunidades Autónomas* (LOFCA). En 2009 se introdujo una nueva modificación en el modelo de financiación autonómico por medio de la *Ley Orgánica 3/2009, de 18 de diciembre, de modificación de la Ley Orgánica 8/1980, de 22 de septiembre, de Financiación de las Comunidades Autónomas,* y se continuó aumentando el peso de los recursos tributarios autonómicos, por ejemplo, a partir de un aumento de la cesión parcial del Impuesto sobre la Renta de las Personas Físicas. Las reformas implementadas sobre la financiación autonómica partían de un mismo diagnóstico y tenían un mismo objetivo. El diagnóstico era la maltrecha situación de las haciendas autonómicas, dado que con sus tributos propios les era sumamente difícil alcanzar la suficiencia financiera, y debían, necesariamente, nutrirse de transferencias estatales para materializar su autonomía. El objetivo era consolidar su suficiencia financiera. Y se consiguió. Con el nuevo modelo de financiación "aquellas comunidades autónomas dotadas de mayor capacidad recaudadora estén en condiciones de obtener ya con sus ingresos tributarios más recursos que los que precisen para atender a sus necesidades de gasto"[315].

Estas reformas introducidas en la LOFCA en virtud del principio de corresponsabilidad fiscal son relevantes en el debate que nos ocupa porque desvirtúan el criterio mantenido sobre la limitación en función de la cual las entidades locales solo pueden participar en los tributos propios de las Comunidades Autónomas. Si las Comunidades Autónomas no pueden alcanzar la suficiencia financiera a partir de sus propios tributos, ¿cómo van a poder nutrir, a través de sus tributos propios, sus haciendas y, además, las de sus entidades locales? No encontramos coherencia alguna en el mantenimiento de esta postura. Por esta razón nos unimos a los pronunciamientos doctrinales que son críticos al respecto, como destacadamente ha puesto de manifiesto el profesor Jesús Ramos Prieto, pues concordamos en que "la suficiencia de las Haciendas

---

315 Manuel Medina Guerrero, *op.cit.* p.44.

locales quedará mejor apuntalada cuanto más amplio sea el elenco de figuras tributarias que puedan ser coparticipadas por parte de las entidades locales"[316]. Postura que se refuerza teniendo en cuenta que, tras 2009, las Comunidades Autónomas no pueden esgrimir su falta de recursos para justificar su inacción frente a la crisis endémica de las haciendas locales.

Las Comunidades Autónomas, además, también determinan parte de la regulación del régimen local, en virtud del carácter bifronte de las entidades locales. Si éstas ordenan parte de las competencias que les corresponden a sus municipios, también han de hacerse cargo de su financiación. El carácter bifronte del régimen local no solo las sitúa como reguladoras de lo local, sino también como aseguradoras de la materialización de la suficiencia de medios de sus entidades locales.

3.2.2.4.2. Panorámica de la financiación autonómica sobre el régimen local

Generalmente, las Comunidades Autónomas prevén algún tipo de financiación estable y automática hacia sus municipios. La cuestión es si ese tipo de financiación se adecúa, o no, a los requisitos de coparticipación incondicionada.

Casi todos los Estatutos de Autonomía reproducen la labor de las Comunidades Autónomas como obligadas en virtud del mandato contenido en el artículo 142 CE, y asumen que sus municipios deberán participar en sus tributos. Ahora bien, dentro de estas previsiones podemos encontrar las que lo recogen de un modo genérico, casi programático, como es el caso del Estatuto de La Rioja (artículo 53) o el de Castilla–La Mancha (artículo 48). Y las que, a raíz de las reformas estatutarias sucedidas entre los años 2006 a 2011, contienen previsiones más específicas, más

316 Jesús Ramos Prieto, "El necesario desarrollo normativo de la participación en los tributos de las comunidades autónomas", en Gabriel Moreno González (dir.) *Reformas para la cohesión territorial de España* (Madrid: Marcial Pons, 2022): p. 191.

garantistas y más rigurosas. La oleada de reformas estatutarias trajo consigo el posicionamiento de varias Comunidades Autónomas al frente de la garantía de la autonomía de sus entidades locales. Algunas de ellas comprendieron que, para garantizar la autonomía local, habían de articular un sistema de financiación hacia sus municipios que les permitiese alcanzar la suficiencia financiera. Decimos algunas porque no todas las que reformaron sus Estatutos articularon las mismas garantías. Expliquemos algunos casos como botón de muestra.

En la Comunidad Valenciana la reforma estatutaria introdujo la creación de un Fondo de Cooperación Municipal (art. 64.3), pero las características de tal fondo se dejaron al albur del posterior desarrollo legislativo mediante una ley que aprobase el Parlamento valenciano. La Ley prevista en el Estatuto para regular el fondo de Cooperación Municipal no se sujetó a ninguna mayoría específica. Quedó, por tanto, a expensas de mayorías coyunturales en el seno de *Les Corts.* Se introdujo un nuevo elemento con el fin de reforzar la suficiencia financiera en sede estatutaria, pero la innovación fue demasiado atemperada.

El caso valenciano se diferencia de las reformas introducidas en el Estatuto de las Islas Baleares, que va un poco más allá en la protección de la suficiencia financiera de sus entidades locales. El Estatuto de Islas Baleares, al igual que el de la Comunidad Valenciana, creó un fondo de cooperación local, pero añadió dos notas fundamentales. La primera, que la distribución del importe del fondo variaría en función de las características socioeconómicas y territoriales de los municipios. Esta previsión resulta especialmente interesante porque su inclusión permite la adaptabilidad posterior de la norma a la realidad sobre la que debe aplicarse. La Comunidad Autónoma, a diferencia del Estado y, dada la escala en la que desempeña sus funciones, está mucho más preparada para conocer las peculiaridades de su territorio, y sus distintas necesidades. Y, la segunda, prescribe expresamente que el fondo será de carácter incondicionado.

A su vez, las reformas de los Estatutos de Comunidad Valenciana e Islas Baleares se diferencian sustancialmente de las previsiones introducidas en el Estatuto de Autonomía de Extremadura. El Estatuto extremeño fue uno de los que introdujo más garantías respecto del principio de autonomía local, lo cual puede observarse tanto en el lenguaje empleado respecto de la autonomía, donde recalca en varias ocasiones la autonomía política de municipios y provincias, como en los instrumentos previstos en virtud de la salvaguarda de tal principio. En el artículo 60 del Estatuto extremeño se establece que "la hacienda de las entidades locales de Extremadura se rige por los principios de suficiencia de recursos, solidaridad, autonomía y responsabilidad fiscal". Por lo tanto, no solo admite la posibilidad de dotar de recursos suficientes a sus entidades locales, sino que también propugna la necesidad de consolidar el principio de solidaridad intraterritorial, de proteger la autonomía política de los municipios y de avanzar hacia la corresponsabilidad fiscal.

Se prevé, a tal fin, la creación de un fondo de finalidad incondicionada, dotado a partir de ingresos tributarios de la Comunidad Autónoma, tal como indica el apartado segundo del artículo 60 del Estatuto[317]. En esta previsión no se especifica que los ingresos tributarios hayan de provenir de tributos propios de la Comunidad Autónoma, cuestión relevante. Además, admite que la distribución del importe que corresponda a cada entidad local en virtud del mentado fondo se distribuirá atendiendo a los criterios de población, necesidad de gasto y capacidad fiscal, entre otros. De este modo, al igual que el Estatuto de Islas Baleares, se

---

317 "La Comunidad Autónoma de Extremadura velará por el equilibrio territorial y la realización efectiva del principio de solidaridad. Con esta finalidad y mediante ley de la Asamblea, se establecerá un fondo de finalidad incondicionada, dotado a partir de los ingresos tributarios de la Comunidad y que se distribuirá entre los municipios teniendo en cuenta, entre otros factores, su población, sus necesidades de gasto y su capacidad fiscal".

abre la posibilidad de adaptar la distribución de tales importes a las diferentes realidades locales de Extremadura.

Continúa el artículo 60, en su apartado 3, estableciendo que "La Comunidad Autónoma compensará necesariamente a las entidades locales de Extremadura cuando establezca medidas tributarias que supongan una minoración real de sus ingresos". El Estatuto podría haber reflejado de manera más clara y concreta que esa compensación hacia las entidades locales también habría de hacerse cuando se produzcan aumentos en la asignación de competencias. De tal forma que, la pretensión de actuar en beneficio de la suficiencia financiera de sus corporaciones locales se hubiera fijado de un modo más adecuado.

De los anteriores ejemplos se desprende que la Constitución no es la única norma que posiciona a las Comunidades Autónomas como obligadas por el mandato de suficiencia financiera, también lo son la mayor parte de los textos estatutarios. No todos contienen las mismas previsiones y, desde luego, no todos se encaminan a su cumplimiento del mismo modo. Recordemos, en este sentido, que la participación de las entidades locales en los tributos de las Comunidades Autónomas no solo debe ser incondicionada, pues también ha de establecer una verdadera coparticipación, de manera que el importe que reciban las entidades locales varíe y evolucione en función de la recaudación de los tributos sujetos a tal participación. Coparticipación no es cooperación económica ni colaboración financiera.

De las diecisiete Comunidades Autónomas españolas tan solo tres cumplen, realmente, con los mentados requisitos de coparticipación incondicionada: Andalucía (*Ley 6/2010, de 11 de junio, reguladora de la participación de las entidades locales en los tributos de la Comunidad Autónoma de Andalucía*), Galicia (*Ley 5/1997, de 22 de julio, de Administración Local de Galicia*) y Castilla y León (*Ley 10/2014, de 22 de diciembre, de Medidas Tributarias y de Financiación de las Entidades Locales vinculada a ingresos impositivos de la Comunidad de Castilla y*

León)[318]. Estas tres Comunidades Autónomas ponen a disposición de sus entidades locales fondos incondicionados provenientes de ingresos tributarios de la Comunidad Autónoma cuyo importe varía, al alza o a la baja, en función de la recaudación de la cesta de tributos sujeta a dicho fondo. Se materializa, por tanto, el requisito de coparticipación incondicionada. No sucede con las demás Comunidades Autónomas. En algunos casos, directamente, los municipios no reciben financiación incondicionada. En otros, pese a recibir financiación incondicionada, no existe una verdadera coparticipación porque el importe del fondo que reciben los municipios no es variable, no evoluciona en función de la recaudación del tributo, está previa y subjetivamente definido por la Comunidad Autónoma. Existen algunos casos intermedios, como el de la Comunidad Autónoma de Extremadura que, pese a no articular una verdadera coparticipación incondicionada, está realizando avances legislativos y prácticos en la dotación de financiación adecuada hacia sus entidades locales, aunque todavía no se ajusta plenamente a los requisitos constitucionales[319].Que de diecisiete Comunidades Autónomas tan solo tres se ajusten a las exigencias de coparticipación incondicionada nos ofrece un claro diagnóstico en relación con el artículo 142 CE: la mayoría no están adquiriendo su responsabilidad en la línea de lo prescrito por el texto constitucional.

Del cuadro resultante observamos que a los municipios directamente afectados por el reto demográfico (el 80% del total de

318 *Ibidem*, p.200

319 En el caso extremeño, la *Ley 3/2019, de 22 de enero, de garantía de la autonomía municipal de Extremadura* prevé expresamente esta coparticipación incondicionada. Sin embargo, en los años posteriores a la entrada en vigor de la mentada Ley, el Fondo previsto a tal fin no comenzó a funcionar conforme a las previsiones legales. Fátima Pablos, "El papel de las transferencias autonómicas en el sistema de financiación local de Extremadura desde la perspectiva de la cohesión territorial", en Gabriel Moreno y Fátima Pablos (dirs.) *Reformas de las políticas de solidaridad ante el reto demográfico y territorial* (Aranzadi: Pamplona, 2023).

municipios españoles) les será complicado alcanzar la suficiencia financiera mediante sus propios recursos. Que la financiación que reciban por parte del Estado será correcta, pero insuficiente para revertir los perniciosos efectos actuales causados por fenómenos como el inframunicipalismo y la despoblación, y solo les servirá para su supervivencia a corto plazo. Y, por último, que en la mayor parte del territorio nacional las Comunidades Autónomas no articularán instrumentos que aseguren la coparticipación incondicionada, por lo cual, en el mejor de los casos (salvo las excepciones mencionadas) tendrán acceso a un fondo incondicionado cuyo importe fije previamente la Comunidad correspondiente.

3.2.3. Limitaciones constitucionales impuestas a la vertiente tributaria de la autonomía local

Si la conceptualización de la autonomía financiera cuenta con dos parcelas, la del gasto y la del ingreso, lo mismo ocurre con las limitaciones constitucionales que operan sobre la vertiente financiera de la autonomía local. En materia tributaria, el artículo 31.3 CE atribuye al Estado la potestad originaria para establecer tributos mediante Ley (133 CE). Y, al tiempo, la facultad enunciada en el artículo 133.2 CE otorga la capacidad para "establecer y exigir" tributos por las corporaciones locales. Esto significa, en primer lugar, que la suficiencia financiera opera en el marco de la ley, lo cual implica que el poder financiero de las corporaciones locales es un poder derivado[320]. Este límite supone, inherentemente, dejar el principio de suficiencia financiera, y su modulación, en manos del legislador.

---

[320] Manuel González Sánchez, "Reflexiones sobre la autonomía o suficiencia financiera de las corporaciones locales según la Constitución española", *Revista de Estudios de la Administración Local y Autonómica (REALA)* 229 (1986): 104

En segundo lugar, también en relación con este límite, algunos planteamientos doctrinales han denunciado la absorción de un gran número de materias sometidas a reserva de ley, que tradicionalmente han sido competencia de las entidades locales. La reserva de ley, sobre todo en el ámbito tributario es interpretada en ocasiones como un obstáculo en el ejercicio de la autonormatividad y, en general, de la dimensión política de la autonomía local[321].

Este posible conflicto entre los artículos 31.3, 133.2 y 142 CE ha sido ampliamente tratado por el TC, que ha declarado la relatividad de la reserva de ley en materia tributaria en lo que respecta al ejercicio de las corporaciones locales. De acuerdo con la jurisprudencia constitucional, tal reserva de ley es relativa porque solo opera en la creación del tributo y en la configuración de los elementos esenciales del mismo. Cuando se trate de un tributo propio de las entidades locales (de esa tipología en virtud de la cual el municipio deberá alcanzar la suficiencia) el TC admite "su ulterior definición por la Corporación local", dejando, por tanto, un margen para el ejercicio de la autonormatividad en materia tributaria[322](SSTC 179/1985; 19/1987; 6/1983; 221/1992).

En consecuencia, el límite establecido en nuestro ordenamiento jurídico en lo que respecta a la vertiente del ingreso será ciertamente relativo pues, aunque se necesitará que una Ley estatal cree el tributo y regule previamente sus elementos esenciales, la entidad local, posteriormente, podrá desarrollar tales elementos y, en caso de situarnos en los tributos de carácter potestativo, decidir si exigir o no tal tributo, de acuerdo con su autonomía política. La relatividad de esta limitación en el plano del ingreso resulta compatible con la autonomía local constitucionalmente garantizada por distintos motivos. El primero es que el

---

321 Joaquín García Morillo, *op.cit,* p. 31.

322 Ramón País Rodríguez, "Hacienda local", en Marta Lora-Tamayo Vallvé, (dir.), *Manual de Derecho local* (Madrid: Iustel, 2020): 528 y 529.

ámbito sobre el que el municipio despliega la autonomía tributaria en la vertiente del ingreso serán los tributos propios, sin perjuicio de la delegación de otros tributos por el Estado o las CCAA en favor del ente (106.3 LBRL). Ello se alinea con el mandato establecido en el artículo 142 CE, en tanto en cuanto, deberá ser principalmente a partir de ingresos tributarios propios como se deberá alcanzar la suficiencia de medios para posibilitar la toma de decisiones del ente local. Por lo tanto, el límite establecido por la Constitución y el ordenamiento en esta reserva de ley, que el TC define como relativa, no afecta a la competencia del municipio en materia tributaria.

Y, segundo, esta limitación tampoco impide la doble intervención de las corporaciones locales en la regulación de sus haciendas en el plano del ingreso, en lo que respecta al establecimiento de tributos de carácter potestativo y en lo relativo a la determinación de los elementos de cuantificación del tributo, en los potestativos y en los de exacción obligatoria. De este modo, el límite se alinea con la autonomía local porque permite la capacidad de decisión del municipio en el plano del ingreso. Existe autonomía porque el ejercicio de esta competencia se abre a la autorregulación y al margen de decisión de la corporación en el modo en que pretende allegar los recursos tributarios a su hacienda.

El problema en el plano del ingreso no está en el límite *de iure*, sino en el límite *de facto*. Las corporaciones locales van a contar con la posibilidad de autorregularse y de ser autónomas y recaudar. Pero, su deducido tamaño (y el de sus respectivas administraciones) y las problemáticas relativas a la dispersión demográfica, la falta de una perspectiva territorial en la norma o la ausencia de masa crítica en la mayor parte del territorio supondrán una importante limitación para el alcance de su suficiencia en el plano del ingreso.

El límite que opera en el plano del gasto es un tanto más problemático que el anterior. El principal límite constitucional con el que debe lidiar la autonomía financiera de las entidades locales en el plano del gasto lo constituye el artículo 135 CE. Es de sobra conocido el contexto que dio lugar a la reforma de nuestro texto constitucional en 2011, y que no se salvó de merecidas polémicas, pues tras más de treinta años desde la entrada en vigor de la Constitución de 1978 pasamos de una "Constitución «irreformable» a la reforma constitucional «exprés»"[323], que a nadie dejó indiferente tras once días de debate parlamentario fuera del periodo ordinario de sesiones. La consecuencia de tal reforma fue la incorporación del principio de estabilidad presupuestaria y sostenibilidad financiera a nuestro modelo jurídico constitucional por medio del artículo 135 CE[324]. Tras la entrada en vigor de la reforma, todas las Administraciones Públicas debían adecuar sus actuaciones al principio de estabilidad presupuestaria, ahora bien, no todas estarían sujetas a las mismas limitaciones en el cumplimiento de tal mandato. El objetivo común era la reducción de la deuda pública, la consecución de un equilibrio presupuestario y la garantía de una sostenibilidad financiera de todas las Administraciones públicas como premisa para el mantenimiento de un Estado social que se tambaleaba ante la crisis económica de 2008. De acuerdo con la respuesta articulada internamente en nuestro Estado, cada una de las entidades conformadoras del modelo territorial debían contribuir de forma distinta a garantizar este principio; como veremos, de un modo desacertado en relación con el objetivo pretendido.

El artículo 135.2 CE prescribe que "El Estado y las Comunidades Autónomas no podrán incurrir en un déficit estructural que supere los márgenes establecidos, en su caso, por la Unión Europea", para lo cual, establece a renglón seguido que será una Ley

---

323 María Josefa Ridaura Martínez, "La reforma del artículo 135 de la constitución española. ¿Pueden los mercados quebrar el consenso constitucional?", *Teoría y realidad constitucional* 29 (2012): 237-260; Juan Fernando López Aguilar, "De la constitución «irreformable» a la reforma...", *op.cit.*

324 Gabriel Moreno González, *Estabilidad presupuestaria y constitución. Fundamentos teóricos y aplicación desde la Unión Europea* (Valencia: Tirant lo Blanch, 2019).

Orgánica la que fije tal máximo, en relación con el Producto Interior Bruto. Se acepta, así, que tanto el Estado como las Comunidades Autónomas (que son, por el diseño de nuestro modelo y por sus propias competencias, los entes que más gastan en la secuencia enunciada por el art. 137 CE) puedan incurrir en déficit, aunque con ciertos límites en función de lo estipulado por la Unión Europea. Seguidamente el artículo 135.2 CE expresa que "las Entidades Locales deberán presentar equilibrio presupuestario". De esta oración se desprende que, mientras que las CCAA y el Estado pueden incurrir en déficit, las entidades locales no. Éstas, deben, en todo caso, presentar equilibrio presupuestario o superávit. A partir de entonces, los gastos asumidos por las entidades locales debían alinearse de forma tajante con los recursos disponibles, que ya de por sí eran y son pocos, dados los impedimentos reales para llegar a los mismos. Lo cual, evidentemente repercute en el quehacer político de los actores a cargo de la gestión de los intereses locales.

El 1 de mayo de 2012 entraba en vigor la *Ley Orgánica 2/2012, de 27 de abril, de Estabilidad Presupuestaria y Sostenibilidad Financiera* (en adelante LOEPSF), que venía a desarrollar tal principio en un único texto destinado a todas las administraciones públicas, incluidas las corporaciones locales. El punto de partida es el mismo: una pluralidad de entidades dotadas de poder financiero, es decir, que disponen de autonomía tanto en la vertiente del ingreso como en la vertiente del gasto. El artículo 12 LOEPSF estableció una excepción a tal autonomía mediante la llamada "regla de gasto" en la que, como su propio nombre indica, se prevé cómo tales entidades han de gastar los recursos de los que disponen, de acuerdo con un dudoso o nulo anclaje constitucional[325].

---

325 Cfr. Pablo Guerrero Vázquez, *Freno constitucional al endeudamiento y descentralización política* (Zaragoza: Fundación Manuel Giménez Abad de Estudios Parlamentarios y del Estado Autonómico, 2020).

Dice el apartado primero del mentado artículo que "La variación del gasto computable de la Administración Central, de las Comunidades Autónomas y de las Corporaciones Locales, no podrá superar la tasa de referencia de crecimiento del Producto Interior Bruto de medio plazo de la economía española". De este modo, fija un límite a la libre disposición del gasto por parte de las entidades locales, y lo reviste de legitimidad acudiendo a la competencia en materia de coordinación general del Estado. Que la medida se justifique en el principio de coordinación no quita que suponga una limitación al modo de operar de los entes locales, en la manera en que planifican sus presupuestos y, por tanto, en el modo en que deciden gestionarse de forma autónoma. Y, además, tampoco está amparado en la reforma constitucional de 2011.

A las indicaciones sobre el modo de ejecutar el gasto se suma el último párrafo del artículo 12 LOEPSF, que estipula que "los ingresos que se obtengan por encima de lo previsto se destinarán íntegramente a reducir el nivel de deuda pública". Dispone, en consonancia, un segundo límite previendo el destino de los fondos adicionales que se obtengan en sede de tales corporaciones, que se completa con el artículo 14 LOEPSF sobre la "prioridad absoluta de pago de la deuda pública". De ambos enunciados podemos concluir que, la Ley obliga a "afectar o hipotecar un potencial superávit presupuestario"[326].

Más adelante, el artículo 32 LOEPSF junto con la Disposición Adicional Sexta determinan a qué se destinará ese posible superávit. En el artículo 32, la LOEPSF dice que tal superávit se destinará al pago de la deuda pública, pero ¿qué sucederá con aquellos municipios que, pese a tener superávit, no tengan deuda pública? A esta pregunta responde la Disposición Adicional Sexta, que tras articular una secuencia de prioridad en el pago de posibles endeudamientos que conduzcan al déficit, determina que, si tras la aplicación de tal secuencia resulta un saldo posi-

---

[326] Fátima Pablos Mateos, *op.cit*, p. 262

tivo, "éste se podrá destinar a financiar inversiones siempre que a lo largo de la vida útil de la inversión ésta sea financieramente sostenible".

Con las prescripciones de su articulado la LOEPSF instauró un importante límite a la autonomía local en su vertiente financiera por cuanto redujo la adopción de decisiones políticas en relación con la autonomía de gasto de las corporaciones locales estableciendo el modo en que han de gastar sus ingresos, incluso cuando el resultado entre sus ingresos y sus gastos de lugar a un superávit y no haya endeudamiento por parte de la entidad[327]. Aun revistiendo esta norma de un fundamento jurídico constitucional basado en el principio de coordinación del Estado (art. 149 CE) debemos insistir en que supone, ciertamente, un límite a la voluntad de los entes coordinados. Así ha sido reconocido por el propio TC, por ejemplo, a través de la STC 215/2014 en la cual el TC mantuvo que el principio de estabilidad presupuestaria y sostenibilidad financiera supone un nuevo límite a la autonomía, admitiendo, por tanto, la difícil relación entre los mandatos constitucionales controvertidos (135 CE vs 142 CE). Según sus pronunciamientos, "estamos ante una jerarquización que deriva de la legislación estatal y que relega el principio de autonomía".

En 2013 entraba en vigor la *Ley 27/2013, de 27 de diciembre, de racionalización y sostenibilidad de la Administración Local* (en adelante LRSAL), que pretendía culminar este proceso de consolidación del principio de estabilidad presupuestaria y sostenibilidad financiera, esta vez a través de una medida destinada a la administración local y que vendría a introducir una serie de reformas en la

327 Con base a ese argumento y sin perjuicio de su fundamento jurídico constitucional, algunos autores lo critican de forma muy destacada, en virtud tanto del procedimiento a través del cual se incorporó la reforma constitucional de 2011, como en relación con principio de coordinación. Véase, por ejemplo, Catalina Ruiz-Rico Ruiz, *Reforma de la Administración local y problemática jurídico-constitucional. Experiencias de innovación democrática* (Valencia: Tirant lo Blanch, 2017): pp. 15-21.

LRBRL. Tales reformas, que estudiaremos en mayor profundidad en el siguiente capítulo, incidieron de un modo restrictivo para con la autonomía local en distintas vertientes: competencial, organizativa, financiera, etc.

En el plano competencial la medida más sustancial fue la reducción de las posibilidades de asumir la prestación de algunos servicios por parte de los ayuntamientos y la eliminación en sede de la legislación básica de una previsión que materializaba el principio de universalidad competencial a favor del nivel local a través del artículo 25 LRBRL. Previamente a la reforma, el artículo 25.1 LRBRL decía que "el Municipio, para la gestión de sus intereses y en el ámbito de sus competencias, puede promover toda clase de actividades y prestar cuantos servicios públicos contribuyan a satisfacer las necesidades y aspiraciones de la comunidad vecinal en los términos previstos en este artículo". Con la reforma se suprimieron las referencias a "toda clase" de actividades y "cuantos" servicios públicos fuesen necesarios, en relación con aquello que podía hacer el municipio en el desempeño de tales competencias. Se rebajó, pues, su potencialidad como administración territorial. A partir de entonces, el municipio, podía "promover actividades y prestar los servicios públicos" que expresamente le fueran atribuidos por ley. Asimismo, la LRSAL suprimió el contenido del artículo 28 LRBRL, que permitía a los municipios efectuar actividades complementarias que pertenecieran a otras administraciones públicas, particularmente en materias como la cultura, la educación, la promoción de la igualdad entre mujeres y hombres, la vivienda, la sanidad y la protección del medio ambiente[328].

---

[328] Eloísa Carbonell Porras, "Las competencias locales diez años después de la LRSAL", *Revista de Estudios de la Administración Local y Autonómica* 19 (2023): 8-28. Véase, asimismo, el interesante punto de vista presentado por María Teresa Salvador Crespo y Eduardo Sanz Arcega, al hilo del estudio de la Ley 27/2013 los autores proponen la interpretación conjunta e inseparable de las reformas competenciales y fiscales operadas en los niveles subcentrales de gobierno. María Teresa Salvador Crespo y Eduardo Sanz Arcega, "Las reformas competenciales como reformas de

La incidencia en la suficiencia financiera de los municipios también fue notable. El artículo 25 LRBRL establecía una serie de materias sobre las cuales se habilitaba a los municipios para ejercer competencias propias en los términos de la legislación del Estado y de las CCAA. Tales competencias, en las materias previamente enunciadas por la LRBRL, eran determinadas por la ley, debiendo adecuarse a partir de la entrada en vigor de la LRSAL a los principios de descentralización, eficiencia, estabilidad y sostenibilidad financiera. Para ello, se añadía una nueva clausula conocida como "el coste real de los servicios". Esta nueva cláusula expresaba que la referida ley por medio de la cual se atribuía una competencia a un ente local debía venir acompañada de una memoria económica que reflejase el impacto de la actividad o servicio prestado en virtud de tal competencia en los recursos financieros de la administración afectada, así como la adecuación de tal competencia a los principios de estabilidad, sostenibilidad financiera y eficiencia. La ley que atribuía la competencia debía, además, "prever la dotación de los recursos necesarios para asegurar la suficiencia financiera de las Entidades Locales sin que ello pueda conllevar, en ningún caso, un mayor gasto de las Administraciones Públicas". Y esto, al tiempo, vendría aparejado de un informe del Ministerio de Hacienda y Administraciones Públicas dedicado a acreditar los criterios señalados. El fin al que pretendía llegar tal medida se justificó en un criterio de transparencia, que es muy loable. Pero no tan loable resulta el cálculo del coste real o efectivo de los servicios en 8.132 municipios, máxime teniendo en cuenta que el cómputo del coste real de los servicios supondrá un techo de gasto, y que del mismo dependerá, llegado el momento, la prestación efectiva de un servicio.

---

la financiación la ley 27/2013, de 27 de diciembre, de racionalización y sostenibilidad de la Administración Local, como caso de estudio", *Tributos locales* 126 (2016): 33-39.

A estas medidas también les acompañaría el pretendido refuerzo de las Diputaciones provinciales, Cabildos, Consejos insulares o entidades equivalentes ofreciéndoles un papel coordinador en la prestación de servicios mínimos obligatorios de los municipios de menos de 20.000 habitantes, cifra clave, pues en España pocos municipios superan tal número de habitantes[329]. La LRSAL partía de que la prestación de servicios en los pequeños municipios, que son los más abundantes en España, era mucho más cara que la prestación de un servicio en un municipio más grande. Cuestión lógica en tanto en cuanto en el segundo puede aplicarse una economía de aglomeración y en el primero no. Sobre esta premisa creyó conveniente reducir la autonomía local de los municipios rurales (aquellos que disponen de menos de 5.000 habitantes y se insertan en el medio rural[330]) y canalizarla a través de las Diputaciones provinciales, que se verían reforzadas tras la entrada en vigor de las reformas. Pretendía, de este modo, ahorrar (o "racionalizar") desde el plano local, a costa de una reducción de la autonomía de los municipios y una ampliación del papel de las Diputaciones. Más adelante veremos que esta medida partió de una hipótesis equivocada y que sus errores tuvieron una especial repercusión en el principio democrático.

---

329 Lo refleja muy claramente Francisco Javier Durán: "Primeramente, no se trata de una posibilidad sino de una obligación para las Diputaciones, esto es, se reconoce la competencia propia al Municipio para luego quitársela en la práctica. En segundo lugar, los Municipios ostentan la titularidad del servicio y asumen el coste efectivo, sin embargo, no deciden sobre la forma de prestación que es propuesta por las Diputaciones y elegida por el Ministerio. Finalmente, todo se articula en función del «coste efectivo» que no se define en Ley y que, sin embargo, en virtud de su alcance a menos se articula la efectividad de la competencia y, por ende, la autonomía local". Francisco Javier Durán, *op.cit,* p. 68.

330 Recordemos que este es el criterio establecido en el art. 3 de la Ley 45/2007, de 13 de diciembre, para el desarrollo sostenible del medio rural.

Una medida positiva que incluyó la LRSAL y que, sin embargo, fue declarada inconstitucional, fue la herramienta que permitía, a petición de los municipios, que el Estado aplicase retenciones de las cantidades adeudadas por las Comunidades Autónomas hacia sus entidades locales con cargo al sistema de financiación autonómica, para poder, así, suplir el incumplimiento de las obligaciones de pago de éstas hacia sus entidades locales. De haberse puesto en funcionamiento, el Estado hubiera podido actuar como un intermediario entre los retrasos en el cobro de deudas contra la administración autonómica, y en beneficio de sus entidades locales. Uniéndonos al criterio de Francisco Javier Durán[331], la estimamos positiva porque con ella se podría haber garantizado una financiación adecuada de las Comunidades Autónomas hacia sus entidades locales. Se estimó inconstitucional porque la medida afectaba a las relaciones financieras entre el Estado y las Comunidades Autónomas, materia necesariamente sujeta a su reserva mediante Ley Orgánica (STC 41/2016).

Las medidas establecidas en la LRSAL afectaron directamente a la suficiencia financiera de las haciendas municipales y supusieron una importante injerencia en la autonomía política del municipio[332]. Pese a ello, y la numerosa doctrina en contra de tal medida legislativa[333] el TC confirmó reiteradamente su

---

331 Francisco Javier Durán, "La suficiencia de medios en la Ley 3/2019, de 22 de enero, de garantía de la autonomía municipal de Extremadura", en Enrique Ortega Burgos (dir.) *Derecho Administrativo 2020* (Valencia: Tirant lo Blanch, 2020).

332 Francisco Velasco Caballero, "Nuevo régimen de competencias municipales en el Anteproyecto de Racionalización y Sostenibilidad de la Administración Local", *Anuario de Derecho Municipal* 6 (2012): 23-60; Fátima Pablos, *Autonomía y suficiencia financiera de la Hacienda municipal, op.cit*, pp.268-270; Ramón País, *op.cit.*, pp.527.

333 Véase Antonio López Castillo y Antonio Arroyo Gil (dirs.), *Garantías y límites de la autonomía local, op.cit.* Especialmente, en este extremo, las contribuciones de Alfredo Galán Galán, p. 19 y de Eva Nieto Garrido, pp. 48 y 49.

constitucionalidad[334]. Fue a partir de 2016 cuando el Tribunal Constitucional tuvo varias ocasiones para pronunciarse sobre la constitucionalidad de la LRSAL, pues se habían interpuesto varios recursos de inconstitucionalidad por las Comunidades Autónomas contra ésta. Entre tales recursos destacan especialmente el interpuesto por la Asamblea de Extremadura (STC 41/2016) y el interpuesto por el Consejo de Gobierno de la Junta de Andalucía (STC 111/2016), por ser los pioneros en esta materia. Los recursos interpuestos con posterioridad vendrían a confirmar la jurisprudencia sentada en tales sentencias. Así lo refleja la STC168/2016, que resolvió el recurso de inconstitucionalidad interpuesto por el Gobierno principado de Asturias contra la LRSAL y, del mismo modo, la STC 180/2016 incoado por el Parlamento de Navarra, también contra la LRSAL.

Lo que nos resulta más destacable de la línea argumentativa seguida por el Tribunal Constitucional es la interpretación del artículo 135 CE, en el marco del cual se dictaban las nuevas leyes sobre el principio de estabilidad presupuestaria y sostenibilidad financiera (LOEPSF y LRSAL), como una nueva posibilidad para aumentar la incidencia del Estado en la regulación (y limitación) del régimen local. Aunque en el texto constitucional no viene reflejado que el artículo 135 CE pudiera comprenderse como un nuevo título competencial en favor del Estado, el TC afirmó "que el art. 149.1.18 CE ampara sin lugar a dudas normas básicas tendentes a introducir criterios de racionalidad económica en el modelo local español con el fin de realizar los imperativos de los arts. 32.1 y 103.1 CE y la estabilidad presupuestaria como norma de conducta a la que están sujetas las entidades locales (art. 135.2 CE)" (STC 41/2016, FJ3). Consecuentemente, tras la entrada en vigor del principio de estabilidad presupuestaria y sostenibilidad financiera, el ordenamiento jurídico (incluida la regulación del régimen local) debía adaptarse a este

[334] SSTC 18/2015, 41/2016, 11/2016, 168/2016, 180/2016, 44/2017, 45/2017, 54/2017, 93/2017 y 101/2017.

nuevo principio. Y, en virtud del art. 149.1.18 CE, tal adaptación corría a cargo del Estado.

La constitucionalidad de la LRSAL se salvó gracias al criterio constitucional recaído en las distintas sentencias que resuelven recursos de inconstitucionalidad contra la misma. La abierta formulación constitucional del principio de autonomía local, la jurisprudencia sentada desde 1981 y los amplios títulos de intervención del Estado en la materia, así como las pocas garantías que tenían las entidades locales para proteger su autonomía permitieron el mantenimiento de la medida en nuestro ordenamiento jurídico, con sus consiguientes consecuencias.

Capítulo IV:

Principales componentes del marco jurídico de desarrollo de la autonomía local

Una vez perfiladas las líneas constitucionales sobre la autonomía local nos detendremos en su marco jurídico de desarrollo a lo largo del cuarto capítulo de la segunda parte de la obra. La apertura del texto constitucional en lo que se refiere a la autonomía local nos obliga a analizar tres instrumentos principales que presentan un claro interés al respecto de este principio constitucional: la Carta Europea de la Autonomía Local (CEAL), la Ley Reguladora de las Bases del Régimen Local (LRBRL) y los Estatutos de Autonomía (EEAA).

La autonomía local es un principio constitucional de configuración legal. A diferencia de la autonomía de las Comunidades Autónomas que se encuentra mucho más perfilada y, por consiguiente, mucho más concretada en nuestra norma suprema, la autonomía de las entidades locales queda, eminentemente, en manos del legislador. El caso del régimen local, además, cuenta con muy diversas particularidades dado su carácter bifronte, pues no es solo un legislador el llamado a definirlo, sino que serán tanto el legislador autonómico como el estatal los competentes para desarrollarlo.

A partir de 1981 el Tribunal Constitucional concedió la potestad al Estado, en virtud del artículo 149.1. 18ª CE, para extender y proteger de un modo homogéneo la autonomía local en nuestro país. De ahí nació, en 1985, la Ley Reguladora de las Bases del Régimen Local como norma institucional básica de referencia, tras su elaboración por el legislador básico estatal. El artículo 149.1. 18ª CE no menciona expresamente a las administraciones locales, sino que hace una referencia genérica a la competencia exclusiva del Estado sobre el establecimiento de "las bases del régimen jurídico de las administraciones públicas". Como tendremos ocasión de analizar a continuación, el título competencial sobre el cual se asienta la amplia regulación básica del Estado es, por tanto, algo débil.

También en 1985 se firmó la Carta Europea de la Autonomía local, aunque no entró en vigor en España hasta 1989. En ésta se recogen una serie de directrices con gran amplitud acerca de los debidos componentes de la autonomía local dirigida a los países firmantes. La Carta Europea de la Autonomía Local introdujo óptimas consideraciones en relación con la vertiente política, administrativa y financiera de la autonomía, pero su contenido y su naturaleza de Tratado Internacional neutralizaron, en gran medida, los posibles avances a su recepción en nuestro ordenamiento jurídico.

A partir de su promulgación, la LRBRL marcaría el límite al desarrollo legislativo del régimen local hasta el punto de que los propios Estatutos de Autonomía debían respetarla en caso de contradicción de la norma básica y la estatutaria, aunque estos últimos formasen parte del bloque de la constitucionalidad, a diferencia de la primera. Desde 1981 la justificación esgrimida por el Tribunal Constitucional para extender los títulos de intervención del Estado sobre el régimen local habían sido la protección uniforme de la autonomía local en todo el territorio. No obstante, el artículo 148.1. 2ª CE habilitaba a las Comunidades Autónomas para regular su propio régimen local internamente, y así fue manifestado con la oleada de reformas estatutarias aprobadas entre los años 2006 y 2011.

En virtud de lo anterior, a continuación, abordaremos, en primer lugar, el denominado carácter bifronte del régimen local, con la intención de ofrecer una somera introducción sobre el posicionamiento del legislador estatal y autonómico en la definición del marco jurídico de las entidades locales. En segundo lugar, analizaremos el contenido y las posibilidades de aplicación de la Carta

Europea de la Autonomía Local como texto que forma parte de nuestro ordenamiento jurídico tras su entrada en vigor en 1989. En tercer lugar, continuaremos con un estudio detallado sobre la estructura y contenido de la LRBRL. Asimismo, abordaremos el motivo por el cual ocupa un lugar preeminente respecto del régimen local y para ello nos serviremos, eminentemente, de la evolución de la jurisprudencia constitucional recaída en la materia. En cuarto y último lugar, nos ocuparemos de la interiorización del régimen local por los Estatutos de Autonomía, la controvertida pretensión de las CCAA de actuar como garantes de la autonomía local y la peculiar relación entre las normas estatutarias y la LRBRL a la luz del criterio del Tribunal Constitucional.

4.1. INTRODUCCIÓN A LA REGULACIÓN DE LAS ENTIDADES LOCALES EN EL DERECHO ESPAÑOL: EL CONCEPTO DE NATURALEZA BIFRONTE DE LA REGULACIÓN EN MATERIA LOCAL

En la regulación del régimen local convergen las competencias del Estado y las de las CCAA porque "cuando el texto constitucional invoca al legislador para definir el contenido de la autonomía local, ese legislador no es unívocamente el legislador del Estado ni unívocamente el legislador de la Comunidad Autónoma. Son ambos legisladores los llamados a esa operación de concreción y delimitación del interés local"[335]. Debate que se justifica en las posibles tensiones existentes entre el artículo 148.1.2. CE respecto de las CCAA, que habilita a éstas para la regulación del régimen jurídico de las corporaciones locales, y el 149.1.18 CE que asigna al Estado la competencia exclusiva para fijar las bases del régimen jurídico de las Administraciones públicas, en el marco de las cuales también se encuentra la administración local.

---

[335] Ramón Martín Mateo y Francisco Sosa Wagner, "Cincuenta años en la Administración Local", *Revista de Administración Pública* 150 (1999): 291 y 292.

En este sentido, tenemos que diferenciar entre la regulación de lo estructural y la regulación de lo competencial. En la regulación de lo estructural el legislador estatal se encarga de fijar "las bases" o "lo básico" y el autonómico de desarrollar la legislación básica del Estado, en los términos estipulados en sus respectivos Estatutos de Autonomía, y de acuerdo con esas bases prefijadas por la instancia central. En la regulación de lo competencial "cada uno de dichos legisladores deberá determinar, al momento de ejercer sus funciones legislativas sobre las materias cuya regulación tienen constitucionalmente confiadas, cuáles son los «intereses locales» existentes en las mismas para que, aislados, sirvan de soporte a la atribución de la correspondiente competencia". Esto último es lo que el TC llamó el "carácter bifronte del régimen local" (STC 84/1982 de 23 de diciembre), que sirvió como presupuesto justificativo para deslindar las competencias legislativas del Estado o de las Comunidades Autónomas en según qué materias del régimen local.

La falta de claridad y concreción con la que se recoge la atribución de competencias sobre la regulación del régimen local en la Constitución española ha dado lugar a numerosas críticas que apuntan hacia un abuso de "lo básico", es decir, de la especial incidencia del Estado en la regulación del régimen local, en detrimento de las CCAA. El artículo 149.1. 2ª CE atribuye a las CCAA "en general, las funciones que correspondan a la Administración del Estado sobre las Corporaciones locales y cuya transferencia autorice la legislación sobre Régimen Local". Tal prescripción no atribuye expresamente a las CCAA la competencia en materia de régimen local, pero tampoco imposibilita a que sean éstas quienes ejerzan dicha competencia. Por tanto, el precepto es susceptible de interpretarse en clave descentralizadora, en beneficio de la asunción de la regulación del régimen local por parte de las CCAA; o en clave centralizadora, apuntando aquí que el artículo 149.1. 18ª CE atribuye al Estado la competencia exclusiva sobre la regulación de las bases del régimen jurídico de las Administraciones públicas[336].

---

336 Juan Luis de la Vallina Velarde, *op.cit*, pp.523-532.

En España es más común optar por ésta última interpretación, por eso se mantiene que, en los primeros años de andadura de nuestra democracia, la estructura territorial siguió una "filosofía modernizadora pero continuista"[337]. Una perspectiva que consiguió consolidarse gracias a la jurisprudencia del Tribunal Constitucional.

La apertura de los mentados enunciados constitucionales en conflicto otorgaba al TC un margen de apreciación casi ilimitado para la determinación de "lo básico" y de los "intereses locales", cuando este hubo de pronunciarse acerca de la regulación del régimen local en nuestro ordenamiento jurídico. Ambos conceptos ofrecían un espacio completamente abierto a la inclinación, más o menos garantista, para con la autonomía local. De hecho, esta misma situación de indefinición constitucional podía haber servido, como en Alemania, en favor de las CCAA, pero también como presupuesto habilitante para la cuasi monopolización de la regulación por el Estado del régimen local, recurriendo al sencillo argumento de que una determinada materia se estima como "básica"[338] . Aun así, hemos de matizar que el Tribunal Constitucional siempre ha admitido que lo básico no puede agotar la regulación del régimen local, señalando expresamente en su jurisprudencia la inconveniencia de tal monopolización. Es algo que, por ejemplo, se ve con claridad en la STC 214/1989, ya analizada.

Aun así, tanto en la regulación de lo competencial, como especialmente en la cuestión de lo estructural, el TC ha tendido a ratificar los títulos de intervención del Estado en la regulación de las entidades locales argumentando que, generalmente, casi todo es "básico". Tempranamente, en la STC 32/1981, el TC se pronunció acerca de esta cuestión. En la mentada sentencia, expuso por primera vez la teoría de garantía institucional del siguiente modo: "es de carácter general y configuradora de un modelo de Estado, y ello conduce, como consecuencia obligada, a entender

---

337 Francisco Caamaño, *op.cit,* p.163.

338 Juan Luis de la Vallina Velarde, *op.cit,* p.523.

que corresponde al mismo la fijación de principios o criterios básicos en materia de organización y competencia de general aplicación en todo el Estado" (FJ5). Posteriormente utilizó una misma línea argumental en el recurso de inconstitucionalidad resuelto en la STC 84/1982 contra el artículo 28 de la *Ley 44/1981, de 26 de diciembre, de Presupuestos Generales del Estado para 1982.* En este último, la Generalidad de Cataluña pretendía asumir la competencia exclusiva en materia de régimen local, aspecto que había reflejado en el artículo 9.8 de su Estatuto, de acuerdo con el cual cualquier relación entre el Estado y los entes locales catalanes estaría siempre mediada por la Generalidad, no pudiendo el Estado, sin mediación del ente autonómico, transmitir o delegar una competencia a un ente local catalán.

El Tribunal Constitucional respondió a Cataluña creando, por vía jurisprudencial, el concepto de naturaleza bifronte en la regulación del régimen local, para habilitar al Estado a intervenir en una materia cuya regulación pertenecía, en realidad, a la Comunidad Autónoma de Cataluña de forma exclusiva. En la STC 84/1982, el Tribunal Constitucional aducía que "los entes locales (municipios y provincias) tienen autonomía constitucionalmente garantizada para la gestión de sus respectivos intereses (art. 137 C. E.); la determinación de cuáles sean estos intereses es obra de la ley, que les atribuye, en consecuencia, competencias concretas, pero que, en todo caso, debe respetar la autonomía y, como substrato inexcusable de ésta, reconocerles personalidad propia. Algunas Comunidades Autónomas y, entre ellas, la de Cataluña, han asumido la competencia exclusiva en materia de régimen local (art. 9.8.° del EAC) y, en consecuencia, es a ella a la que corresponde la regulación mediante Ley del Régimen Jurídico de las Corporaciones Locales de su territorio (art. 5 del EAC). Esta Ley debe ajustarse, sin embargo, a las bases establecidas por el Estado, de manera que el régimen jurídico de las Corporaciones Locales, aun en aquellas Comunidades Autónomas que, como la catalana, asumen el *maximum* de competencias al respecto, es siempre resultado de la actividad concurrente del

Estado (en el sentido más estrecho del término) y de las Comunidades Autónomas".

Esta sentencia fue ampliamente criticada por algunos sectores doctrinales. Nos unimos, en este sentido, a la opinión de Francisco Caamaño, que nos tomamos la licencia para reproducir a renglón seguido, en relación con la mentada STC: "No nació para salvaguardar el espacio constitucionalmente reservado a la autonomía local, sino, muy por el contrario, para despejar cualquier duda concerniente a la doble y simultánea subordinación (estatal y autonómica) en la que se encontraba y justificar una intervención estatal más allá de lo estrictamente básico con arreglo al art. 149.1.18 CE. El concepto no fue, pues, ideado para precisar el papel constitucional de la autonomía local y su «posición» dentro de la organización territorial del Estado. Muy por el contrario, su única razón de ser fue la de servir de presupuesto justificativo del deslinde entre las competencias legislativas del Estado y de las CC.AA., operando como refuerzo de los títulos de intervención del primero. Y, en verdad, ello no podía ser de otro modo, puesto que el Tribunal Constitucional no estaba, en la gran mayoría de los supuestos en los que conoció sobre esta cuestión, resolviendo la pretensión de una entidad local que consideraba amenazada su autonomía por un acto o una norma emanados del Estado o de una Comunidad Autónoma (entre otras razones porque no existía cauce procesal que lo permitiese). Antes bien, lo que se sometía al enjuiciamiento del Tribunal Constitucional era un problema de delimitación de la competencia legislativa entre el Estado y una Comunidad Autónoma y esta es, en puridad, la clave de bóveda en que debe ser interpretada su jurisprudencia." [339].

En un primer momento, esta tendencia a favor de la regulación estatal pudo enmarcarse en la necesidad de ofrecer una protección homogénea al principio de autonomía local para todas las entidades locales, un principio que en los primeros años de vigencia del texto

[339] Francisco Caamaño, *op.cit*, p.167.

constitucional de 1978 debía compatibilizarse con la autonomía de las Comunidades Autónomas, entes que todavía se encontraban en una fase experimental[340]. Suele esgrimirse que, en esta primera etapa de entrada en vigor de la Constitución de 1978, el Estado, con el criterio favorable del Tribunal Constitucional, asumió este papel con la intención de proteger el régimen jurídico e institucional básico de los municipios y extenderlo de manera uniforme en todo el territorio. Tendencia lógica, en tanto en cuanto, resulta beneficioso, en un Estado compuesto con un complejo régimen local como el español, dotar de unas garantías mínimamente homogéneas a todas las entidades locales desde el nivel estatal. Este planteamiento se ha atemperado considerablemente porque las CCAA son entes más que consolidados en nuestra estructura territorial, y también están llamados, y preparados, para realizar el principio de autonomía local.

Paralelamente, hemos de tener en cuenta que la autonomía local no es un título competencial, es un principio constitucional dirigido a su realización por todos los poderes públicos[341], de ahí que nos unamos a la crítica propugnada por el profesor Caamaño. Una sobrerregulación de la realidad local con intención de extender de manera uniforme el régimen jurídico e institucional de las entidades locales puede producir un efecto inverso, reduciendo el margen de decisión que ni le compete a las CCAA, ni tampoco al Estado, sino a las entidades locales. La sobrerregula-

---

340 *Ibidem*, p.168.

341 Dicho con otras palabras, "lo que la Constitución había unido fue separado por la jurisprudencia constitucional. Y, a falta de mejor título, se buscó cobijo en el art. 149.1.18 CE, donde se confiere al Estado la competencia para establecer las bases del régimen jurídico de las Administraciones públicas. Como las entidades locales no eran concebidas como gobiernos, sino como meras administraciones, el encaje resultaba relativamente sencillo e, incluso, encontraba cierta justificación político- institucional: el legislador básico es el garante de la autonomía local frente a la voracidad centralizadora de las CC.AA.". Francisco Caamaño, *op.cit*, p.183. Adicionalmente, Núñez Rivero y Santiago García Aranda, *op.cit*, p. 430.

ción del régimen local y la pretendida salvaguarda del principio de autonomía local separan a nuestro Estado de la democracia local porque impiden el aseguramiento de un núcleo de decisión propia por parte del municipio.

4.2. LA CARTA EUROPEA DE LA AUTONOMÍA LOCAL (CEAL)

La CEAL fue adoptada en Estrasburgo el 15 de octubre de 1985, en el seno del Consejo de Europa, mismo día en el que fue firmada por España. A partir del 1 de marzo de 1989 entró en vigor[342] y, como consecuencia, pasó a formar parte del ordenamiento jurídico español (art. 96.1 CE). Antes de su firma y entrada en vigor, no fue necesaria la activación del artículo 78 de la *Ley Orgánica 2/1979, de 3 de octubre, del Tribunal Constitucional* (en adelante LOTC), sobre la posible existencia de contradicciones entre la Constitución y la CEAL. La única posible antinomia que presentaba el texto de la CEAL en relación con la Constitución Española era el apartado 2 del artículo 3 CEAL, sobre la elección directa por sufragio universal, igual, secreto y libre de los miembros que integran los consejos o asambleas de las entidades locales. Debido a lo cual, España realizó una reserva sobre el mentado precepto, con el fin de no considerarse vinculada por el mismo.

El art.3.2. CEAL se consideró incompatible con los artículos 140 y 141 CE, tal y como consta en el texto oficial de la reserva realizada por el Estado, y publicada en el BOE. Realmente, tal reserva se realizó debido a la contradicción que podemos observar entre el articulado de la CEAL y el procedimiento previsto para la elección de los miembros integrantes de las Diputaciones provinciales, que toman como base de la elección a los concejales a los que se refiere el artículo 140 CE. La Constitución ni siquiera se pronuncia sobre la elección de los diputados provinciales, pese

[342] Publicada en el BOE el 24 de febrero de 1989, núm.47.

a afirmar que son cargos representativos. Este extremo se regula en el Título V de la *Ley Orgánica 5/1985, de 19 de junio, del Régimen Electoral General*, de acuerdo con una fórmula preconstitucional que prescribe un régimen de elección indirecta de los miembros de tales entidades.

Al margen de tal reserva, en la línea expuesta, no fue necesaria su revisión constitucional (art. 95 CE) antes de prestar el consentimiento por parte del Estado, aunque era difícil encontrar contradicciones adicionales teniendo en cuenta tanto la poca regulación sobre autonomía local existente en nuestro texto constitucional, como la apertura de los preceptos que regulan tal principio y su ulterior concreción por la ley. Tampoco se han planteado recursos de inconstitucionalidad, ni cuestiones de inconstitucionalidad (art. 27.2.c. LOTC) en contra de aquella, lo cual ratifica su completa integración en el ordenamiento jurídico español.

La Carta, además, cuenta con un protocolo adicional sobre el derecho a participar en los asuntos de la autoridad local, adoptado en noviembre de 2009. Pero, entre sus países firmantes no consta España, por lo tanto, no nos referiremos al mismo, aunque creemos importante reseñar este aspecto.

4.2.1. Estructura y contenido de la CEAL

La CEAL tiene naturaleza jurídica de Tratado de Internacional que, tras la autorización de su ratificación por las Cortes Generales (art. 94.1 CE) y su publicación en el BOE, adquirió rango, valor y fuerza de ley en nuestro ordenamiento jurídico. Desde 1989 es obligatoria y vinculante para todos los ciudadanos y poderes públicos dentro de España. Este Tratado Internacional dispone de 18 artículos repartidos en tres partes, siendo la segunda y la tercera parte relativas a cuestiones procedimentales sobre la entrada en vigor, firma, comunicación, aclaraciones y compromisos adquiridos por los Estados firmantes; razón por la cual nos centraremos en los conceptos clave de la primera parte, que alberga el principal contenido de interés para este objeto de estudio.

En primer lugar, cuestión especialmente destacable, tras enunciar el fundamento constitucional y legal de la autonomía local (art. 2) y sus efectos vinculantes (art. 1), el artículo 3 CEAL prevé un concepto de autonomía local, de acuerdo con la siguiente definición: "Por autonomía local se entiende el derecho y la capacidad efectiva de las Entidades locales de ordenar y gestionar una parte importante de los asuntos públicos, en el marco de la Ley, bajo su propia responsabilidad y en beneficio de sus habitantes". Hemos de destacar algunos aspectos clave sobre esta definición.

En primer lugar, a la traducción del principio de autonomía local como "el derecho y la capacidad" de ordenar y gestionar los asuntos de que se trate, añade el adjetivo "efectivo" dejando constancia de que tal principio ha de materializarse de manera real y verdadera.

En segundo lugar, es destacable que, cuando se refiere al elenco de materias que han de gestionar las entidades locales, añada que éstas deberán suponer "una parte importante". En el caso de España, podemos trasladar esta lógica al número de competencias o materias susceptibles de ser gestionadas por el municipio. Y, asimismo, que esa "parte importante" se refiera a "asuntos públicos", al contrario que nuestro texto constitucional, que utiliza la regla de los intereses locales. Esta última prescripción del texto de la CEAL nos resulta óptima en relación con la descentralización del poder político y su gestión por parte del municipio, pues como hemos tenido ocasión de pronunciarnos, la regla de los intereses en numerosas ocasiones resulta demasiado artificial, además de ser susceptible de interpretaciones más o menos interesadas "porque, casi siempre, el interés nacional se ha invocado para vaciar el interés regional y, a su vez, el regional, para desbaratar el local, es decir, en clave centralizadora, y no federativa o subsidiaria"[343].

---

[343] Javier García Roca, "El concepto actual de autonomía local..." *op.cit,* p.27

En tercer lugar, las dos últimas previsiones de la definición ofrecida por el art. 3.1 CEAL, es decir, “bajo su propia responsabilidad y en beneficio de sus habitantes”, también añaden consideraciones relevantes. En lo que respecta a “bajo su propia responsabilidad”, la CEAL consolida la perspectiva de que el municipio no debe ser un ente tutelado en relación con su autonomía política. Ya que éste debe ser capaz de tomar decisiones sobre una buena parte de los asuntos públicos, bajo su propia responsabilidad, por lo tanto, no se le deberá someter a controles de oportunidad, aunque sí de legalidad, como al resto de las entidades territoriales, perspectiva que se confirma con el precepto número 8 del Tratado. Además, la gestión del poder político que realice el municipio siempre deberá redundar en un beneficio para sus habitantes, lo cual significa poner los derechos de las personas en el centro de la garantía de la autonomía local, idea básica que subyace a este principio constitucional y a la necesidad de adaptarlo a las heterogéneas realidades locales que conforman la planta local española.

Ahora bien, este concepto con excelentes previsiones lo es “en el marco de la ley”. Estas consideraciones se reiteran a lo largo de todo el texto del Tratado. Y no deben perderse de vista desde la perspectiva de un posible conflicto entre la ley y la CEAL. Será difícil encontrar contradicciones entre la norma nacional y la norma internacional, si la norma internacional, desde el inicio, prevé la posibilidad de que la propia ley nacional sea la que limite las posibilidades del Tratado, en la línea seguida por el derecho internacional.

El alcance del principio de autonomía (art. 4 CEAL) es otra de las previsiones del Tratado. En este orden de cosas, cuando admite “el ejercicio de las competencias públicas debe, de modo general, incumbir preferentemente a las autoridades más cercanas a los ciudadanos” (art. 4.3 CEAL), vuelve a reforzar la idea de ese debido elenco de competencias que habrá de depositarse en sede local para que la autonomía adquiera un mayor alcance. Y, al tiempo, admite que las competencias que se depositen en sede local deberán ser preferentemente "plenas y completas", es decir, exclusivas en nuestro ordenamiento jurídico (art. 4.4 CEAL), pues de este modo el municipio podrá, a través de sus representantes, gestionar íntegramente las materias que se le concedan. El precepto recoge una última consideración cuando admite que "no pueden ser puestas en tela de juicio ni limitadas por otra autoridad central o regional", aspecto que serviría, de acuerdo con el criterio del Tribunal Constitucional alemán (STC Rastade, de 23 de noviembre de 1988) como un baluarte para la no sustracción de competencias locales, una vez depositadas en su órbita de gestión política.

En cualquier caso, admite la CEAL, en la planificación y toma de decisiones que afecten directamente a las entidades locales, que estas deberán ser consultadas (art. 4.6 CEAL). Previsión que resultaría óptima, teniendo en cuenta la pluralidad de realidades locales que quedan al margen de la norma, dado el ofrecimiento de un trato homogéneo a una heterogeneidad de supuestos municipales. Tal consulta debe realizarse "en la medida de lo posible", previsión que acaba ofreciendo un espacio argumentativo para aquellos Estados no decididos a garantizarla, bajo el sencillo fundamento de que esta consulta no se encuadra en "lo posible", por la razón que quiera esgrimirse.

La CEAL nació con la pretensión de consolidar el principio democrático a nivel local, bajo el entero convencimiento de que los problemas europeos eran (y son) también problemas locales. De ahí deriva la inclusión de preceptos como su número 5, en el cual puede leerse lo siguiente: "Para cualquier modificación de los límites territoriales locales, las colectividades locales afectadas deberán ser consultadas previamente, llegado el caso, por vía de referéndum allá donde la legislación lo permita". De acuerdo con la legislación básica, en España no es preceptiva la consulta a los vecinos del municipio en los procesos de modificación del término municipal, como en el caso de las fusiones municipales. (art. 13 LRBRL). Tan solo se prevé que tal consulta pueda realizarse, pero no que deba. En este caso, dado que la legislación lo permite, entendemos que alinearnos con la CEAL implicaría celebrar un referéndum entre las colectividades afectadas, vía consulta popular, en los procesos de modificación de los límites territoriales locales. Sin embargo, no ha sido entendido de este modo en los procesos de modificación de términos municipales, bien por segregación, bien por fusión de municipios, realizados en España desde 1989, fecha en que entraba en vigor la CEAL. En los casos de modificación de los términos municipales que se han ejecutado en España ha bastado con el acuerdo de los plenos de los ayuntamientos implicados para la ejecución de tal modificación. Acuerdo que, además, tras la reforma incorporada por la *Ley 27/2013, de 27 de diciembre, de racionalización y sostenibilidad de la Administración Local* en 2013 tan solo requería una mayoría simple para ser adoptado en sede de las corporaciones[344].

---

344 La modificación de términos locales para fusionar municipios ha tenido mucho menor éxito en nuestro país, en comparación con el fenómeno contrario, la segregación de municipios. En el caso de las únicas dos fusiones de municipios que se han llevado a cabo en España, en 2013 y en 2016, ambas en la Comunidad Autónoma de Galicia, sus respectivos Decretos de aprobación de la fusión (*Decreto 83/2013, de 6 de junio, por el que se aprueba la fusión voluntaria de los municipios de Oza dos Ríos y Cesuras y se constituye el municipio de Oza-Cesuras* y *Decreto 134/2016, de 22 de septiembre, por el que se aprueba la fusión voluntaria de los municipios de Cerdedo y Cotobade y se constituye el municipio de Cerdedo-Cotobade*), reflejan que, finalmente, el acuerdo de ejecución de la fusión se llevó a cabo sin la celebración de consulta popular a la ciudadanía. Como reiterábamos, los casos de segregación de municipios han sido mucho más elevados, pero del mismo modo que ha sucedido con las fusiones, generalmente tampoco se ha entendido que deba realizarse consulta popular para adoptar el acuerdo de segregación definitiva del municipio. Sirva, como botón de muestra, el caso del municipio El Pinar, en Canarias, cuyo expediente de segregación puede consultarse en la *Resolución de 10 de diciembre de 2007, del Cabildo Insular de El Hierro (Santa Cruz de Tenerife), por la que se publica el Acuerdo del Pleno Corporativo de 8 de septiembre de 2007, aprobatorio de la constitución de un nuevo municipio con la denominación de El Pinar de El Hierro.*

El artículo 6 CEAL hace referencia a la gestión interna de las entidades locales, que se debe asignar por entero a las mismas, pues la organización de sus estructuras, además de ser un componente insoslayable de su autonomía político-administrativa, es clave para permitir una gestión eficaz. En el caso de los municipios, son los ayuntamientos quienes mejor saben cómo han de diseñar su organigrama interno para procurar una gestión óptima. Otra de las asignaturas pendientes en España (STC 214/1989), sin muchos visos de prosperar, al menos, hasta que no consideremos a la autonomía local como un principio de obligado cumplimiento para todos los poderes públicos y no como un título habilitante del Estado o la CCAA para regular el régimen local. Asimismo, tal y como sucede en el supuesto anterior, no existe conflicto entre este precepto y la legislación nacional, en tanto en cuanto, sus previsiones deben llevarse a término "sin perjuicio de las disposiciones más generales creadas por la ley".

Los recursos financieros de las entidades locales son claves para asegurar el correcto ejercicio de su autonomía, es decir, la efectiva prestación de competencias. Por eso, el artículo 9 CEAL prevé con detalle la cuantía y el tipo de recursos que han de disponer tales entidades. Admite, al igual que nuestro texto constitucional, que en todo caso tales entidades deben tener recursos suficientes, y que tales recursos han de ser propios, es decir, susceptibles de ser gestionados por la corporación de que se trate; y proporcionales a las competencias que la ley asigne a cada entidad (arts. 9.1 y 2 CEAL). Tales recursos deberán descansar sobre la base de sistemas financieros diversificados y evolutivos, que permitan al municipio obtener unos ingresos variables que evolucionen en función de los costes del ejercicio de sus competencias (art. 9.4 CEAL).

Dado que se es consciente que no todos los municipios podrán obtener tales recursos a partir de tributos o ingresos patrimoniales propios, es especialmente relevante la previsión sobre la protección financiera de las entidades locales más débiles, que en nuestro país coincidirían con el pequeño municipio especialmente afectado por el reto demográfico. En tales casos, la CEAL admite que las medidas de financiación hacia el municipio no deben reducir las opciones políticas del mismo, pues la lógica que trasciende a los recursos financieros sigue siendo el aseguramiento de la gestión del poder político de forma descentralizada, sin intromisiones indebidas y bajo su propia responsabilidad, en aras a preservar el principio de autonomía en todas sus vertientes, y en virtud de la democracia local (art. 9.5 CEAL). De acuerdo con lo anterior, también recoge la obligación de consultar a tales entidades previa adjudicación de los recursos, "según formas apropiadas" (art. 9.6 CEAL) que, por supuesto, serán concretadas por la ley.

"En la medida de lo posible" las subvenciones que reciban las entidades locales, "no deben ser destinadas a la financiación de proyectos específicos. La concesión de subvenciones no deberá causar perjuicio a la libertad fundamental de la política de las entidades locales, en su propio ámbito de competencia", aspecto que remarca la idea del párrafo 5 del mismo artículo. Por último, promueve la obligación de que las entidades locales, con el fin de financiar sus gastos de inversión, tengan acceso al mercado nacional de capitales "de conformidad con la ley".

Dos son los últimos artículos de esta primera parte del Tratado. El artículo 10 que enuncia las posibilidades de las entidades locales de recurrir al asociacionismo o cooperación intermunicipal para la protección y promoción de sus intereses comunes. Este precepto encuentra un reflejo directo en nuestro ordenamiento jurídico. Tanto en el texto constitucional, que en su artículo 141.3 reconoce que "se podrán crear agrupaciones de municipios diferentes a la provincia". Como en los artículos 42, 43 y 44 LRBRL, en los cuales, se regulan las entidades supramunicipales de cooperación intermunicipal, asociativas y no asociativas, como lo son las mancomunidades, comarcas y áreas metropolitanas.

El artículo 11 CEAL, sobre la protección legal de la autonomía local, prevé la obligación de disponer por parte de los Estados firmantes del Tratado de una vía de recurso jurisdiccional para garantizar el libre ejercicio de las competencias locales, así como el respeto al principio autonomía local constitucional y legalmente garantizado. Este último precepto obligó a España a crear el conflicto en defensa de la autonomía local, que se introdujo mediante la *Ley Orgánica 7/1999, de 21 de abril, de modificación de la Ley Orgánica 2/1979, de 3 de octubre, del Tribunal Constitucional*, sobre el que tendremos ocasión de pronunciarnos más adelante.

Es cierto que muchas de las previsiones articuladas por este Tratado disponen de un gran potencial a la hora de ser desarrolladas por los Estados. Pero, no es menos cierto que tales previsiones, de partida, se autolimitan en el propio texto de la CEAL a aquello que prescriba la ley en cada ordenamiento jurídico interno del Estado firmante de que se trate. Pese a que la CEAL realice una serie de consideraciones óptimas respecto de la autonomía, tales consideraciones lo serán "en el marco de la ley", se desarrollarán "conforme a la ley", se cumplirán "donde esté permitido por la ley", o se realizarán "dentro de los límites de la ley".

En los preceptos en los cuales no encontremos una llamada a su limitación por la ley de forma expresa, nos encontraremos con otras limitaciones como "en la medida de lo posible", "en el marco de la política económica nacional", "en la práctica", "a su debido tiempo y de la forma apropiada" que, de nuevo, nos redirigen a su ulterior desarrollo y concreción por la ley. Lo cual impedirá, o difícilmente permitirá encontrar conflictos entre la letra del Tratado y el ordenamiento jurídico interno, aunque sepamos que materialmente, muchas de sus prescripciones no se están cumpliendo. Cuestión a la que se suma la difícil aplicabilidad y justiciabilidad de este Tratado, dada su naturaleza jurídica.

4.2.2. Naturaleza, aplicabilidad y justiciabilidad de la CEAL

Como veníamos admitiendo, la CEAL tiene naturaleza jurídica de Tratado, válidamente celebrado e integrado en nuestro ordenamiento jurídico. Teniendo en cuenta esta naturaleza, la cuestión clave sobre la que debemos pronunciarnos es su posible contradicción con el ordenamiento jurídico interno, pero no ya en lo concerniente a sus previsiones, sino en relación con la forma que reviste. Dicho con otras palabras, hemos de analizar si la CEAL verdaderamente supone una garantía para la autonomía local, un instrumento más de desarrollo de tal autonomía, o si, por el contrario, se trata de una enunciación de postulados de contenido político, pero difícilmente aplicables dentro de nuestras fronteras.

En este sentido, siguiendo a Requejo Pagés[345] hemos de partir de que los Tratados son normas de extracción foránea que se incorporan a un ordenamiento jurídico que les es extraño, porque su existencia, es decir, su validez, no deriva de la Constitución, sino de su adecuación al procedimiento de producción de normas en el sistema normativo al que pertenecen, que en el caso de la CEAL es el derecho internacional, en el marco del Consejo de Europa. Mientras que las normas internas de un ordenamiento jurídico deben su validez o invalidez a su adecuación con la Constitución como norma suprema del ordenamiento jurídico, el Tratado, pese a integrarse en el mismo ordenamiento, no responderá a esa lógica. En el momento en el que el Tratado se integra en el ordenamiento de un Estado se realizará un juicio de compatibilidad con su Constitución, pero su invalidez como Tratado seguirá quedando al margen de ésta porque ambas normas proceden de dos sistemas normativos diferentes. Esta apreciación es esencial porque de ella depende la resolución del conflicto entre una norma interna y un Tratado Internacional.

Cuando identificamos una antinomia entre la norma interna y el Tratado, esta no puede resolverse ateniendo al principio de

---

345 Juan Luis Requejo Pagés, "El valor de la Carta Europea de la Autonomía Local en el ordenamiento español", en Francisco Caamaño Domínguez (coord.) *La autonomía de los entes locales en positivo: la carta europea de la autonomía local como fundamento de la suficiencia financiera* (Madrid: Fundación Democracia y Gobierno local, 2003)

jerarquía, directamente relacionada con la validez, o no, de la norma, dado que "la validez de las normas en conflicto no está recíprocamente condicionada"[346]. Se tendrá que resolver, por el contrario, de acuerdo con el principio de aplicabilidad[347], lo que significa que el conflicto se superará con la aplicación preferente de una de las normas en conflicto, dentro de las cuales, la norma internacional es de aplicación preferente. Esto significa, incluso que, aunque el legislador produzca normas contrarias a las previsiones de la norma internacional, aquellas no tendrán por qué ser invalidadas, dado que su único límite será la adecuación al texto constitucional, y no al texto del Tratado.

Por eso, pese a la opinión en contrario de algunos autores[348] que aducen que la CEAL forma parte del bloque de la constitucionalidad, propugnamos, como Requejo Pagés que, dada su naturaleza de Tratado, la CEAL no es condición de validez de las normas internas y, por tanto, tampoco parámetro de constitucionalidad[349] utilizable por el Tribunal Constitucional. Pues, en todo caso, la posible contradicción entre una norma interna posterior a 1989 y la CEAL no será resuelta con base a su invalidez, sino con

---

346 *Ibidem,* p.18

347 Germán Fernández Farreres, "La posición de la Carta Europea de la Autonomía Local en el sistema de fuentes del Derecho español: una reflexión crítica" en Francisco Caamaño Domínguez (coord.) *La autonomía de los entes locales en positivo: la carta europea de la autonomía local como fundamento de la suficiencia financiera* (Madrid: Fundación Democracia y Gobierno Local: 2003): 39-52.

348 *Ibidem.* Sirvan, además, como ejemplo las siguientes contribuciones: Javier García Roca, "El concepto actual de autonomía local..." *op.cit.*; Javier García Roca, "Un bloque constitucional local conforme al principio..." *op.cit;* Luis Ortega Álvarez "La Carta Europea de la Autonomía Local y el ordenamiento local español", *Revista de Estudios de la Administración Local y Autonómica (REALA)* 259 (1993): 475-498.

349 Esta cuestión ha permanecido invariable en la jurisprudencia SSTC 252/1988, de 20 de diciembre, FJ 2; 236/1991, de 12 de diciembre, FJ 9; 79/1992, de 28 de mayo, FJ 1; 80/1993, de 8 de marzo, FJ 3; 67/1996, de 4 de abril, FJ 3; 148/1998, de 2 de julio, FJ 4; 45/2001, de 15 de febrero, FJ 7, etc.

base a su aplicabilidad, o no. No habrá de realizarse un juicio de constitucionalidad de la norma, sino que habrá de resolverse mediante el criterio de aplicabilidad preferente de una u otra, que compete exclusivamente a los órganos judiciales ordinarios, dado que el Tribunal Constitucional es incompetente en esta materia.

Algunos autores proponen ofrecer un tratamiento distinto a la cuestión, y abrir vías que permitan el pronunciamiento del Tribunal Constitucional en la materia, en relación con el eventual incumplimiento del artículo 96.1 CE[350], criterio que se ha venido rechazando por nuestra justicia constitucional, pues supondría admitir que el conflicto entre norma interna y norma internacional puede solucionarse aplicando el criterio de invalidez de la ley en cuestión, por vía de su inconstitucionalidad, lo cual, haría competente al Tribunal Constitucional para dirimir sobre este extremo.

Del mismo modo, la previsión del artículo 10.2 CE, que dice que "las normas relativas a los derechos fundamentales y a las libertades que la Constitución reconoce se interpretarán de conformidad con la Declaración Universal de Derechos Humanos y los tratados y acuerdos internacionales sobre las mismas materias ratificados por España", es de dudosa aplicación para la CEAL, pues pese a que la misma es elaborada en el seno del Consejo de Europa no se corresponde con lo previsto en el Convenio Europeo de Derechos Humanos (en adelante CEDH). La materia que presenta una mayor vinculación con la letra del CEDH es la participación ciudadana en los asuntos de interés local, apenas regulada en la CEAL. Este fue el hecho que motivó la elaboración del protocolo adicional antes citado, no suscrito por España. Por lo tanto, no encontramos adecuada la aplicación de lo previsto 10.2 CE.

Al margen de su naturaleza, como vimos en líneas anteriores, la propia redacción de la CEAL hace que sea difícil encontrar

---

350 Germán Fernández Farreres, *op,cit.*

conflictos entre su literalidad y la norma interna. Conflictos que, en todo caso, habrán de resolverse por los tribunales ordinarios; he aquí el *quid* de la cuestión. Lo que contiene esencialmente la CEAL son principios de buen gobierno, pero no directrices concretas susceptibles de ser directamente aplicadas por los tribunales ordinarios. A lo que hemos de añadir que, la delimitación de la letra del Tratado no compete al juez ordinario, sino al legislador democrático, que será el que determine las directrices de aplicación del Tratado mediante ley que vincularán al juez ordinario. Sin perjuicio de lo anterior, podría esgrimirse la posibilidad del incumplimiento de la CEAL por omisión del legislador, es decir, "por no dotar a las entidades locales de los poderes necesarios para que su autonomía sea real y efectiva"[351]. Aun así, la inconstitucionalidad por omisión no ha sido acogida en nuestro ordenamiento jurídico.

La vigilancia de la CEAL, aunque no su justiciabilidad, recae en el Congreso de Poderes Locales y Regionales del Consejo de Europa, y en su Comité de supervisión que, tras las visitas periódicas a los Estados firmantes y el posterior examen de los aspectos específicos de la Carta emite recomendaciones dirigidas a los Estados miembros. Este Comité tiene una naturaleza asesora. Cumple, por tanto, con objetivos de asesoramiento y evaluación de los Estados, pero sus informes o recomendaciones no prevén ninguna consecuencia en caso de incumplimiento de estos. Prueba de lo anterior es que, en el caso de España, han sido tres las visitas con sus respectivos informes y recomendaciones, una en 2002, otra en 2013 y, la última en 2021. En sus recomendaciones, el Congreso de Poderes Locales y Regionales identifica una serie de cuestiones comunes que coinciden con las principales problemáticas del régimen local español y que, desde luego, todavía están pendientes de su inclusión en la agenda política del país. Aspectos como la falta de financiación adecuada a los municipios, la ausencia de claridad en el marco jurídico regulador de las competencias

---

[351] *Ibidem*, p. 51.

locales, o el tratamiento inadecuado de los pequeños municipios han sido generalmente identificados por tales informes y, sin embargo, pese a haberse emitido recomendaciones al respecto, el tratamiento ofrecido a las entidades locales desde 2002 no solo no ha mejorado, sino que ha llegado a empeorar por situaciones coyunturales como la crisis de 2008 y las ulteriores reformas implementadas en el régimen jurídico local español.

Más allá de las fronteras de cada Estado miembro y de la custodia de los tribunales nacionales, no habrá ningún tribunal (como sí lo hay, por ejemplo, respecto del CEDH) que se encargue de velar por su efectivo cumplimiento. El Tribunal Europeo de Derechos Humanos no puede encargarse de su justiciabilidad, porque la CEAL, pese a ser elaborada en el seno del Consejo de Europa, no se enmarca en el CEDH, ni tampoco en sus Protocolos, y no dispone de una instancia jurisdiccional propia.

Es indudable que las prescripciones de la CEAL suponen un reconocido avance, sobre todo, en los esfuerzos por delimitar el principio de autonomía local en un amplio marco de referencia, como es el europeo. No obstante, si queremos ofrecer una visión rigurosa, la naturaleza que reviste y parte de su configuración interna la sitúan en una encrucijada, en la cual, ni en forma ni en fondo, su aplicación es susceptible de ir más allá de un mero instrumento legitimador de nuevas políticas públicas que decidan ampararse en la misma para ofrecer una cobertura más amplia al principio de autonomía local.

4.3. LA LEY REGULADORA DE LAS BASES DEL RÉGIMEN LOCAL (LRBRL)

4.3.1. Contexto de aparición

La Ley Reguladora de las Bases del Régimen Local es una ley ordinaria, aspecto que no deja de sorprender teniendo en cuenta su función ordinamental de desarrollo del régimen local prescrito en nuestra Constitución. Suele ser entendida como la norma institucional básica de la Administración local[352] porque ésta es al municipio lo que un Estatuto de Autonomía a su Comunidad Autónoma[353], aunque no revista la naturaleza de Ley Orgánica. A pesar de que materialmente se parece a una Ley Orgánica, la CE no exige tan altos consensos para su aprobación y reforma. Lo cual, supone un problema de base en lo que respecta a nuestro régimen local, pues su eventual y excesiva variabilidad puede llevar a la promulgación de disposiciones conflictivas en relación con la misma, como pudo comprobarse con la aprobación de la *Ley 27/2013, de 27 de diciembre, de racionalización y sostenibilidad de la Administración Local.*

El Tribunal Constitucional desempeñó una labor muy importante durante el proceso de configuración del régimen local en España, especialmente en lo que respecta a la elaboración de la LRBRL. Aunque hasta 1985 (cuando el mapa autonómico ya estaba cerrado) no hubo una LRBRL[354], en 1981 el Tribunal Constitucional comenzó a bosquejar las posibilidades de desarrollo del nuevo régimen jurídico de las entidades locales al amparo de la Constitución de 1978. Así lo hizo en la célebre sentencia de las Diputaciones catalanas (STC 32/1981) en la cual encontró el fundamento que habilitaba al Estado para entrar a regular el régimen local, en detrimento de la regulación autonómica. En la STC se resolvía un recurso de inconstitucionalidad sobre la Ley 6/1980 de 17 de diciembre que, tal y como figura en la sentencia, regulaba la «transferencia urgente y plena de las Diputaciones catalanas a la Generalidad». Mediante la mentada disposición la Generalidad

---

352 Luciano Parejo Alfonso, "Relaciones interadministrativas..." *op.cit,* pp.223 y 224

353 Javier García Roca, "Un bloque constitucional local..." *op.cit,* p.37. y Luciano Parejo Alfonso, *Garantía institucional y autonomías locales,* dir. Luis Cosculluela Montaner, *op.cit.*: p. 142.

354 Esta cuestión, de nuevo, cristaliza el protagonismo que las CCAA tuvieron en el proceso constituyente y en la transición y consolidación del nuevo texto constitucional de 1978. Francisco Caamaño Domínguez, "Autonomía local y constitución..."*op.cit,* p. 163.

de Cataluña pretendía eliminar las provincias como entes territoriales mediante su vaciamiento político y hacendístico. En el plano político, a través de la supresión de sus competencias e incluso privando a tales entes de su órgano de gobierno, la Diputación provincial. Y, desde el plano financiero, a través de la transferencia de su hacienda a la Generalidad.

Sobre la base de la garantía de la autonomía local, el Tribunal Constitucional consideró que el establecimiento de los principios y criterios básicos en materia de organización y competencia del régimen local debían ser establecidos por el Estado, pues "las comunidades locales no pueden ser dejadas en lo que toca a la definición de sus competencias y la configuración de sus órganos de gobierno a la interpretación que cada Comunidad Autónoma pueda hacer de ese derecho" (STC 32/1981, FJ5). Es decir, el alto Tribunal encontró en la garantía de la autonomía local y en la competencia estatal sobre determinación de las bases del régimen jurídico de las entidades locales un argumento perfecto para dar cobertura a la uniformización del gobierno local en todo el país, reduciendo las posibilidades que el artículo 148.1. 2ª CE otorga a las CCAA. La interpretación expansiva del artículo 149.1. 18ª CE situó al Estado como competente para definir y fijar los principios y criterios básicos del nuevo régimen jurídico de la administración local y, a su vez, como garante de su autonomía en todo el territorio nacional.

La función que desempeñarían las CCAA a partir de entonces fue "aclarada" en la STC 84/1982, donde el TC acuñó el término de "carácter bifronte" del régimen local, al que ya nos hemos referido. Tras esta sentencia confirmó que en la regulación del régimen local concurren las competencias del Estado y las de las Comunidades Autónomas. Por lo tanto, las CCAA podrían entrar a desarrollar el régimen local, sobre las bases previamente articuladas por el Estado. De este modo, el legislador estatal, con la muy favorable jurisprudencia constitucional, aprobó la LRBRL en 1985.

Lo que comenzó siendo una habilitación para regular "lo básico" terminó convirtiéndose en una regulación de detalle. El Tribunal Constitucional en la ya mentada STC 32/1981 extendió la competencia del Estado para la "fijación de principios o criterios básicos en materia de organización y competencia de general aplicación en todo el Estado" (FJ5). Sin embargo, "la versatilidad de lo básico"[355] le condujo a ir un poco más allá. El Tribunal Constitucional tampoco había fijado por entonces qué podía entenderse por básico, pues es ésta "una de las categorías jurídicas más imprecisas que se derivan de nuestra Constitución"[356] pese a haber extendido la habilitación del Estado para su establecimiento. Y tampoco era competente para ello, pues esta es una tarea que le corresponde *prima facie* a las Cortes Generales, dados los silencios constitucionales sobre la materia. El argumento de base (proteger la autonomía local) comenzó, desde la entrada en vigor de la LRBRL de 1985, a tratarse tanto jurídica como institucionalmente como un título competencial y no como un principio constitucional cuyo cumplimiento debe ser garantizado por todos los poderes públicos. Así, la garantía de la autonomía local se utilizaba como atribución competencial y no propiamente como un mandato constitucional que ha de ser protegido. Cuanto más espacio quedase regulado, bien por el Estado, bien por las Comunidades Autónomas, menos discrecionalidad se depositaría en sede local.

Garantizar la autonomía local no era equivalente a establecer una densa, extensa y minuciosa regulación de la administración local, sino que hubiera sido preferible una regulación efectivamente garantista con una perspectiva territorial que contemplase la heterogeneidad municipal de España. Doctrinalmente este planteamiento se denomina "geometría variable"[357], y hace referencia a la disparidad de realidades locales presentes en un

---

355 Joaquín García Morillo, "La versatilidad de lo básico", *Revista de Administración Pública* 139 (1996): 125-152.

356 Juan Luis de la Vallina Velarde, *op.cit*, p.532.

357 Rafael Jiménez Asensio, "La reforma local: primer análisis de la Ley de racionalización y sostenibilidad de la administración local: contexto, elementos estructurales y algunas pautas interpretativas para la aplicación de un marco normativo complejo", *Anuario aragonés del gobierno local* 5 (2013): 281-328.

determinado territorio. En el caso español estas diferencias son muy acusadas, dado que la planta local española no responde a unas características homogéneas. Los municipios castellanoleoneses se separan considerablemente de la extensión y demografía presentes en los municipios murcianos y andaluces. Lo mismo sucede con los municipios canarios y baleares, cuyas necesidades y particularidades son muy diferentes a los municipios de montaña presentes en numerosas áreas del país. El relieve, el clima, el factor costero, el tamaño, la población, la ruralidad, el medio natural, la hidrografía o la insularidad son factores que también afectan sobremanera a las distintas realidades locales presentes en el territorio español, y que deberían tener un reflejo en la norma. Se necesitaba menos cantidad y más calidad en la regulación del régimen local.

El argumento de homogeneidad de la garantía de la autonomía local, y de su paladín, el Estado, no es adecuado en una España diversa, heterogénea y descentralizada. Sin embargo, esta fue la opinión por la que finalmente se decantó el Tribunal Constitucional, al extender el mandato del artículo 149.1.18 CE sobre el régimen local.

4.3.2. Estructura y organización de la LRBRL: las principales materias consideradas como "básicas"

La LRBRL se distribuye en once Títulos, diecisiete disposiciones adicionales, una disposición derogatoria, diez disposiciones transitorias y cinco disposiciones finales. Su regulación no solo alcanza al municipio y a la provincia como entidades locales básicas de existencia necesaria, sino también a las demás entidades locales supramunicipales (art.3 LRBRL), siendo las entidades locales de carácter inferior al municipio, sin personalidad jurídica propia, reguladas por las leyes de las Comunidades Autónomas (art. 24 *bis* LRBRL). El municipio se regula en el Título II y la provincia en el Título III. En ambos se incide sobre la organización y las competencias de tales entidades, y en el caso del municipio, además, también se establecen previsiones acerca del territorio, la población y los regímenes especiales. A continuación nos ocuparemos de las especificidades más relevantes contempladas por la LRBRL en lo atinente al municipio.

En el Capítulo I del Título II, relativo al "territorio y población" se regulan, principalmente, la creación y supresión de municipios, o alteración de términos municipales (art. 13 LRBRL) de manera concisa y detallada, donde se contempla tanto el procedimiento a seguir, como las consecuencias de la creación, supresión o alteración de los términos municipales, así como cuestiones relativas al padrón municipal y a los derechos y deberes de los vecinos. El Capítulo II del mismo Título, destinado a la "organización" (interna de los municipios) incide en la estructura de las instituciones que locales y en sus funciones. Abarca, desde la organización interna de los ayuntamientos (composición, funciones y aspectos que deben someterse al pleno, condición y competencias del alcalde, atribuciones y organización de la Junta de Gobierno Local, etc.), hasta la existencia de organismos como la Comisión Especial de Sugerencias y Reclamaciones y la Comisión Especial de Cuentas. Este Capítulo se completa con las previsiones establecidas en el Título X, en tanto regulador del régimen de organización de los municipios de gran población, que contempla el régimen orgánico de las entidades previstas en el artículo 121 LRBRL[358].

---

[358] De acuerdo con el artículo 121.1 LRBRL, el ámbito de aplicación de este título se limita a los siguientes supuestos: "a) A los municipios cuya población supere los 250.000 habitantes. b) A los municipios capitales de provincia cuya población sea superior a los 175.000 habitantes. c) A los municipios que sean capitales de provincia, capitales autonómicas o sedes de las instituciones autonómicas. d) Asimismo, a los municipios cuya población supere los 75.000 habitantes, que presenten circunstancias económicas, sociales, históricas o culturales especiales. En los supuestos previstos en los párrafos c) y d), se exigirá que así lo decidan las Asambleas Legislativas correspondientes a iniciativa de los respectivos ayuntamientos".

El Capítulo III se encarga de regular las materias sobre las que los municipios podrán ejercer competencias propias (art. 25). Algunas de estas materias son: urbanismo, medio ambiente urbano, infraestructura viaria, policía local o promoción de la cultura, entre otras. Lo destacable de esta división es que se realiza por materias, por lo tanto, no se asignan propiamente competencias concretas hacia las entidades locales. Recordemos que este artículo (el número 25) se reformó tras la entrada en vigor de la LRSAL, pues contemplaba la posibilidad de que, pese a que la prestación de algunos servicios o actividades no estuvieran sujetos a su competencia, los municipios pudiesen prestarla, por ser la administración más cercana al ciudadano, en virtud de una mayor adecuación de la legislación básica al principio de subsidiariedad.

A renglón seguido, continúa el artículo 26, haciendo una referencia escalonada, en función de la población, a los servicios que "en todo caso" deberán prestar los municipios. Es especialmente importante hacer hincapié en este precepto porque es el encargado de delimitar los aspectos mínimos sobre los cuales un municipio deberá desplegar su autonomía política. Esto es, tras la enunciación de materias sobre las que un municipio puede (o no) incidir (art. 25 LRBRL), la Ley admite que hay una serie de servicios que sí o sí deberán ser prestados por el municipio, reservando un grado mínimo para la gestión de los intereses municipales. Dado que tal reparto de servicios de prestación obligatoria se divide en función del número de habitantes, es también importante incidir en los datos demográficos, de forma conjunta.

La LRBRL hace 4 divisiones. La primera (letra a., art. 26) destinada a todos los municipios, a los cuales les atribuye la competencia sobre "alumbrado público, cementerio, recogida de residuos, limpieza viaria, abastecimiento domiciliario de agua potable, alcantarillado, acceso a los núcleos de población y pavimentación de las vías públicas". La segunda (letra b., art. 26) en relación con los municipios con población superior a 5.000 habitantes que, además de las anteriores, se les asignan competencias en materia de "parque público, biblioteca pública y tratamiento de residuos". La tercera (letra c., art. 26), para aquellos municipios que superen los 20.000 habitantes, que desempeñarán funciones adicionales sobre "protección civil, evaluación e información de situaciones de necesidad social y la atención inmediata a personas en situación o riesgo de exclusión social, prevención y extinción de incendios e instalaciones deportivas de uso público". Y, por último, la cuarta, establecida en función de aquellos municipios que alcancen una cifra igual o superior a los 50.000 habitantes, que también prestarán servicios relacionados con "transporte colectivo urbano de viajeros y medio ambiente urbano". Para aquellos municipios con población inferior a 20.000 habitantes, la coordinación de la prestación de los anteriores servicios (a excepción del servicio de cementerios) correrá a cargo de las Diputaciones provinciales, las cuales, podrán incluso asumir la prestación de tales servicios en el marco de tal coordinación (art. 26.2 LRBRL), en función del "coste efectivo de los servicios".

Veamos cómo estas previsiones afectan a la realidad local española, aplicando los datos demográficos sobre los que opera la LRBRL. En España, de los 8.132 municipios existentes, 894 tienen de 5.000 a 20.000 habitantes, 266 disponen de 20.001 a 50.000 habitantes, y tan solo 151 alcanzan más de 50.000 habitantes. Esto significa que, 6.821 municipios (de un total de 8.132), disponen de menos de 5.000 habitantes, de entre los cuales, los municipios con menos de 1.000 habitantes son los más numerosos, pues llegan a los 4.986 municipios[359]. Por lo tanto, en el 80% de los municipios españoles, las posibilidades de gestión política del poder por parte del municipio se reducen sustancialmente, pues los servicios no mencionados por el artículo 26 LRBRL no serán

[359] Esta información puede consultarse en: https://www.ine.es/jaxi/Tabla.htm?path=/t20/e245/p04/provi/l0/&file=0tamu001.px&L=0 [Fecha de última consulta: 30/05/2023]

de obligatoria prestación por el municipio. Lo cual, supone que su ayuntamiento no necesariamente incidirá desde el prisma político en aquellas materias no mencionadas en el art. 26 LRBRL. El planteamiento previsto en este articulado ha de relacionarse con el postulado del que parte la teoría de la garantía institucional, que estudiaremos con más detalle en el capítulo dedicado a las garantías del régimen local.

La última previsión del artículo 26.2 LRBRL está destinada a la mayor parte de los municipios españoles, pues es fácilmente observable en los mentados porcentajes. Sobre ese 80% de municipios que no alcanzan los 20.000 vecinos, a sus pocas competencias y a sus escasos medios materiales para prestarlas, se sumará la coordinación e incluso asunción de las mismas por parte de las Diputaciones provinciales en función del "coste efectivo del servicio" prestado, extremo sumamente criticable no solo porque sean entes faltos de legitimidad democrática directa (que también), sino porque a lo anterior se añade su considerable incidencia en la autonomía política del municipio.

El artículo 27 LRBRL está dedicado a las competencias delegadas. En él se establecen una serie de directrices acerca de cómo han de delegarse las competencias a favor del municipio, bien por el Estado, bien por las CCAA (asignación financiera proporcional a la nueva competencia, régimen de dirección y control sobre el ejercicio de la competencia, acuerdos con el municipio que pasará a prestarla, etc.). E incluso se prevé en el párrafo tercero, una lista de materias sobre las cuales las CCAA podrán delegar competencias siguiendo "criterios homogéneos" en favor de sus entidades locales. El artículo 27 LRBRL cierra el Capítulo III dedicado a las competencias en materia de régimen local, para, a continuación, dedicar un Capítulo al Concejo abierto (art. 29 LRBRL) y a las posibilidades de las CCAA en la regulación de regímenes especiales sobre la base de pequeños municipios rurales, o con peculiaridades histórico-artísticas, turísticas, industriales, mineras u otras semejantes.

El Título III es el encargado de regular lo relativo a la provincia, donde lleva a cabo una especial incidencia en su organización (Capítulo I), competencias (Capítulo II) y regímenes especiales (Capítulo III), refiriéndose estos últimos a las Islas Canarias y Baleares, Navarra y otras Comunidades Autónomas uniprovinciales. La elección de los miembros de las Diputaciones provinciales queda al margen de la LRBRL, pues su regulación la encontramos en la *Ley Orgánica 5/1985, de 19 de junio, del Régimen Electoral General* (Título V). Dado que la provincia no es, estrictamente, nuestro objeto de estudio, baste recordar que su naturaleza es la de órgano o ente que asiste al municipio. Sus competencias así parecen reflejarlo en la LRBRL (artículos 36-38). En la práctica ese papel de asistencia, de cooperación o de coordinación hacia los municipios, toda vez que el Estado y las CCAA no articulan las vías necesarias para que éstos alcancen la suficiencia financiera (142 CE), coloca a las Diputaciones como garantes últimas del principio de suficiencia financiera de las haciendas municipales.

El Título IV viene dedicado a las entidades supramunicipales (comarcas, mancomunidades y áreas metropolitanas), así como, en general al derecho de asociación de los municipios bajo fórmulas de cooperación intermunicipal. En este título se prevén tanto las figuras específicas, como las opciones de los municipios afectados y la posible regulación autonómica que podrá recaer en tal materia.

El Título V sobre "Disposiciones comunes a las Entidades Locales", dedica sus previsiones al funcionamiento interno de las entidades locales, por supuesto, incidiendo en cuestiones que podrían englobarse dentro de su autonomía administrativa, pues a lo largo de sus cinco capítulos se encarga de regular, desde el funcionamiento interno de los plenos (art. 46) y las mayorías necesarias para adoptar acuerdos (art.47), hasta el procedimiento a seguir para la aprobación de Ordenanzas (art. 49). Cuestiones, todas ellas, que afectan y limitan a las posibilidades de autoorganización y autonormatividad del propio municipio, en el marco de su autonomía local.

El Título VI regula los bienes, actividades y servicios que podrán prestar las entidades locales, siempre sometidos al principio de estabilidad presupuestaria y sostenibilidad financiera (135 CE). Y, el Título VII, viene dedicado al régimen del personal al servicio de las entidades locales, tanto respecto del personal funcionario como respecto del personal laboral y eventual. En este Título se regulan tanto los aspectos retributivos, como los de fiscalización y control interno, selección y formación de funcionarios y sistemas de provisión de plazas o número de personal eventual que pueden incorporar a sus administraciones en función de la variable demográfica, entre otros aspectos.

El Título VIII, dedicado a las "Haciendas locales", se divide en 14 artículos. En los tres primeros (arts. 105-107), la LRBRL prescribe que se ha de dotar a las haciendas locales de los recursos suficientes para el cumplimiento de sus obligaciones y, para ello, remite a la legislación del Estado en esta materia, es decir, a la LRHHLL. Dado que los municipios, de acuerdo con el art. 142 CE, son llamados a realizar el mandato de suficiencia financiera respecto de sus haciendas, la LRBRL en sus artículos 106 y 107 establece que tales entidades tienen potestad reglamentaria en materia tributaria, potestad que se ejercerá a través de Ordenanzas fiscales, en virtud de las cuales, se atribuye al municipio la gestión, recaudación e inspección de sus tributos propios, sin perjuicio de aquellos coparticipados que las CCAA cedan en favor de sus entidades locales. Asimismo, se regula el modo en que han de establecerse, suprimirse u ordenarse los tributos (art. 111), su posible declaración de nulidad (art. 110), la aprobación de los presupuestos, que quedará determinada con carácter general por la Administración del Estado (art. 112), así como su fiscalización externa por el Tribunal de Cuentas (art. 114-116).

Son especialmente importantes las dos últimas previsiones de este título, introducidas a colación del principio de estabilidad presupuestaria y sostenibilidad financiera, que se corresponden con los artículos 116 *bis* y 116 *ter.* Tras la entrada en vigor de la

LOEPSF y, posteriormente de la LRSAL, se estableció que las administraciones que incumplieran con los objetivos de estabilidad presentasen un plan económico-financiero que les permitiera corregir su eventual desviación financiera en el plazo de un año. En este sentido, el artículo 116 *bis* adapta ese mandato a las entidades locales y recoge una serie de medidas de obligatoria mención en ese plan de corrección para las entidades incumplidoras. Determina, asimismo, en el último apartado (art. 116 *bis*.3 LRBRL) que las Diputaciones provinciales serán las encargadas de asistir a tales entidades en la elaboración, seguimiento y aplicación de las medidas establecidas en tales planes. Les otorga, así, la potestad para proponer y coordinar tales medidas, y para colaborar con la administración que ejerza la tutela financiera hacia el municipio incumplidor. La última previsión de este título, contenida en el artículo 116 *ter*, es la que contiene el llamado "coste efectivo de los servicios".

Tras las reformas introducidas al amparo del principio de estabilidad presupuestaria y sostenibilidad financiera, también se determinó que las entidades locales debían calcular cuál era el coste efectivo de los servicios, pues los servicios que finalmente presten las entidades locales no podrán superar el importe de tal coste. Las medidas adoptadas con base al principio de estabilidad presupuestaria y sostenibilidad financiera partían de la convicción de que las entidades locales estaban suponiendo unos costes excesivos para la administración y que, por tanto, debían racionalizarse, es decir, reducirse. En la implantación de tales reformas se partió de que, de acuerdo con los datos empíricos, los servicios obligatorios prestados por pequeños municipios (de menos de 5.000 habitantes) costaban más que los servicios prestados por municipios más grandes[360]. Esta previsión ha de conectarse necesariamente con el último apartado del artículo 26 LRBRL, en el cual, se enuncian las competencias de obligado desempeño por parte de los

---

[360] Francisco Velasco Caballero, "Nuevo régimen de competencias municipales en el Anteproyecto…", *op.cit.*, pp. 28 y 29.

ayuntamientos y su eventual coordinación e incluso asunción por las Diputaciones en caso de que el coste real del servicio que presta el ayuntamiento sobrepase el importe del coste efectivo calculado con base a la norma.

Realmente, esta previsión se incluyó en la LRBRL porque se llegó a la conclusión de que si los servicios obligatorios que prestan los pequeños municipios los prestase otra entidad distinta, el Estado se ahorraría una cantidad que se cifró en 514.750.064 €[361](que, en relación con el gasto general del Estado, supone un nimio porcentaje). El planteamiento y la hipótesis causal del pretendido ahorro en beneficio de la administración pública era erróneo y, además, suponía la inherente prevalencia del principio de estabilidad presupuestaria y sostenibilidad financiera (art. 135 CE) sobre el principio de autonomía local (137, 140 y 142 CE), dado que las medidas emprendidas eran acordes a las previsiones del artículo 135 CE, pero no a la de los artículos 137, 140 y 142 CE.

El coste efectivo de los servicios se estableció con base a unos criterios sumamente defectuosos. Tanto es así que ha llevado a la doctrina a calificar las normas introducidas en virtud del mismo de arbitrarias por ofrecer una defectuosa técnica jurídica, crear inseguridad jurídica, carecer de una explicación racional y ser constitucionalmente reprochables[362]. La elaboración de los parámetros en función de los cuales se estableció el cálculo del coste efectivo de los servicios prestados por las entidades locales carece de previsiones tan fundamentales como las alteraciones del gasto público en función de las circunstancias coyunturales, las disparidades en los costes de servicios concretos en función de las distintas actuaciones municipales precisas para su desempeño en el medio rural y en el urbano, las variable demográfica, el gasto provincial o comarcal sobre un mismo servicio o la adecuación entre gasto e ingreso.

---

361 *Ibidem*, p.30.

362 *Idem*

Asimismo, las conclusiones sobre el ahorro que obtendría el Estado, por las que se operaron tales reformas, se realizaron con base a una comparativa entre el coste medio de un servicio prestado en un municipio de pequeña magnitud y el coste medio de un servicio prestado en un municipio de más de 20.000 habitantes. La conclusión sobre el ahorro erraba desde su mismo planteamiento. Tales reformas asumían, y así se plasmaron en el artículo 26.2 LRBRL, la posibilidad de que fuera otra entidad supramunicipal (bien la provincia, bien la provincia junto con una comarca o mancomunidad) la que asumiera tal servicio, dando por hecho que se abaratarían los costes de prestación. Sin embargo, un municipio de más de 20.000 habitantes y una provincia no responden a unos mismos patrones en la prestación de servicios. No son dos unidades comparables. En los primeros los costes son más baratos porque se utilizan economías de densidad, es decir, una mayor concentración poblacional determina un menor coste en los servicios prestados. En las segundas no, dado que no aglutinan en un núcleo poblacional toda la demografía a la que dirigirán esos servicios, sino que ésta se encuentra repartida entre los distintos núcleos poblacionales que constituyen los pequeños municipios en los que se dividide la provincia.

El análisis de este razonamiento parece colocar la reducción del gasto público como una excusa para introducir estas reformas sobre la planta local que, en el fondo, lo que traerían inherentemente como consecuencia a la realidad local sería una privatización de numerosos servicios. La falta de capacidad de las Diputaciones provinciales para asumir una cantidad considerable de servicios, aquellos que antes se prestaban en sede de sus municipios, les obligaría a externalizar aquellos que excediesen de sus posibilidades de gestión directa, con su consiguiente privatización.

Una imprecisión en el diagnóstico llevó a una introducción de reformas que, además de no suponer un ahorro para las arcas del Estado, adelgazaron la autonomía local de la mayor parte de los municipios españoles. Por supuesto, con la ayuda de un Tribunal

Constitucional que pasó de considerar a la LRBRL como fundamento de la protección del principio de autonomía local en todo el territorio, a esgrimir que "el legislador básico, cuando desarrolla la garantía constitucional de la autonomía local, puede ejercer en uno u otro sentido su libertad de configuración, siempre que deje espacio a las Comunidades Autónomas y respete el derecho de la entidad local a participar a través de órganos propios en el gobierno y administración (...). Por eso una legislación estatal que, respetando aquellos límites, pretendiera reducir la autonomía local al mínimo constitucionalmente garantizado podría ser tan básica y legítima como la que tratara de ensancharla al máximo. Ambas soluciones se corresponden con los polos dentro de los que puede moverse el legislador básico del régimen local en el marco de un sistema constitucional basado en el principio democrático (art. 1 CE)". (STC 41/2016, FJ3). La prioridad del principio de estabilidad presupuestaria y sostenibilidad financiera prima, a toda costa, sobre la autonomía local, y sorpresivamente se intenta fundamentar en el principio democrático. La LRBRL se convertiría, a partir de entonces, en el medio perfecto para asentar el nuevo cambio de rumbo tras la reforma constitucional de 2011 en lo que al régimen local respecta.

Para culminar la exposición de la estructura y contenido de "lo básico", el Título XI determina el régimen de infracciones y sanciones por las entidades locales en determinadas materias, cuando se identifique el incumplimiento de deberes, prohibiciones o limitaciones contenidas en las ordenanzas municipales. A renglón seguido, comienzan las diecisiete disposiciones adicionales sobre un amplio conglomerado de materias: personal al servicio de las administraciones locales, regímenes especiales para municipios de gran población, Cabildos Insulares Canarios y mayorías necesarias para la adopción de acuerdos en las Corporaciones Locales, entre otros aspectos.

Seguidamente se establece su disposición derogatoria, que termina con una cláusula abierta en la cual se dispone que todas las normas de igual o inferior rango, que incurran en oposición, contradicción o incompatibilidad con la LRBRL quedarán derogadas. Y, por último, la ley establece diez disposiciones transitorias y cinco disposiciones finales que prevén una gama de consideraciones de muy variado tipo, principalmente, sobre posibles dudas interpretativas en la prioridad de aplicación de normas estatales o autonómicas, así como las consecuencias ulteriores tras la entrada en vigor de la LRBRL.

Tras el análisis de su contenido podemos afirmar que aquello que contiene la LRBRL no es solo "lo básico" y que, por tanto, existe, al menos, una posible extralimitación del legislador estatal sobre la regulación "básica" del régimen local[363]. Sin embargo, entraríamos en una discusión bizantina si tratásemos de averiguar tal categoría, sobre la que ni el Tribunal Constitucional ni tampoco la doctrina se ha pronunciado de un modo unánime. Nos resulta más adecuado centrarnos en el trasfondo de esta circunstancia, es decir, de esta casi monopolización del régimen local por parte del legislador estatal. Es manifiesto que la autonomía local, pese a principio constitucional, lo es en el marco de la ley. La ley, por tanto, se encargará de darle cuerpo y forma. El carácter bifronte del régimen local determina que no solo será la ley estatal la que deberá moldear y concretar esa autonomía, sino que, de acuerdo con el 148.1. 2ª CE, las CCAA deben participar en su planteamiento legislativo. No obstante, todo lo que quede previsto en las bases configuradas por el Estado, no podrá ser modificado, sino tan solo desarrollado, por las CCAA.

---

[363] Santiago Muñoz Machado, "Informe sobre España", *El Cronista del Estado Social y Democrático de Derecho* 32 (Noviembre) (2012): 4-8; Francisco M. Caamaño Domínguez, *Democracia Federal: apuntes sobre España* (Madrid: Turpial, 2014); Francisco Caamaño Domínguez "Autonomía local y Constitución. Dos propuestas para otro viaje por el callejón del gato" *op.cit.*; Juan Luis Requejo Pagés, "Garantía de la autonomía local y estatutos de autonomía", *Anuario del Gobierno Local* 1 (2006): 51-56; Juan José Solozábal Echavarría, "El marco estatutario del régimen local", *Revista de Administración Pública* 179 (2009): 9-35.

Sobre esto último existen dos implicaciones, una que tiene que ver con el contenido de la autonomía, que la abordaremos en el siguiente epígrafe; y otra, que tiene que ver con los actores implicados en la especificación de tal principio. En relación con la segunda, es destacable que, como consecuencia de la extralimitación de lo básico, el margen de maniobra del legislador autonómico en la configuración del régimen interno de sus entidades locales es mínimo. La versatilidad de lo básico trasciende a la propia naturaleza de nuestro Estado autonómico, que es susceptible de ser interpretado con altas dosis de centralismo o, todo lo contrario. Esto nos lleva a desmarcarnos de la jurisprudencia constitucional en el clásico enfrentamiento entre el artículo 148.1. 2ª CE y el 149.1. 18ª CE, pues creemos que existe base jurídica suficiente para habilitar a las CCAA a regular, más y mejor, sobre el régimen local interno de sus entidades locales.

No obstante, también creemos que, de habilitar al legislador autonómico para regular más ampliamente el régimen local, esta regulación debe venir acompañada de otros mecanismos de garantía, sobre todo en el plano hacendístico. Es cierto que el Estado ha protagonizado la regulación del régimen local. La LRBRL, con la correspondiente ayuda del Tribunal Constitucional, ha servido como medio para asentar esta estrategia que comenzó en 1985 y perdura hasta la actualidad. En este sentido, también es cierto que, una de las deficiencias endémicas de nuestros municipios, por las cuales actualmente existe una profunda crisis en lo local, son las ausentes herramientas financieras para materializar tal autonomía. Los municipios apenas gestionan parte del poder político porque no tienen medios para ello. La LRBRL les asigna pocas materias susceptibles de ser concretadas por vía de competencias, sobre todo a los municipios rurales. Pero éstos ni siquiera son capaces de incidir sobre este ínfimo paquete competencial porque sus haciendas, su escala y los medios a su disposición (entre otros factores) no se lo permiten. Sobre esta base, el Estado sí ha articulado, en virtud del artículo 142 CE, mecanismos necesarios (aunque muy mejorables) para garantizar una coparticipación de los municipios en sus tributos. Ha asumido, digámoslo así, su responsabilidad como garante de la suficiencia financiera, necesaria para desplegar una mínima gestión política. La mayoría de las CCAA, por el momento, no. Y no parece razonable, desde una postura municipalista, pedir más regulación autonómica sobre la base de la autonomía local si los mecanismos de garantía de tal autonomía, pudiendo existir por su parte, no existen.

Desde este prisma creemos que, si las CCAA asumen, en virtud del artículo 148.1. 2ª CE, más potestades para incidir sobre su régimen local, esta regulación deberá venir aparejada de la articulación de mecanismos que aseguren una verdadera coparticipación en sus tributos, pues "a la adquisición de un mayor poder corresponde la asunción de una también mayor responsabilidad"[364]. La autonomía local no puede seguir tratándose como un título competencial. Por eso, si de lo que se trata es de consolidar el principio de descentralización, tanto respecto del ámbito autonómico en virtud de la potestad que le concede el artículo 148.1. 2ª CE a las CCAA[365], como respecto del régimen local, en relación con los artículos 137, 140 y 142 CE, primero es necesario consolidar una estrategia que asegure que las Comunidades Autónomas cumplen con sus responsabilidades constitucionales.

4.3.3. El binomio LRBRL y Tribunal Constitucional

La amplitud con la que el principio de autonomía local quedó reflejado en la Constitución de 1978 otorgó al legislador un excesivo margen de apreciación sobre el mismo. Aunque la ley deba subordinarse al principio, en este caso, el principio no tiene

---

364 Alfredo Galán Galán, "El reparto del poder sobre los Gobiernos locales: Estatuto de Autonomía, Tribunal Constitucional e interiorización autonómica del régimen local", *Anuario del Gobierno Local* 1 (2010): 130.

365 Concuerda con esta postura Francisco Caamaño, "Autonomía local y Constitución...", *op.cit.*

un contenido mínimamente pergeñado y garantizado en la CE. Premisa que, junto con la cláusula del artículo 149.1. 18ª CE, habilita al Estado a constituirse como guardián del mismo, aspecto que ha venido a confirmarse tanto en la jurisprudencia (SSTC 32/1981; 40/1988; 213/1988; 214/1989; 25/1993), como en el preámbulo de la LRBRL. No extraña, por tanto, que de acuerdo con la línea marcada por su jurisprudencia, el Tribunal Constitucional llegase a incluir a la LRBRL en el llamado bloque de la constitucionalidad y a considerarla parámetro de constitucionalidad en algunas de sus resoluciones (SSTC 27/1987; 109/1998; 159/2001). Pocos años más tarde tuvo que rectificar en su criterio por motivos lógicos.

La *Ley Orgánica 7/1999, de 21 de abril, de modificación de la Ley Orgánica 2/1979, de 3 de octubre, del Tribunal Constitucional*, a través de la cual se introdujo el conflicto en defensa de la autonomía local en España (como exigencia del art. 11 CEAL), entró en vigor el 1999; pero, el Tribunal Constitucional no resolvió ningún recurso de esta naturaleza hasta 2006 (STC 40/2006). En el seno de la resolución de tales conflictos, los legitimados para su interposición no podían utilizar la LRBRL como un medidor de constitucionalidad frente a otras leyes que eventualmente pudiesen vulnerar su autonomía. Como respuesta, el Tribunal Constitucional, razonó en la STC 40/2006 que, ocasionalmente, pudo acudir a la idea del "bloque de constitucionalidad" en relación con la LRBRL, pero solo como un parámetro de validez indirecto de las leyes autonómicas a los efectos de resolver conflictos competenciales entre el legislador básico y el legislador autonómico. Su posterior jurisprudencia recaída en la resolución de los recursos en defensa de la autonomía local de 2014 (SSTC 37/2014; 95/2014 y 132/2014) vinieron a confirmar este criterio y a excluir sistemáticamente a la LRBRL del bloque de la constitucionalidad. A partir de 2006 la LRBRL dejó de ser parámetro de constitucionalidad, aunque todavía se mantenía como pieza indispensable de garantía de la autonomía local. Al Estado, en su posición de garante de tal principio, le salió un competidor tras la oleada de reformas estatutarias operadas entre 2006 y 2011: las CCAA[366].

Muchos nuevos Estatutos se posicionaban como garantes de la autonomía de sus entidades locales, pretensión que descansaba en la "interiorización" autonómica del régimen local, sobre la habilitación concedida por la Constitución en el artículo 148.1.2ª. El Tribunal Constitucional tuvo ocasión de pronunciarse sobre esta cuestión en la célebre sentencia del Estatuto catalán (STC 31/2010). En el recurso de inconstitucionalidad objeto de la sentencia se dirimía sobre la posible intromisión del Estatuto catalán en una materia reservada a su regulación por el legislador básico (del régimen local). Se trataba, por tanto, de aplicar el criterio de la competencia. Si el Tribunal Constitucional había asentado en su jurisprudencia que el régimen local era un ámbito reservado al legislador básico, la asunción del régimen local por el Estatuto catalán debía ser declarada inconstitucional, pues era incompetente para regular sobre esta materia. Pero no fue así.

Bajo una rocambolesca argumentación, salvó la inconstitucionalidad del Estatuto catalán y declaró la naturaleza "trifronte"[367] del régimen local. A partir de entonces, al régimen bifronte, basado en la concurrencia del legislador (básico) estatal y el autonómico se sumaría una nueva regla: la interiorización del régimen local por los Estatutos de Autonomía. Las CCAA podrían concurrir, en la regulación de los ámbitos reservados a su regulación por el legislador básico, con el Estado, siempre y cuando la regulación sobre tales materias no

---

366 Francisco Rubio Llorente, *La forma del poder: estudios sobre la Constitución* (Madrid: Centro de Estudios Políticos y Constitucionales, 2012).

367 Antonio Cidoncha Martín, "La Ley Reguladora de las Bases del Régimen Local como ley de garantía de la autonomía local" en Manuel Aragón Reyes (et.al) (dirs), *La Constitución de los españoles estudios en homenaje a Juan José Solozabal Echavarría* (Madrid: Centro de Estudios Políticos y Constitucionales: Fundación Manuel Giménez Abad de Estudios Parlamentarios y del Estado Autonómico, 2019): p. 528.

contradijese a la legislación básica. Ahora bien, ¿qué sucede si existen contradicciones?

El Tribunal Constitucional no dirimió sobre este asunto hasta la entrada en vigor de las reformas introducidas en la LRBRL en virtud del principio de estabilidad presupuestaria y sostenibilidad financiera (SSTC 161/2013; 41/2016; 168/2016). Se decantó, finalmente, por declarar la prevalencia de la LRBRL sobre los Estatutos de Autonomía en caso de contradicciones, sobre las cuales nos pronunciaremos con más detalle en el siguiente epígrafe. Admitiendo, inherentemente, dado que la discusión se resuelve mediante el conflicto de competencia, que el Estado tiene preferencia en la regulación del régimen local. La puerta para proteger al principio de autonomía local por parte de las CCAA, que en un inicio parecía estar entreabierta, acabó cerrándose de un portazo. El legislador estatal volvía, por tanto, a ser el último (y casi único) posible custodio del principio de autonomía local, sobre la base del cual se desarrollarían las posibilidades para que los municipios españoles operasen con más garantías en el territorio. A esta puerta se le puso el candado final con la introducción de las reformas adoptadas a partir de 2011, especialmente con las introducidas en la LRBRL a raíz de la LRSAL[368].

La excesiva afectación del principio de autonomía de los municipios con tales reformas supuso que el Tribunal Constitucional ya no pudiera utilizar la garantía de la autonomía local como argumento para dar prioridad al legislador ordinario (149.1.18ª CE) en la regulación del régimen local. El hueco que antes ocupaba la garantía de la autonomía local (137 y 140-142 CE), lo llenaría el principio de estabilidad presupuestaria y sostenibilidad financiera (135 CE). El Tribunal Constitucional tuvo que volver a rectificar en su criterio según el cual,

368 María Teresa Salvador Crespo, "El impacto de la crisis económica en la reforma del Gobierno local en España", *Revista general de derecho público comparado* 15 (2014).

sacrificar la autonomía local para dar prioridad al art. 135 CE es, como hemos reiterado, una consecuencia de nuestro "sistema constitucional basado en el principio democrático" (STC 41/2016, FJ 3).

4.4. LOS ESTATUTOS DE AUTONOMÍA (EEAA) Y LA INTERIORIZACIÓN AUTONÓMICA DEL RÉGIMEN LOCAL

4.4.1. Base jurídico-constitucional de la interiorización del régimen local

Entre los años 2006 y 2011 hubo en España una oleada de reformas estatutarias que tuvieron su reflejo en el régimen local. Con la llamada "interiorización del régimen local" (o regionalización del régimen local[369]) se aspiraba a ampliar la regulación autonómica sobre esta materia por medio de los Estatutos de Autonomía[370]. La apertura del proceso de reformas estatutarias sobre el régimen local ofrecía grandes posibilidades para una mejor garantía de la autonomía local, pues la posición del Estatuto en el sistema de fuentes posibilitaría su blindaje y la inclusión de una más alta protección de este principio dentro del bloque de la constitucionalidad.

La diferencia entre los Estatutos originarios y los nuevos Estatutos no era la regulación del régimen local asecas, pues en ambos había previsiones acerca de esta materia. La verdadera diferencia es que los nuevos Estatutos dedicarían mucha más atención al régimen local y, en particular, a la garantía de la autonomía local, en

---

369 Alfredo Galán Galán, "El reparto del poder sobre los Gobiernos locales...", *op.cit*, p.99.

370 Los Estatutos originarios contenían algunas referencias sobre el régimen local, pero no establecían una regulación sistemática del mismo. Véase, Tomás de la Quadra-Salcedo y Fernández del Castillo, "Corporaciones locales, reforma de los estatutos y competencias estatales", en Alberto Luis Ruiz Ojeda (coord.) *El gobierno local: estudios en homenaje al profesor Luis Morell Ocaña* (Madrid: Iustel, 2010): 405 y 406.

comparación con las prescripciones contenidas en los originarios. Esto no quiere decir que los nuevos Estatutos contuviesen una regulación detallada de la autonomía de sus entidades locales, extremo que tampoco encontramos beneficioso dada la rigidez del texto estatutario. Pero sí se contenían nuevas garantías como las prescritas en el Estatuto de Autonomía de la Comunidad Autónoma de Extremadura o en el de Andalucía.

En el caso extremeño, por ejemplo, el propio texto remite algunas cuestiones especialmente sensibles a una futura ley aprobada por mayoría absoluta para la regulación de las competencias (artículo 55), de los procedimientos de creación, fusión, segregación o supresión de municipios (artículo 54.2) o del régimen de algunas entidades supramunicipales como las comarcas (artículo 57). El espíritu garantista de estos Estatutos de nueva planta es fácilmente comprobable incluso a través del lenguaje que emplean. Siguiendo el ejemplo de Extremadura, su Estatuto recoge en el artículo 54 que "los municipios tienen autonomía política", aspecto que tuvimos ocasión de remarcar anteriormente.

Y, lo mismo sucedía con el Estatuto andaluz, que remitía dos aspectos claves para la garantía de la autonomía local a su posterior desarrollo por una ley cuya aprobación exigía mayorías reforzadas: las competencias propias y la financiación incondicionada. De este modo, las cuestiones que no son clave en la garantía de la autonomía local se siguen reservando a su desarrollo por ley de mayoría simple, tal y como manda el principio democrático. Pues, sería contra-democrático someter el entero desarrollo de las prescripciones estatutarias a mayorías reforzadas[371]. Las materias que inciden directamente en la autonomía local no se recogieron en el Estatuto con detalle, con el fin de no ser petrificadas, pero tampoco se dejaron a albur

---

371 Tomás Font i Llovet y Alfredo Galán Galán, "Gobierno local y Estado autonómico: la vida sigue... ¿igual?", *Anuario de Gobierno Local* 1 (2010): 18.

de posibles mayorías coyunturales, sino que se blindaron por medio de estos instrumentos legislativos que requieren mayores consensos para que, en todo caso, del Estatuto se derive una mayor protección hacia la autonomía de las entidades locales. Perspectiva que nos parece adecuada. La apuesta estatutaria por una mayor protección del principio de autonomía local implicaba, al tiempo, perfeccionar la descentralización del poder de forma vertical. Las Comunidades Autónomas pasarían a asumir nuevas materias estatutarias, reforzando sus títulos de intervención sobre las entidades locales para, al tiempo, dotar de mayores dosis de poder y de autonomía a tales entidades[372].

La base jurídico-constitucional de la "interiorización" del régimen local descansa en el artículo 147.2 CE. Del mismo, junto con la jurisprudencia constitucional recaída en la materia (SSTC 247/2007; 31/2010), se desprende que el Estatuto debe asumir un contenido que está expresamente recogido en el texto constitucional, y puede asumir un contenido implícito que, pese a no encontrar referencia alguna en aquel, es "complemento adecuado por su conexión con las aludidas previsiones constitucionales" (STC 247/2007, FJ 12). Dicho con otras palabras, el Estatuto de Autonomía tendrá un contenido necesario y un contenido posible[373]. Puesto que el régimen local no es una materia que la Constitución atribuya expresamente a su regulación mediante Estatuto, la interiorización del régimen local entraría dentro del contenido de lo posible. Como los Estatutos pueden desbordar el mandato del artículo 147.2 CE de acuerdo con la jurisprudencia, el régimen local es susceptible de regularse mediante el Estatuto y, por tanto, de considerarse como una materia estatutaria. Su único límite sería la no contravención de la Constitución, lo cual, ofrece amplísimas posibilidades (y también amplísimas discusiones). Esta postura fue avalada por

---

372 Francisco Velasco Caballero, "El gobierno local en la reforma de los estatutos", *Anuario de Gobierno Local* 1 (2004): 121-152.

373 *Ibidem,* p.122.

el propio Tribunal Constitucional en la sentencia del Estatuto catalán (STC 31/2010).

Previa sentencia del Estatuto Catalán el solapamiento de legislador estatal básico y del legislador autonómico era imposible, ambos concurrían en la regulación del régimen local pero cada uno legislaba en su ámbito funcional y las normas de una u otra procedencia no creaban interferencias entre sí, o en caso de que las hubiere, eran fáciles de resolver aplicando el criterio de competencia. Tras la mentada sentencia, a ese régimen bifronte se le añadiría una nueva regla, la concurrencia entre el legislador estatutario y el legislador básico, donde la competencia en la regulación de determinados aspectos pasaba a ser compartida, admitiendo su configuración tanto por el legislador básico como por el estatutario. Y ¿qué sucedería a partir de entonces si se producía una contradicción entre un Estatuto de Autonomía y un precepto de la LRBRL? Se abría una posibilidad, hasta entonces inaudita en nuestro ordenamiento jurídico, con difícil resolución. El Tribunal Constitucional, pese a inventar esta nueva regla, no hizo frente al eventual conflicto que podía suscitarse en su seno. Se asumía que, al menos, por entonces, la LRBRL y los Estatutos de Autonomía no entraban en contradicción. Es por lo que el Tribunal Constitucional se limitó a propugnar que, en todo caso, los preceptos estatutarios que pasasen a regular el régimen local no podían desplazar ni sustituir a las bases establecidas por el Estado, sino que debían superponerse a las mismas (STC 31/2010, FJ37).

A lo anterior se sumaría otra novedad sobre el régimen local. Generalmente, el legislador, de la índole que sea (estatal o autonómico) está vinculado por el bloque de la constitucionalidad, integrado por la Constitución, por los Estatutos de Autonomía y por las leyes a las cuales se refiere el artículo 150.2 CE. En materia de régimen local no sucede así, pues, siguiendo a Vicente Álvarez, "el legislador estatal no está compelido por las normas estatutarias sobre la materia, sino exclusivamente por la Constitución. Y son precisamente las previsiones estatutarias las que deben respetar no sólo nuestra Norma Fundamental, sino también, según se deduce de la STC 31/2010, la legislación básica dictada por el Estado en virtud del título competencial «bases del régimen jurídico de las Administraciones Públicas», contenido en el artículo 149.1.18 CE"[374]. El Tribunal Constitucional en la STC 31/2010 estableció que, en este caso, las normas estatutarias que regulen el régimen local solo vincularán al legislador autonómico, salvando así la prevalencia de la legislación básica dictada en virtud del artículo 149.1. 18ª CE.

4.1.2. Relaciones entre legislación básica y legislación estatutaria en materia de régimen local

De la sentencia del Estatuto catalán se derivaron numerosas novedades jurisprudenciales que, más que arrojar luz, provocaron controversias interpretativas en materia de régimen local. Pues, ¿cómo se relacionarían a partir de entonces las normas básicas y las estatutarias? ¿Cuál prevalecería en caso de conflicto? En el momento de dictar la sentencia sobre el Estatuto catalán, la legislación estatutaria y la básica se superponían, tal y como había apreciado el Tribunal Constitucional a la hora de introducir las nuevas competencias concurrentes entre el Estado y las CCAA. Es cierto que, dado su complejo procedimiento de reforma[375], los preceptos estatutarios quedan casi petrificados una vez son introducidos en el Estatuto, pero no sucede así con las bases estatales, que son más fácilmente modificables. En efecto, las bases estatales cambiaron al poco tiempo como consecuencia de la introducción del principio de estabilidad presupuestaria y sostenibilidad financiera

---

374 Vicente Álvarez García, "Las reglas constitucionales sobre la interiorización del régimen local en los Estatutos de Autonomía de segunda generación y la problemática naturaleza jurídica de la Ley Reguladora de las Bases del Régimen Local", *Revista Española de Derecho Constitucional* 99 (2013): 74.

375 Roberto Viciano Pastor, *Constitución y reforma de los Estatutos de Autonomía. Procedimientos constitucionales de modificación del Estado autonómico* (Valencia: Tirant lo Blanch, 2005)

en nuestro ordenamiento jurídico. Tres años más tarde del establecimiento de las nuevas reglas interpretativas del régimen local por vía jurisprudencial, la LRSAL irrumpía con fuerza en nuestro ordenamiento jurídico, introduciendo numerosas reformas en la legislación básica. Como hemos reiterado, tales reformas fueron especialmente restrictivas con la autonomía local, cuestión que chocaría frontalmente con la regulación de los Estatutos, que ya en 2010 se posicionaban al frente de la defensa de la autonomía local. Ante ese posible conflicto entre legislación básica y legislación estatutaria, el TC en 2010 había admitido que los Estatutos debían, en todo caso, respetar la competencia básica que le correspondía al Estado en virtud de la reserva realizada por el artículo 149.1. 18ª CE.

Buena parte de la doctrina[376] veía problemáticos los pronunciamientos contenidos en la sentencia, pues de los mismos podía deducirse que los Estatutos de Autonomía debían, en todo caso, respetar el contenido de la legislación básica del Estado. Se trataba de una regla excepcional que no tenía soporte en el texto constitucional y que, además, producía cierta perplejidad porque, mientras que el Estatuto forma parte del bloque de la constitucionalidad, la LRBRL no, como categóricamente había reiterado el TC. La pertenencia al bloque de la constitucionalidad tiene consecuencias muy claras. Mientras que los Estatutos de Autonomía tienen como único parámetro de control de su juridicidad a la Constitución (dada su inclusión en el bloque), el resto de las normas del ordenamiento jurídico deberán someterse al bloque de la constitucionalidad, integrado esencialmente[377] por el Estatuto de

---

376 Vicente Álvarez García, *op.cit.*; Francisco Velasco Caballero, "El gobierno local en la reforma..." *op.cit.*; Tomás Font i Llovet y Alfredo Galán, *op.cit.*

377 Al margen de la Constitución y del Estatuto, el Tribunal Constitucional admite la inclusión de otras normas como, por ejemplo, la LOFCA dentro del mentado bloque. El artículo 28.1 LOTC prevé qué tipo de normas podrían incluirse en el bloque de la constitucionalidad, admitiendo que: "Para apreciar la conformidad o disconformidad con

Autonomía y por la Constitución. Lo cual, determina la atipicidad de que el Estatuto deba respetar las prescripciones del legislador básico, y no sea el legislador básico el que deba someterse a las previsiones estatutarias[378].

Lo que se atisbó en la STC 31/2010, acabó confirmándose en 2016 (SSTC 41/2016 y 168/2016). En caso de contradicción, dado que el legislador estatutario debe respetar lo dispuesto por el legislador básico, lo recogido en la LRBRL prevalece a lo establecido en el Estatuto. A efectos prácticos resulta lógico que el Tribunal Constitucional resolviese el asunto determinando que la legislación básica del Estado debía ser, en todo caso, respetada. Tengamos en cuenta que, de haber resuelto lo contrario, el Estatuto de Autonomía podría haber servido como instrumento para sortear lo dispuesto en la LRBRL. Ahora bien, llevado al caso concreto de nuestro régimen local, también encontramos algunos extremos conflictivos en tanto en cuanto la legislación básica abarca mucho más que aquello que racionalmente podemos considerar como "básico". Por tanto, el margen de apreciación que queda a las Comunidades Autónomas para la regulación de

---

la Constitución de una Ley, disposición o acto con fuerza de Ley del Estado o de las Comunidades Autónomas, el Tribunal considerará, además de los preceptos constitucionales, las Leyes que, dentro del marco constitucional, se hubieran dictado para delimitar las competencias del Estado y las diferentes Comunidades Autónomas o para regular o armonizar el ejercicio de las competencias de éstas". Además, el TC ha venido admitiendo excepcionalmente que, cuando la Constitución lo exprese directamente, un Estatuto deba respetar una Ley Orgánica. Esto es lo que sucede con la *Ley Orgánica 6/1985, de 1 de julio, del Poder Judicial*, con la *Ley Orgánica 8/1980, de 22 de septiembre, de Financiación de las Comunidades Autónomas*, y con la *Ley Orgánica 2/1986, de 13 de marzo, de Fuerzas y Cuerpos de Seguridad*. La LRBRL no entra dentro de tales supuestos, porque ni es Ley Orgánica, ni la Constitución prevé su encuadre en tales categorías. Véase Juan Luis Requejo Pagés, "Garantía de la autonomía local y Estatutos de Autonomía", *op.cit,*. p. 54.

378 Juan José Solozábal Echavarría, "El marco estatutario del régimen local", *op.cit.*, p.34.

su régimen local, aun por vía estatutaria, se reduce considerablemente tras la jurisprudencia asentada por el Tribunal Constitucional.

A partir de entonces, los preceptos de un Estatuto ya no sólo podrán encontrar su invalidez en la Constitución, sino también en la legislación básica. El Tribunal Constitucional decidió intensificar la fuerza normativa del artículo 149.1. 18ª CE hasta colocar a la LRBRL que, recordemos, es una ley ordinaria, en una posición central del ordenamiento jurídico, pues ésta comenzaría a operar como parámetro de validez de las normas que integran el bloque de la constitucionalidad, aunque solo las estatutarias, y exclusivamente respecto del régimen local.

Esto ha llevado a la doctrina[379] a rechazar la conveniencia de la actuación del alto Tribunal. Es loable que el Tribunal Constitucional se pronuncie sobre la amplitud de las bases, sobre el detalle o la extensión de las mismas, e incluso excepcionalmente sobre el instrumento jurídico que ha de reflejarlas (por ejemplo, a partir de reglamentos o actos administrativos, en lugar de establecerse a partir de leyes formales), con el fin de recoger un mínimo homogéneo que deba ser respetado por el legislador autonómico ordinario (que no estatutario). Lo que no resulta admisible es que la lógica de las bases cambie tan radicalmente, hasta el punto de prevalecer a una norma integrada en el bloque de la constitucionalidad y solo respecto de una materia en concreto (en este caso, el régimen local). Hasta la reforma de los Estatutos de Autonomía originarios, que no contenían demasiadas especificidades respecto del régimen local, la LRBRL podía servir como norma supletoria[380]. Pero, una vez interiorizada una materia a través del Estatuto, la declaración de prevalencia de la LRBRL resulta difícil de admitir, incluso en términos de legitimidad democrática.

---

379 Vicente Álvarez García, *op.cit,* pp. 89-97.

380 Juan José Solozábal Echavarría, *op.cit,* pp.29-31

La última novedad sobre esta materia ha sido la introducida por el *Real Decreto-ley 6/2023, de 19 de diciembre, por el que se aprueban medidas urgentes para la ejecución del Plan de Recuperación, Transformación y Resiliencia en materia de servicio público de justicia, función pública, régimen local y mecenazgo*, en la disposición adicional decimoséptima de la LRBRL, referida a los "Derechos históricos de Cataluña". En esta se prevé que "las previsiones de esta Ley se aplicarán respetando en todo caso la posición singular en materia de sistema institucional recogida en el artículo 5 del Estatuto de Autonomía de Cataluña, así como las competencias exclusivas y compartidas en materia de régimen local y organización territorial previstas en dicho Estatuto, de acuerdo con el marco competencial establecido en la Constitución y en especial en el Estatuto de Autonomía de Cataluña". De esta nueva disposición podemos inferir que, si la LRBRL debe aplicarse "respetando en todo caso la posición singular" del Estatuto catalán, lo esgrimido respecto de la primacía de la legislación básica sobre la estatutaria en caso de conflicto, no aplica en Cataluña, aunque sí en el resto de España. De tal forma que, en caso de producirse una antinomia entre lo dispuesto en la legislación básica del Estado y lo previsto en el Estatuto de Autonomía de Cataluña, prevalece este último, a diferencia de lo que sucedería en el resto de las Comunidades Autónomas españolas, por razón de sus "derechos históricos".

Capítulo V:

La garantía de la autonomía local: análisis de los instrumentos doctrinales, jurisprudenciales y normativos

Las garantías constituyen la dimensión más sustancial del derecho[381]. Un derecho, o un principio, sin instrumentos que garanticen su efectiva materialización aboca al constructo jurídico a una mera declaración de intenciones sin efectos prácticos. Ese es y ha sido siempre uno de los grandes problemas de la autonomía local, tanto en sus históricas formulaciones en una y otra parte del viejo continente, como en la actual realidad española.

La fragilidad del concepto de autonomía llevó desde bien temprano a la doctrina a construir artefactos teóricos que sirviesen para salvaguardar mínimamente este principio. De ahí nació, por influencia alemana, la teoría de la garantía institucional de la autonomía local, cuyos máximos exponentes en España fueron, primero Nicolás Pérez Serrano, y después, Antonio Embid Irujo y Luciano Parejo Alfonso. La garantía institucional consiguió trasladarse de lo meramente teórico a su puesta en práctica por el Tribunal Constitucional a partir de su jurisprudencia de 1981. Casi desde la introducción por el Tribunal Constitucional en su jurisprudencia, la teoría de la garantía institucional vino acompañada de numerosas críticas en sede doctrinal que la tachaban de insuficiente y de poco efectiva. De esa crítica surgió una segunda teoría, la de la garantía constitucional de la autonomía local ideada por el profesor Joaquín García Morillo, y respaldada por un amplio sector doctrinal que la posicionaba como una superación de la

[381] Cfr. Luigi Ferrajoli, *Derechos y garantías. La ley del más débil*, trad. Andrea Greppi y Perfecto Andrés Ibáñez (Madrid: Trotta, 2019).

primera. Ésta se presentaba como superación de la primera porque trataba de corregir sus deficiencias y añadir otros elementos adaptativos de la teoría a nuestro modelo jurídico-constitucional.

A las anteriores pueden añadirse otras como la teoría del mandato de optimización progresiva de la autonomía local ideada por el profesor Francisco Velasco Caballero[382], en la cual no nos detendremos especialmente dado su corto recorrido doctrinal, jurisprudencial y legislativo. Esta última, basada en la teoría de optimización de los derechos propugnada por Robert Alexy a finales de los años 80, sitúa al principio de autonomía local como un mandato cuya optimización progresiva, a través de su desarrollo normativo, está dirigido a todos los poderes públicos. Una parte de la teoría se asienta sobre una base constitucional firme, pues el principio de autonomía es un mandato dirigido a todos los poderes públicos. Pero, otra parte carece de soporte constitucional suficiente, pues nuestro texto constitucional es más bien parco en su mención a la autonomía local y, desde luego, en su parquedad, no se encuentra un mandato de optimización del principio de autonomía local. Tampoco se ha interpretado así en sede jurisprudencial, y es muy discutible que pueda alinearse con algunos instrumentos jurídicos como la CEAL. Nuestra Constitución recoge unas exigencias mínimas, de las cuales se deduce que el principio de autonomía local debe existir, y que su existencia sirve para la gestión de unos intereses (137 CE). Luego, en el artículo 140 CE, se especifica tal mandato en lo referente a la realidad municipal, en el 141 CE en lo concerniente a la provincia, y en el 142 CE se dispone la dimensión financiera necesaria para la gestión autónoma de los intereses locales. Por lo tanto, existe una exigencia de realizar un mínimo indispensable, espacio dentro del cual la optimización no está prohibida, pero de modo alguno puede interpretarse como mandato constitucional expreso y jurídicamente vinculante.

---

382 Cfr. Francisco Velasco Caballero, *Derecho local. Sistema de fuentes* (Madrid: Marcial Pons, 2009).

Al margen de los instrumentos doctrinales de garantía, tenemos en nuestro ordenamiento constitucional un procedimiento a disposición de los municipios con el fin exclusivo de proteger la autonomía local: el conflicto en defensa de la autonomía local. Este procedimiento fue introducido en la *Ley Orgánica 2/1979, de 3 de octubre, del Tribunal Constitucional*, mediante la *Ley Orgánica 7/1999, de 21 de abril*. El motivo de creación de este nuevo recurso fue ofrecer una mayor adecuación de nuestro ordenamiento jurídico a la CEAL (art. 11), tal y como figura en la exposición de motivos de la mentada ley.

Siguiendo este orden, a continuación, nos centraremos en el análisis de las dos teorías doctrinales con más relevancia en el panorama jurídico doctrinal, la teoría de la garantía institucional y la teoría de la garantía constitucional de la autonomía local, dentro del cual incidiremos en su origen, significado y adaptación al ordenamiento jurídico-constitucional, así como en sus principales críticas. Para más tarde, terminar la exposición sobre las garantías pronunciándonos sobre el procedimiento, los requisitos, la operatividad y los resultados desprendidos del conflicto en defensa de la autonomía local.

5.1. INSTRUMENTOS DOCTRINALES: LA GARANTÍA INSTITUCIONAL Y GARANTÍA CONSTITUCIONAL DE LA AUTONOMÍA LOCAL.

5.1.1. Garantía institucional de la autonomía local

La Constitución de Weimar de 1919 establecía en su artículo 127 que los municipios y las asociaciones de municipios alemanes disponían de autonomía (*Selbstverwaltung*), dentro de los límites fijados por la Ley[383]. Aunque la autonomía se garantizaba al más

---

383 Luciano Parejo Alfonso, *Garantía institucional y autonomías locales... op.cit*, p.17; José Luis Carro Fernández-Valmayor, *op.cit*, pp.71-73.

alto nivel dada su fijación constitucional, la literalidad del precepto entregaba el principio de autonomía por entero y sin ningún límite al legislador, que sería competente para reducirlo o ampliarlo, adecuándose al texto constitucional. Este aspecto suscitó numerosas críticas en sede doctrinal, pues se apreciaba que las carencias en la regulación constitucional de la autonomía local vaciarían y viciarían su contenido. La superación de este planteamiento fue obra de Carl Schmitt[384] quien, con la creación de la teoría de la garantía institucional, consiguió ofrecer unas garantías de materialización de la institución frente a la acción del legislador. La formulación de la teoría de C. Schmitt tenía una clara pretensión, proteger la esencia de una institución, dada la apertura constitucional en su configuración, ante su posible reducción por legislador ordinario.

Para ello, la institución objeto de protección debía dividirse en dos vertientes. De una parte, en un contenido esencial, cuyo menoscabo supondría una merma considerable de la institución o incluso su propia desaparición. Tal contenido se estimó como indisponible para el legislador. Y, de otra parte, un contenido no esencial, susceptible de modificaciones legislativas. El contenido de la institución no quedaría petrificado porque éste podía cambiar. Ahora bien, el núcleo esencial de la institución, cuya interpretación variaría en función de la concepción de la institución y su evolución en un determinado contexto, se protegería de forma útil y eficaz, frente a posibles intentos de vulneración o eliminación. De ahí se derivaba una de las grandes problemáticas de esta técnica: el propio entendimiento de la autonomía local, pues de él dependería el grado de protección de la institución. Cuanto más rigurosa y garantista fuera la interpretación del principio de autonomía, más robusto sería ese núcleo indisponible para el legislador. Por el con-

---

384 Dadas las claves ofrecidas por su formulación, la teoría alemana acabó teniendo gran repercusión en la jurisprudencia, y se extendió a la nueva configuración de la autonomía local tras la vigencia de la Ley Fundamental de Bonn (*Grundgesetz*) en 1949.

trario, cuanto más reduccionista fuese tal interpretación, más margen quedaría a disposición de su configuración legal.

La teoría de Schmitt fue, más tarde, completada por Schmitt-Jortzig, que añadió a esta primigenia formulación la necesidad de que la justicia constitucional desempeñase un rol de protección constitucional de la institución. El papel de la justicia constitucional era clave en la nueva reformulación de Schmitt-Jortzig, dado que de la jurisprudencia dependía la consideración (y evolución) del contenido esencial de la institución, y del contenido no esencial. El TC era la "única instancia capaz de actualizar y hacer operativas las técnicas constitucionales"[385].

Precisamente, la recepción de la garantía institucional de la autonomía local en España la realizó el Tribunal Constitucional, mediante su línea jurisprudencial sentada en 1981[386], momento en el cual debía fijar su criterio acerca de la autonomía local constitucionalizada en el texto de 1978, tarea que no había abordado con anterioridad. Para ello, utilizó los pronunciamientos del Tribunal Constitucional alemán, así como los planteamientos de la doctrina española. Nicolás Pérez Serrano[387] perfiló las líneas maestras de la teoría de Schmitt, aplicando la técnica a la configuración de la autonomía local en la Constitución de la II República española. En 1981, Antonio Embid Irujo[388] y Luciano Parejo Alfonso[389] recuperaron la

---

385 Luciano Parejo Alfonso, *Garantía institucional y autonomías locales... op.cit,* p.56.

386 La STC 4/1981, sentó las bases que posteriormente serían confirmadas y perfiladas, a través de, entre otras, las SSTC 32/1981, 170/1989, 46/1992, 33/1993, 36/1994. No obstante, el TC siempre ha evitado hablar de "garantía institucional" aunque materialmente el contenido de sus pronunciamientos se basaba en la aplicación de esta técnica.

387 Nicolás Pérez Serrano, *Tratado de Derecho Político* (Madrid: *Civitas,* 1976), especialmente pp.673-689.

388 Antonio Embid Irujo, "Autonomía municipal y Constitución...", *op.cit.*

389 Fue propugnada por primera vez en Luciano Parejo Alfonso, en Luis Cosculluela Montaner (dir.) *Garantía institucional y autonomías locales* (Madrid: Instituto de Estudios de Administración Local, 1981). Esta

teoría de la garantía institucional de origen alemán, y la aplicaron a la Constitución española de 1978. Tras este año (1981) clave para la autonomía local en nuestro país, la garantía institucional de la autonomía local comenzaría a tener protagonismo entre la doctrina y la jurisprudencia como técnica de garantía de tal institución. Su exploración también trajo consigo algunas problemáticas a su recepción en el ordenamiento jurídico español, pues su adaptabilidad a la realidad jurídica del momento resultó un tanto conflictiva.

Existe una incertidumbre en el contenido de la autonomía local, incertidumbre sobre la que el texto constitucional no arroja demasiada luz. Con base a la teoría de la garantía institucional, correspondía al Tribunal Constitucional la clarificación del núcleo básico indisponible por el legislador ordinario. Para ello, el Tribunal Constitucional utilizó a las CCAA, y su autonomía, como parámetro para medir la autonomía de las entidades locales. De ahí surgió, en sede jurisprudencial, el famoso debate entre el carácter político o (meramente) administrativo de la autonomía local, que más tarde haría correr ríos de tinta en sede doctrinal.

En la realidad jurídica española, el único actor material a cargo de la delimitación (y garantía) de la autonomía local no era el Tribunal Constitucional. El legislador ordinario y, concretamente, la LRBRL, tenía un papel fundamental en su determinación. El Tribunal Constitucional consideró que debía ser el Estado el que fijase esas bases del régimen local a través de la LRBRL y, dada la indefinición del texto constitucional, la ley era la principal encargada de delimitar el contenido de la autonomía local. Este razonamiento trajo consigo una paradójica situación que desvirtuaba al completo la garantía institucional en nuestro ordenamiento jurídico. La clásica controversia sobre el contenido esencial e indisponible para el legislador, que a su vez

---

obra tuvo gran repercusión en el panorama doctrinal y jurisprudencial español.

lo configuraba el propio legislador, convertía a la técnica de la garantía institucional en una contradicción en sí misma[390], pues "la esencia misma de la garantía institucional que se dice existe en la Constitución–la de operar como garantía de unos mínimos característicos del núcleo de la institución frente al legislador–se volatiliza pura y simplemente cuando esa función garantista se atribuye a una ley"[391].

El Tribunal Constitucional pudo desempeñar un rol protector, que sirviera como límite a la constitucionalidad de los preceptos de la LRBRL en caso de inobservancia del texto Constitucional[392]. Pero, a estas alturas, ya sabemos que no lo hizo. Primero, porque el propio concepto de autonomía que manejaba el Tribunal Constitucional era bastante restrictivo para con el propio principio, tanto en su dimensión política como en su dimensión financiera. Y, segundo, porque ante las posibilidades que ofrece el Estado autonómico, casi siempre ha tendido a interpretarlo desde un prisma centralizador, extendiendo los títulos competenciales del Estado en materia de régimen local.

Sosa Wagner y Martín Mateo advirtieron sobre la peligrosidad de esta tendencia del Tribunal Constitucional en 1999[393]. Hasta entonces, más que pronunciarse sobre la configuración del principio de autonomía estableciendo los límites del núcleo básico indisponible para el legislador en el caso español, se había dedicado a importar las fórmulas jurisprudenciales de su homólogo alemán y los pronunciamientos doctrinales sobre la garantía institucional, sin adaptar verdaderamente este concepto a nuestro ordenamiento jurídico. Esta actitud era susceptible de provocar un "silencioso vaciamiento de la autonomía local". A partir de 1998 comenzaron a aflorar severas críticas a esta teoría, así como

---

390 José Luis Carro Fernández-Valmayor, *op.cit,* pp. 74 y 75.

391 José Este Pardo, *op.cit,* p.139.

392 Juan José Solozábal, *op.cit,* pp. 18 y 19 y Baldomero Ruiz Cuadrado, *op.cit,* p.208.

393 Ramón Martín Mateo y Francisco Sosa Wagner, *op.cit,* p. 293

visiones alternativas a la misma. El Tribunal Constitucional la siguió aplicando con posterioridad, pese a las sólidas advertencias doctrinales al respecto. En lugar de cambiar su criterio, evolucionando en la aplicación de la técnica como formulaba Schmitt-Jortzig, el supremo intérprete de la Constitución se resistía a una posible evolución del concepto.

De la teoría originaria desarrollada por Luciano Parejo, junto con la jurisprudencia constitucional, nacieron dos modos de interpretar la técnica de la garantía institucional: en positivo y en negativo. Sobre interpretación en negativo ya nos hemos pronunciado. Su significado equivale a garantizar un mínimo indispensable que no podrá modificar el legislador ordinario. Ese mínimo, el del contenido esencial o núcleo duro de la autonomía, iría variando y empobreciéndose con el paso de los años. En 1981 el Tribunal Constitucional estimó que "el debilitamiento de su contenido – *refiriéndose a las competencias locales* – solo puede hacerse con razón suficiente y nunca en daño del principio de autonomía que es uno de los principios estructurales básicos de nuestra Constitución" (la cursiva es nuestra) (STC 32/1981, FJ3). Empero, en 2016 propugnó que "una legislación estatal que, respetando aquellos límites, pretendiera reducir la autonomía local al mínimo constitucionalmente garantizado[394] podría ser tan básica y legítima como la que tratara de ensancharla al máximo. Ambas soluciones se corresponden con los polos dentro de los que puede moverse el legislador básico del régimen local en el marco de un sistema constitucional basado en el principio democrático (art. 1 CE)" (STC 41/2016, FJ3). En la práctica, la vertiente negativa significa que el legislador puede disminuir o acrecentar las competencias locales, siempre y cuando no las elimine por entero.

---

[394] El problema es que no hay un criterio taxativo que indique cual es el mínimo constitucionalmente garantizado. Que ese mínimo, en todo caso, lo determina el legislador, el mismo que puede transgredirlo. Y que, a la postre, el Tribunal Constitucional siempre ha tendido a su respaldo, antes que a actuar como un freno o contrapeso para garantizar la autonomía de las entidades locales.

En positivo el Tribunal Constitucional creó la doctrina de la participación, según la cual, la autonomía local había de entenderse como "un derecho de la comunidad local a participar a través de órganos propios en el gobierno y administración de cuantos asuntos le atañen, graduándose la intensidad de esta participación en función de la relación entre intereses locales y supralocales dentro de tales asuntos o materias" (STC 32/1981, FJ4). Tres son los inconvenientes que suscita esta teoría. El primero es que el texto constitucional no dice que los municipios hayan de participar en el gobierno de los asuntos que les atañen, sino que expresamente atribuye al ayuntamiento su administración y gobierno autónomos. Participar en el gobierno y gobernar no es la misma cosa.

El segundo, ¿cuáles son esos asuntos de interés local? La pregunta nunca respondida por el Tribunal Constitucional, ni tampoco por el legislador ordinario de un modo taxativo, hace resurgir el debate sobre el carácter administrativo o político del municipio como ente. La consideración del municipio como ente político, con autonomía política, redundaría en la asignación de unas competencias que permitiesen la gestión de unos intereses constituyentes de una "parte importante de los asuntos públicos" (art. 3 CEAL), pues la determinación de un interés como local, implica la asignación de la competencia para su gestión al municipio (137 y 140 CE), y una dotación de los medios necesarios para su desempeño (142 CE). Esto nunca ha sucedido en nuestro ordenamiento jurídico. La sustancialidad de los debates acerca de la autonomía local se ha acercado más a un conflicto de competencias entre el Estado y la Comunidad Autónoma que en un intento por preservar la institución de la autonomía local en sí.

Y, por último, el tercer inconveniente consiste en averiguar el grado de intensidad en el que, de acuerdo con la jurisprudencia constitucional, los municipios han de participar en su propio gobierno. En este sentido el TC elaboró la doctrina del "umbral mínimo", según la cual, el legislador estatal sectorial y el legislador autonómico debían respetar un umbral mínimo de participación de los municipios en las materias de su competencia. De manera que, el legislador, del tipo que fuere, tenía vedada la capacidad decisoria sobre un mínimo esencial para asegurar la participación efectiva de las entidades locales en esos asuntos que, además, eran de interés local (SSTC 159/2001, 51/2004, 252/2005). Continuó con la labor creativa en 2015, creando "la doctrina de la ponderación", según la cual, el legislador autonómico podrá configurar libremente los asuntos de competencia autonómica sobre los entes locales, pero habrá de tener en cuenta la relación existente entre los asuntos locales y los supralocales en la materia que se encuentre regulando, con el fin de asegurar la participación de la comunidad local, en virtud del principio de autonomía (STC 154/2015, FJ6)[395].

Un ejemplo de lo reduccionista que puede llegar a ser la teoría de la participación lo constituye la STC 82/2020, mediante la cual se planteó un recurso de inconstitucionalidad en relación con diversos preceptos de la *Ley 3/2019, de 18 de febrero, de servicios sociales inclusivos de la Comunidad Valenciana.* En la Comunidad Valenciana las entidades locales tienen atribuido el ejercicio de la competencia en materia de servicios sociales (*Ley 3/2019, de 18 de febrero, de servicios sociales inclusivos de la Comunitat Valenciana* y *Ley 11/2003, de 10 de abril, de la Generalitat, sobre el Estatuto de las Personas con Discapacidad*). Lo cual, encuentra su soporte en el art. 27 LRBRL, que habilita al Estado y a las CCAA a delegar el ejercicio de sus competencias en sus entidades locales. En el caso de la mentada STC, el Tribunal Constitucional no vaciló en afirmar que bastaba para salvar la constitucionalidad de la ley impugnada con la participación procedimental de las entidades locales en la elaboración del plan estratégico de los servicios sociales. Aunque la competencia debía ser enteramente gestionada por la entidad

---

395 Las expresiones "doctrina del umbral mínimo" y "doctrina de la ponderación" las tomo de Antonio Cidoncha. Antonio Cidoncha Martín, "El significado constitucional de la autonomía local", en Antonio López Castillo y Antonio Arroyo Gil (dirs.), *Garantías y límites de la autonomía local* (Madrid: Fundación democracia y gobierno local, 2022), p. 72.

local, de acuerdo con sus intereses, se le sustrajo hasta un 90% de su libertad de decisión y actuación política, de acuerdo con esta teoría de la participación[396]. El Tribunal Constitucional se ha venido conformando con garantizar "algo"[397] de participación a unas entidades a las cuales el texto constitucional les atribuye expresamente la autoadministración y autogobierno de sus propios intereses.

Es evidente que la teoría de la garantía institucional hace aguas en el contexto español. Por una parte, no es operativa respecto de los sujetos que han de ponerla en funcionamiento, pues ni el propio legislador está dispuesto a autolimitarse, ni el Tribunal Constitucional ha servido, respecto del régimen local, como baluarte de garantía de tal principio. Más que funcionar como una garantía, la teoría es utilizada de forma convenenciera para justificar un régimen local cada vez más restrictivo con el ejercicio autónomo de las entidades locales. Por otra parte, la teoría de la garantía institucional se agota en su dimensión negativa, en la protección de un núcleo básico en el que las instituciones a cargo de su definición nunca se han puesto de acuerdo. Además, a partir de 2016, la introducción del principio de estabilidad presupuestaria y sostenibilidad financiera (135 CE) sirvió como excusa para el adelgazamiento de ese contenido esencial que había de respetarse para no destruir al completo la institución de la autonomía local. Las reformas introducidas al hilo de 2016 menoscabaron la virtualidad de la consideración de la autonomía local como garantía institucional.

5.1.2. Garantía constitucional de la autonomía local

El 1998 el profesor Joaquín García Morillo ideó una teoría alternativa a la garantía institucional que trataba de corregir sus

---

396 Crítica que compartimos con el profesor Tomás Font i Llovet. Tomás Font i Llovet, "La escasa (o nula) operatividad..." *op.cit,* pp. 142-144.

397 La expresión la tomo del profesor Tomás Font i Llovet en Tomás Fon i Llovet, "Reforma básica y desarrollo del gobierno local: entre Estado y comunidades autónomas", *Anuario del Gobierno Local* 1 (2002): 26.

excesos. La garantía constitucional de la autonomía local partía de que la técnica aplicada por la garantía institucional era insuficiente para ofrecer garantía alguna a la institución, más allá de su mera existencia. García Morillo estaba convencido de que la Constitución de 1978 no sólo garantizaba la existencia de la institución, sino que ésta iba más allá, pues "no se limita a mencionar la figura, para así garantizarla: la rodea, además, de otras muchas características y de características que ocupan un elevado plano en la escala axiológica constitucional"[398]. Los municipios son órganos de división territorial del Estado, al igual que lo son las CCAA, tal y como menciona el artículo 137 CE. Éstos, a su vez, por las prescripciones del artículo 140 CE están impregnados del principio democrático, habida cuenta de que los representantes en los que recaerá el gobierno y administración del municipio son elegidos por los vecinos. La Constitución reitera su carácter autónomo en el Título VIII y los inviste de uno de los valores superiores del ordenamiento jurídico (además del democrático) pues son expresiones del pluralismo político.

De la teoría elaborada por el profesor García Morillo se desprende el siguiente razonamiento. La Constitución garantiza, por una parte, la existencia de la autonomía local, existencia, la cual, deberá ser proporcional a la relevancia que le otorga su yuxtaposición con otros principios constitucionales de primer orden. Y, por otra, que tal autonomía existe "para la gestión de sus respectivos intereses" (137 CE). El único vehículo a través del cual se puede blindar la gestión de los intereses locales es asegurar un haz de competencias en sede local. La garantía constitucional no agota su contenido en ese núcleo básico que ha de respetar el legislador, sino que va más allá, y además de otorgar una mayor relevancia a la existencia de la institución, incide en el plano competencial. De tal modo que, si no se garantiza un cierto paquete de competencias al municipio, alineado con la gestión de los intereses municipales, el mandato constitucional queda parcialmente

---

398 Joaquín García Morillo, *La configuración de la autonomía... op.cit*, pp. 34 y 35.

garantizado. Mientras la garantía institucional "no es, en apretada síntesis, más que un mecanismo de resistencia frente al legislador en la eventualidad de que éste acometiera la supresión de la figura o su vaciamiento de contenido"[399], la garantía constitucional "ofrece basamento para algo más que una limitación de la libre disponibilidad del legislador respecto de la figura: ofrece fundamento para una exigencia constitucional de dotación de contenido a estas instituciones constitucionalmente reguladas"[400]. La garantía institucional opera en un plano reactivo, la garantía constitucional, sin embargo, contiene unas exigencias que desbordan el mero mandato de no transgredir la institución y aseguran que la institución garantizada pueda, efectivamente, cumplir con los objetivos asignados por el texto constitucional a los entes locales. Introduce, por tanto, una pretensión normativa de materialización efectiva fácticamente verificable.

La tesis de la garantía constitucional de la autonomía local fue expresamente rechazada por el profesor Luciano Parejo Alfonso, el cual, propugnó que la nueva garantía constitucional no añadía nada nuevo. Con ocasión de la crítica a la nueva técnica ideada por el profesor García Morillo, defendió que el problema de la garantía institucional en España era que su recepción y su aplicación no se había ligado al contexto constitucional en que operaba. "Ocurre que no puede alcanzar todas sus potencialidades cuando (como ha venido sucediendo hasta ahora) juega como técnica aislada, de forma independiente del contexto constitucional del que forma parte y sobre el trasfondo de una interpretación y un manejo de la norma fundamental que no ha extraído aún, ni mucho menos, todas las consecuencias que de ésta derivan en punto a la posición de la Administración local en la estructura del Estado y a su función en este"[401]. Según Parejo, la garantía institucional iba más allá de un contenido reactivo, pues lanzaba un

399 *Ibidem*, p.36

400 *Ibidem*, p.36 y 37.

401 Luciano Parejo Alfonso, *Constitución, municipio y garantía... op.cit*, pp. 154 y 155.

mandato hacia el legislador ordinario y también cubría el plano competencial[402].

Esto no es lo que razonó la doctrina mayoritaria, en el seno de la cual tuvo una gran acogida la nueva teoría de la garantía constitucional de la autonomía local, que fue posteriormente perfilada por los expertos en la materia. Sirvan como ejemplo las opiniones de Javier García Roca, quien afirma que "acierta, por tanto, GARCÍA MORILLO cuando se pregunta ¿cuál es el contenido mínimo de la autonomía local constitucionalmente garantizado? y no encuentra respuesta manejando la idea de garantía institucional. Esta técnica no permite identificar siquiera el interés local, menos aún un ámbito mínimo de actuación, ni, por supuesto, clarificar las competencias locales o la suficiencia de sus recursos. Carece de virtualidad alguna para exigir del legislador una actividad legislativa positiva"[403]. Asimismo, las de Francisco Caamaño Domínguez, para el que "precisamente, porque ya nadie duda de la naturaleza política de la autonomía constitucionalmente garantizada a municipios, islas y provincias, también es generalizada en la doctrina la insatisfacción producida por su caracterización como garantía institucional. Al margen de la denuncia constante de lo inadecuado que resulta explicar la realidad de nuestras entidades locales mediante la figura de la garantía institucional, son muchas las propuestas que se han formulado para remediar esa situación"[404]. O también las de María Teresa Salvador Crespo: "Desde esta teoría, es la Constitución y no la ley la que determina el ámbito de actuación de un ente territorial, si bien a esta última corresponde su desarrollo y concreción. La ventaja es que desde la teoría de la garantía constitucional se limita al legislador ordinario de forma más eficaz a como lo hacía la teoría de la garantía institucional y se evita la paradoja apuntada anteriormente de que sea el pro-

---

402 *Ibidem*, p.175.

403 Javier García Roca, "El concepto actual de autonomía local...", *op.cit*, p.41

404 Francisco Caamaño, *op.cit*, p. 171

pio legislador el que se convierta en el garante de la autonomía local"[405].

Schmitt-Jortzig en la formulación de la garantía institucional advertía sobre el papel fundamental que tenía la justicia constitucional en la aplicación de esta teoría. En el caso español, actualmente, nuestro Tribunal Constitucional ya ha fijado su criterio acerca de la autonomía local y del haz competencial mínimo que asegura la Constitución que, en todo caso, no se corresponde con la teoría ideada por García Morillo. Admitir la posibilidad de que la autonomía local pueda reducirse al mínimo constitucionalmente garantizado, sin determinar cuál es ese mínimo, no se adecúa a la teoría de la garantía constitucional, ni a esa posible expansión de la garantía institucional que protege, también, la existencia de la democracia local, de un grueso de asuntos sometidos a la decisión del municipio como ente democrático. La garantía institucional se ha interpretado, desde su recepción en España, como una técnica cuya aplicación defiende a la autonomía ante la posibilidad de no ser vaciada por completo. De ahí que resulte congruente con el criterio jurisprudencial sobre la constitucionalidad de ciertas disposiciones legislativas especialmente agresivas para con el principio de autonomía local, como la LRSAL.

5.2. EL CONFLICTO EN DEFENSA DE LA AUTONOMÍA LOCAL

5.2.1. Regulación

Tal y como veníamos comentando, el conflicto en defensa de la autonomía local fue introducido en nuestro ordenamiento jurídico mediante la *Ley Orgánica 7/1999, de 21 de abril, de modificación de la Ley Orgánica 2/1979, de 3 de octubre, del Tribunal Constitucional,* con

---

[405] María Teresa Salvador, *La autonomía provincial…op.cit.*, p. 76. 0

el fin de ofrecer a las entidades locales una vía para la defensa específica de la autonomía local ante el Tribunal Constitucional, alineándose con las previsiones del artículo 11 CEAL. La regulación del nuevo procedimiento se estableció en el Capítulo IV del Título IV LOTC.

En la LOTC se especifica, en primer lugar, el objeto del conflicto. Éste se puede plantear frente a normas del Estado con rango de ley o disposiciones con rango de ley de las Comunidades Autónomas, siempre y cuando lesionen la autonomía local constitucionalmente garantizada (art. 65 *bis*).

En segundo lugar, en cuanto a la legitimación, se abren tres posibilidades. La primera, en el caso de que la ley impugnada afecte a un único municipio o a una única provincia, tales entidades estarán legitimadas individualmente para plantearlo. Opción que raramente se dará en nuestro ordenamiento. La segunda, prevista para el ámbito municipal, si la disposición impugnada fuese más amplia y no afectase solo a un municipio estarán legitimados para plantear el conflicto un número de municipios que supongan, al menos, un séptimo de los existentes en el ámbito territorial de aplicación de tal disposición y que, además, representen como mínimo un sexto de la población oficial del ámbito territorial de aplicación de la disposición. Si nos pusiésemos en el caso de un recurso planteado en relación con una norma que afectase a todo el territorio nacional, necesitaríamos el acuerdo para plantear el conflicto de 1.162 municipios aproximadamente (un séptimo de 8.132) que, como mínimo, representasen a 8.115.468 habitantes (un sexto de la población total del país). Y, la tercera, respecto del ámbito provincial que, en el mismo caso, estarán legitimadas para plantear el conflicto un número de provincias que supongan, al menos, la mitad de las existentes en el ámbito territorial de aplicación de la disposición con rango de ley y que, además, representen como mínimo la mitad de la población (artículo 65.*ter*.1). Si nos situamos en el mismo ejemplo que con el caso anterior, esto es, que la disposición impugnada haga referencia a una ley de ámbito nacional, necesitaríamos el acuerdo de 21 Diputaciones provinciales (de las 41 existentes en España), que representasen, al menos, un total de 24.346.402 habitantes.

En tercer lugar, para iniciar el procedimiento, se necesitará cumplir con los requisitos adicionales. De un lado, el acuerdo por mayoría absoluta del número legal de miembros del órgano plenario de las corporaciones locales. Y, de otro, tras la obtención del acuerdo, será preceptivo (aunque no vinculante) la solicitud de un dictamen del Consejo de Estado u órgano consultivo equivalente en la Comunidad Autónoma de que se trate (artículo 65 *ter* 2.). La solicitud del dictamen deberá realizarse dentro del plazo de tres meses siguientes al día de la publicación de la ley impugnada. En el precepto no se especifica quien ha de solicitar el dictamen. La ley impele a los municipios a llegar a un acuerdo entre ellos para la realización de tal solicitud sin que medie exigencia sobre el municipio promotor desde el plano jurídico. Una vez recibido el dictamen, el conflicto podrá plantearse ante el Tribunal Constitucional dentro del mes siguiente, acreditando el cumplimiento de los anteriores requisitos (art. 65 *quater*).

Planteado el conflicto, el artículo 65 *quinquies* prevé la posibilidad de que el Tribunal inadmita el conflicto por falta de legitimación, porque la controversia esté notoriamente infundada o por otros requisitos exigibles y no subsanables. En caso de ser admitido, habrá de dar traslado a los órganos legislativo y ejecutivo de la Comunidad Autónoma de la cual hubiese emanado la ley y, en todo caso, a los órganos ejecutivo y legislativo del Estado, en el término de diez días. Éstos deberán personarse y formular alegaciones en el plazo de veinte días.

Aunque la sentencia recaída en el asunto declarará la titularidad de la competencia controvertida (en caso de que ese sea el objeto del conflicto) y, asimismo, si se ha vulnerado la autonomía local, ello no comportará en ningún caso la declaración de inconstitucionalidad de la ley que haya dado lugar al conflicto, pues para ello se requiere una nueva sentencia si el Pleno decide plantearse la cuestión tras la resolución del conflicto dado que no estamos ante un recurso de inconstitucionalidad.

5.2.2. Nulos resultados

Han transcurrido más de veinte años desde la entrada en vigor de la *Ley Orgánica 7/1999, de 21 de abril, de modificación de la Ley Orgánica 2/1979, de 3 de octubre, del Tribunal Constitucional.* En ese periplo se han promovido 31 conflictos en defensa de la autonomía local, de los cuales, tan solo 12 han sido resueltos por sentencia. Ninguna de estas sentencias ha estimado el conflicto y, por ende, ninguna ha tutelado a la autonomía de los entes locales recurrentes. Los 19 conflictos restantes han sido inadmitidos, rechazados o desestimados mediante auto. Los datos lo dicen todo: lo intentan pocos y ninguno lo consigue.

En 2006 el TC se pronunció, por primera vez en el seno de este procedimiento, en la STC 240/2006, que fue desestimatoria. En 2008, tuvo lugar un segundo pronunciamiento, en el cual, declaró extinguido el conflicto por pérdida sobrevenida del objeto (STC 47/2008, de 11 de marzo). En 2012 tuvo lugar el tercer conflicto en defensa de la autonomía local en España, que fue inadmitido y desestimado por la STC121/2012. El cuarto se produjo en 2013, cuando la STC 142/2013, de 11 de julio inadmitió parcialmente el conflicto y declaró, en lo que respectaba al resto, la pérdida sobrevenida del objeto. En 2014 se publicaron cuatro sentencias adicionales, correspondientes a la quinta, sexta y séptima sentencia dedicada al conflicto en el seno del alto Tribunal. Las tres (SSTC 37/2014, de 11 de marzo; 95/2014, de 12 de junio y 132/2014, de 22 de julio) fueron desestimatorias. En 2015 el TC se pronunció por octava vez sobre el conflicto en defensa de la autonomía local mediante la STC 92/2015, de 14 de mayo, que declaró parcialmente extinto el conflicto por desaparición sobrevenida del objeto y desestimó las demás pretensiones aducidas por las entidades recurrentes. En los años 2016 y 2017 se publicaron 4 sentencias que se sumarían a las anteriores, e incidirían en la misma línea, dos en 2016 y otras dos en 2017. La primera sentencia de 2016 (STC 27/2016, de 18 de febrero) inadmitió el conflicto, y la segunda (STC 152/2016, de 22 de septiembre) inadmitió parcialmente y desestimó el conflicto en todas las demás pretensiones. En 2017, la STC 65/2017, de 25 de mayo declaró extinguido el conflicto por pérdida sobrevenida del objeto y la STC 107/2017, de 21 de septiembre desestimó parcialmente el conflicto y declaró extinguida parcialmente la impugnación.

De los resultados expuestos se desprende que la introducción del conflicto en defensa de la autonomía local en la LOTC, y su entrada en vigor, no han reportado ningún avance en la protección de la autonomía local. Es muy significativo que ninguna de las sentencias recaídas haya estimado el correspondiente conflicto, lo cual demuestra su inoperatividad. Entre el año 1999 y el año 2023 (año en el que se interpuso el último conflicto en defensa de la autonomía local) (Auto del Tribunal Constitucional 485/2023 de 24 de octubre) se sucedieron distintas reformas en el régimen local especialmente restrictivas para con el principio de autonomía local como, por ejemplo, lo fue la promulgación de la LRSAL. Había motivos de peso para considerar que el legislador estaba traspasando los límites constitucionales y, aun así, el conflicto en defensa de la autonomía local no sirvió como dique de contención.

5.2.3. Abundantes críticas

La poca operatividad del conflicto se sustenta tanto en problemas de forma, dada la configuración del procedimiento a partir del cual las entidades locales han de recurrir al Tribunal Constitucional, como en problemas de fondo, en lo que concierne a la postura sobre la autonomía local adoptada por el TC. Los dos primeros aspectos sobre los que nos detendremos a continuación competen a esta primera categoría de defectos, los de forma. Por último, prestaremos atención al que creemos que supone un obstáculo insalvable: el criterio del Constitucional acerca de la autonomía local. Estas dificultades han de interpretarse, además, teniendo en cuenta las problemáticas intrínsecas a la realidad local española, a las cuales, ya hemos tenido ocasión de referirnos a lo largo de estas páginas.

5.2.3.1. Legitimación

El artículo 75 *ter* LOTC ofrece varias posibilidades. En el apartado a) del mentado precepto se admite la concurrencia de legitimación activa en el caso de que una entidad local sea destinataria única de una ley que invada su autonomía. Aunque poco habitual, este es un supuesto que puede darse, tal como constata el *iter* de conflictos interpuestos, de entre los cuales, 4 de las 12 sentencias recaídas en la tramitación de estos procedimientos se instaron con base a esta previsión (SSTC 142/2013; 37/2014; 95/2014 y 132/2014), todas ellas frente a leyes autonómicas. La experiencia nos demuestra que este supuesto está previsto, sobre todo, para eventuales vulneraciones de la autonomía local que pudieran derivarse del ejercicio del legislador autonómico, bien por el particular objeto sobre el que recae la norma (urbanismo, medio ambiente ordenación del territorio, etc.), o bien por el ámbito territorial de aplicación de ésta (un concreto término municipal)[406].

Sirva como botón de muestra el caso de ya la mentada STC 142/2013, en la cual el ayuntamiento del municipio vallisoletano de Santovenia de Pisuerga interpuso el conflicto en defensa de la autonomía local contra la *Ley de las Cortes de Castilla y León 9/2002, de 10 de julio, sobre declaración de proyectos regionales de infraestructuras de residuos de singular interés para la Comunidad,* cuyo destinatario único era el citado ayuntamiento. En el re-

---

[406] Francisco Caamaño Domínguez, "Sin vueltas... No es operativo" en Antonio López Castillo y Antonio Arroyo Gil (dirs.), *Garantías y límites de la autonomía local* (Madrid: Fundación democracia y gobierno local, 2022): p. 153.

curso, el ayuntamiento alegó que la mentada Ley autonómica vulneraba la autonomía local en lo que respectaba a la toma de decisiones de éste sobre el ámbito material de urbanismo y defensa del medio ambiente en la localidad. Tal como relata la STC 142/2013, la recalificación urbanística del suelo desapoderaba al ayuntamiento de su competencia en materia de otorgamiento de licencias urbanísticas y medioambientales sobre ciertas actividades. Y, además, se denunciaba que en el procedimiento administrativo para la aprobación de los proyectos regionales el ayuntamiento ni siquiera había tenido oportunidad de participar. Pese a ello, la autonomía local del municipio promotor del conflicto no fue tutelada.

En los supuestos en los cuales la entidad local no sea destinataria única de la ley, se necesita reunir una serie de exigencias mucho más rigurosas para que se entienda que el ente está legitimado para interponer tal conflicto. En este sentido, es pertinente recordar el rol que ha venido desempeñando la legislación estatal y la legislación autonómica en materia de régimen local. En nuestro ordenamiento jurídico y, de acuerdo con el criterio del Tribunal Constitucional, las posibilidades de regular el régimen local por el legislador estatal son mucho más amplias que aquellas de las que dispone el legislador autonómico (e incluso el estatutario). Una ley proveniente del legislador estatal rara vez va a venir dedicada a una única entidad local, a diferencia de una ley autonómica. Por tanto, con base a la primera posibilidad de legitimación activa, la conclusión es lógica. Existen más posibilidades de interponer el conflicto frente a la legislación autonómica que frente a la legislación estatal, pese a que sea el legislador estatal el que más probablemente pueda conculcar el principio de autonomía local, como se ha demostrado en la práctica.

Los apartados b) (respecto de los municipios) y c) (respecto de las provincias) del artículo 75 *ter* LOTC confirman lo anterior. Tanto para el caso de los municipios como para el caso de las provincias se requieren requisitos en una doble vertiente. Por una parte, habrá de reunirse un número mínimo de municipios (al menos, un séptimo de los existentes) o, en su caso, de provincias (al menos, la mitad de las existentes) en el ámbito de aplicación de la ley para poder interponer el conflicto. Ya hemos expuesto el número de municipios, de provincias y de población que se requerirían para reunir los requisitos de legitimación frente a una disposición de ámbito nacional. El altísimo número de municipios, junto con la dispersión demográfica existente en el país, que se concentra en pequeñas porciones de territorio, imposibilita, prácticamente, reunir tales exigencias.

Si nos situamos en el criterio demográfico de legitimación requerido en un posible conflicto planteado frente a una ley nacional, acumulado al necesario acuerdo de los plenos de los ayuntamientos promotores del conflicto, dado que se necesitaría que tales ayuntamientos aglutinasen, al menos, un sexto de la población total del país (es decir, 8.115.468 habitantes), no bastaría con la concurrencia de todos los municipios castellanoleonenses, castellanomanchegos y extremeños. Habida cuenta de que las Comunidades Autónomas de Castilla y León, Castilla – La Mancha y Extremadura, juntas, no reúnen la cifra poblacional requerida. Tal es la exigencia que, ni con las plantas locales de estas tres Comunidades Autónomas, que son muy extensas y ocupan buena parte del territorio español, se estimaría suficiente para alcanzar la legitimación prevista en la regulación de este recurso.

Para que el recurso prospere, además, será necesario el previo acuerdo en el pleno de las corporaciones locales (artículo 75. *ter.* 2.) con voto favorable de la mayoría absoluta del número legal de miembros de las mismas, aspecto que puede dificultar la adhesión de algunas entidades locales a la interposición del conflicto por motivos políticos, pues "en la práctica, la valoración acerca de si existe una efectiva injerencia de la ley en la autonomía local dependerá, fundamentalmente, de la mayoría política existente y de su correlación con la mayoría autonómica o estatal que haya aprobado la ley de cuya constitucionalidad se duda"[407].

---

[407] *Ibidem,* p.154.

Una vez recabado el acuerdo en el Pleno, y antes de la formalización del conflicto, se necesita, además, un requisito ulterior para valorar la procedencia del recurso, el dictamen del Consejo de Estado u órgano consultivo de la Comunidad Autónoma (artículo 75 *ter.* 3.). Este dictamen no es vinculante, pero sí preceptivo, y la LOTC no dispone que tal dictamen haya de recibirse en un plazo determinado. El Consejo de Estado, u órgano consultivo de la Comunidad Autónoma, puede tardar tanto como estime sin necesariamente incurrir en un incumplimiento del precepto.

Por otra parte, para la legitimación no basta con el litisconsorcio activo necesario de las entidades locales, sino que, adicional y paralelamente, éstas deberán contar con un número mínimo de habitantes para que proceda su legitimación activa en el proceso. Así, se recoge en el artículo 75 *ter* LOTC que, en el caso de los municipios, éstos deberán reunir como mínimo un sexto de la población oficial del ámbito territorial correspondiente, y en el caso de las provincias un mínimo de la mitad de la población oficial. Esta exigencia adicional supone un impedimento real y denota un absoluto desconocimiento de la realidad local española. Pensemos en supuestos como el de Extremadura, Comunidad Autónoma compuesta por dos provincias, donde las diferencias provinciales en relación con la demografía son bastante acusadas dado que el fenómeno de la despoblación es considerablemente mayor en la provincia de Cáceres que en la provincia de Badajoz. O, téngase en cuenta lo que sucede en Aragón, donde la provincia de Huesca y la de Teruel reúnen un tercio de la población total de la Comunidad Autónoma, pues la mayor parte de sus habitantes se aglutinan en Zaragoza. Esto significa que, si no concurre la voluntad política de los entes más poblados, aquellos que estén menos poblados, pese a suponer la mitad o más del territorio al que afecta la norma, no podrán ser resarcidos por el Tribunal Constitucional, ante la eventual vulneración de su autonomía.

Las dificultades reseñadas llevaron a las Diputaciones provinciales de Almería, Granada, Málaga y Cádiz a interponer un conflicto en defensa de la autonomía local para proteger la autonomía de sus municipios, y no la suya propia. La necesidad de auxilio de sus entes locales, junto con las funciones que otorga el ordenamiento jurídico a las Diputaciones como entes de asistencia a sus municipios, llevaron a tales provincias a recurrir ante Tribunal Constitucional en relación con *el Decreto-ley del Consejo de Gobierno de la Junta de Andalucía 5/2012, de 27 de noviembre, de medidas urgentes en materia urbanística y para la protección del litoral de Andalucía.* Esta posibilidad fue categóricamente descartada por el Tribunal Constitucional en la STC 27/2016, en la cual, inadmitió el conflicto por ausencia de legitimación activa de las corporaciones locales promotoras porque la disposición discutida no tenía una incidencia directa en su ámbito de atribuciones, esto es, la vulneración de los intereses locales en juego no eran provinciales, sino municipales (FJ4). Detalle que imposibilitaba a las provincias para promover legitimación activa en relación con la disposición impugnada. Atendiendo a los exigentes requisitos determinados por la norma, y comparándolos con la práctica local española, esta es una opción que el legislador debería haber contemplado en la regulación del conflicto en defensa de la autonomía local, simplemente por una cuestión de operatividad de la norma. El Tribunal Constitucional, en este caso, rechazó la legitimidad de las Diputaciones porque éstas no han sido expresamente configuradas por el legislador orgánico como sujetos habilitados para la interposición del conflicto, en nombre o representación de sus municipios.

5.2.3.2. Plazos, efectos y alcance del procedimiento

Los impedimentos principales con los que se encuentran las entidades locales a la hora de formular un conflicto en defensa de la autonomía local, además de los requisitos de legitimación, son dos: los plazos y el alcance de la propia sentencia.

En lo que respecta a los plazos para interponer recurso resulta especialmente relevante comparar este conflicto con el procedimiento previsto para interponer recurso de inconstitucionalidad, a la vista de la pérdida sobrevenida del objeto de algunos conflictos por haberse adelantado la resolución de algunos recursos de inconstitucionalidad previamente. Ambos procedimientos, el del conflicto en defensa de la autonomía local y el del recurso de inconstitucionalidad, se han de presentar en un plazo de 3 meses (con las salvedades que presenta el artículo 33.2 LOTC) desde la publicación de la ley eventualmente vulneradora; plazo que dará comienzo al *iter* procedimental.

En el caso del recurso de inconstitucionalidad, a los tres meses desde la publicación de la disposición impugnada se deberá formalizar el recurso, el Tribunal Constitucional lo admitirá o inadmitirá, y posteriormente se pronunciará sobre el fondo del asunto. En ese plazo se necesitará expresar, mediante la demanda presentada ante el TC, “las circunstancias de identidad de las personas u órganos que ejercitan la acción y, en su caso, de sus comisionados, concretar la Ley, disposición o acto impugnado, en todo o en parte, y precisar el precepto constitucional que se entiende infringido” (art.33.1. LOTC). No existe, por tanto y con carácter general, ningún requisito ulterior establecido en el procedimiento de tramitación del recurso que pueda retrasar la formalización del procedimiento en el plazo de tres meses. Las exigencias de motivación son internas, dependen de los recurrentes y no necesitan que medie el ejercicio externo de ninguna otra entidad o autoridad adicional. Es decir, los tres meses son reales.

No ocurre así con el recurso en defensa de la autonomía local. Los tres meses previstos en la norma no se establecen para formalizar el recurso, sino para solicitar el dictamen del Consejo de Estado u órgano consultivo de la correspondiente Comunidad Autónoma. Dentro de esos tres meses desde la publicación de la disposición eventualmente vulneradora se deberá llegar a un acuerdo en el seno del órgano plenario de las corporaciones (que pueden ser, eventualmente, más de mil), y solicitar el mentado dictamen. La norma no exige un plazo para que el Consejo de

Estado o el órgano consultivo correspondiente se pronuncie. Por lo tanto, podrá tardar tanto como estime oportuno sin infringir las exigencias del procedimiento. En la práctica nunca tardan menos de dos meses[408]. Tras la recepción del dictamen, las entidades locales legitimadas deberán formalizar el conflicto en el plazo de un mes. Por lo tanto, el cómputo final para la tramitación del conflicto y su recepción en sede del TC es de 6 meses aproximadamente, y no de 3.

Tal y como ha constatado el profesor Tomás Font i Llovet, la consecuencia de los plazos estipulados para cada uno de ambos procedimientos es que el conflicto en defensa de la autonomía local siempre "llega tarde", "una vez ya se han admitido a trámite uno o varios recursos de inconstitucionalidad contra la misma ley, que son tramitados y resueltos con preferencia"[409]. Sucedió, por ejemplo, con el recurso de inconstitucionalidad formulado por la Comunidad Autónoma de Extremadura que fue resuelto mediante la STC 41/2016 y con el conflicto en defensa de la autonomía local recaído en la STC 107/2017. Ambos se interpusieron contra la LRSAL, que fue la disposición común impugnada por ambos procedimientos. En el primer caso, el recurso de inconstitucionalidad llegó al Tribunal Constitucional el 24 de marzo de 2014, y en el segundo caso, el conflicto en defensa de la autonomía local fue recibido el 30 de junio del mismo año. Los tres meses de diferencia y la prioridad en la tramitación del primero produjeron la desestimación y extinción parcial del ob-

---

408 Puede constatarse en la compilación de conflictos en defensa de la autonomía local publicada por el Ministerio de Política Territorial y Administración Pública del Gobierno de España, disponible en: https://www.hacienda.gob.es/Documentacion/Publico/SGT/CATALOGO_SEFP/161_Conflictos_defensa_aut_local_99-11-INTERNET.pdf [Fecha de última consulta: 05/07/2023]. Es algo que pone de relieve Tomás Font i Llovet, "La escasa (o nula) operatividad del conflicto en defensa de la autonomía local", en Antonio López Castillo y Antonio Arroyo Gil (dirs.), *Garantías y límites de la autonomía local* (Madrid: Fundación democracia y gobierno local, 2022): p. 126.

409 *Idem.*

jeto del recurso. De ahí el acierto de pronunciamientos como el del profesor Caamaño Domínguez, pues "si un ente local considera que una ley estatal o autonómica invade su capacidad de autogobierno, tiene muy difícil su defensa. Le caben tres posibilidades: utilizar la correa de transmisión del partido e intentar que 50 diputados o senadores la impugnen mediante un recurso de inconstitucionalidad; promover una acción contra el acto de aplicación de la ley ante la jurisdicción contencioso-administrativa y sugerir al órgano judicial que eleve una cuestión de inconstitucionalidad; o, finalmente, interponer un conflicto en defensa de la autonomía local ante el Tribunal Constitucional. En términos estadísticos, tendrá más posibilidades de llegar al fondo del asunto eligiendo cualquiera de las dos primeras vías"[410].

Al margen de los plazos estipulados por la norma, el alcance de la sentencia en el caso de un recurso de inconstitucionalidad y en el caso de un conflicto en defensa de la autonomía local no es el mismo. El artículo 75 *quinquies* LOTC dice que "la sentencia declarará si existe o no vulneración de la autonomía local constitucionalmente garantizada, determinando, según proceda, la titularidad o atribución de la competencia controvertida, y resolverá, en su caso, lo que procediere sobre las situaciones de hecho o de derecho creadas en lesión de la autonomía local". En el primer supuesto previsto por la norma, el único expresamente recogido, se da por hecho que el objeto de la pretensión será un conflicto competencial. Sobre el segundo supuesto, el de resolver lo que proceda sobre situaciones de hecho o de derecho, no tenemos ningún antecedente sobre el que podamos pronunciarnos, dado que, todavía ningún conflicto en defensa de la autonomía local ha sido estimado. Lo que sí sabemos es que su alcance no es el mismo que el del recurso de inconstitucionalidad. Esto se infiere de la propia norma, pues el artículo 75 *quinquies* LOTC recoge la posibilidad de una ulterior declaración de inconstitucionalidad de la ley que haya dado lugar al

---

410 Francisco Caamaño Domínguez, "Sin vueltas…" *op.cit,* p.152.

conflicto, solo "si el Pleno decide plantearse la cuestión tras la resolución del conflicto declarando que ha habido vulneración de la autonomía".

Si nos situamos en el (muy) hipotético caso de que las entidades locales correspondientes consigan recabar los restrictivos requisitos de legitimación correspondientes, ajustarse a los plazos marcados por la norma sin que recaiga ningún recurso de inconstitucionalidad anterior en la tramitación del procedimiento con el mismo objeto, y finalmente el Tribunal Constitucional estime la petición de los recurrentes, la consecuencia de la sentencia será meramente declarativa. El Tribunal Constitucional, adicionalmente, "resolverá, en su caso, lo que procediere". Pero, en vistas su criterio, podemos afirmar sin demasiada temeridad que su elevación al Pleno será difícil; pese a que sería la opción óptima, pues ello podría conllevar la declaración de inconstitucionalidad de la disposición impugnada, que es lo que realmente produciría efectos protectores sobre el principio de autonomía local.

5.2.3.3. El obstáculo insalvable: la interpretación constitucional de la autonomía local

Al margen de las trabas procedimentales en la tramitación del conflicto en defensa de la autonomía local, existe un obstáculo insalvable que ha sido reiterado por la doctrina y compartido en estas páginas: la interpretación del Tribunal Constitucional sobre la autonomía local. No es nada nuevo. Desde los inicios de su jurisprudencia en la materia, el Tribunal Constitucional adoptó un criterio poco promotor de la autonomía local, que no cambió tras la reforma de la LOTC y la entrada en vigor del conflicto en defensa de la autonomía local en nuestro ordenamiento jurídico. Los obstáculos procesales, el rigor en su exigencia y la realidad local sobre la que opera la norma han tenido como consecuencia una ínfima afluencia de conflictos planteados. Los pronunciamientos de fondo, en el seno de los pocos conflictos que han llegado a formalizarse, han sido ampliamente criticados en sede doctrinal porque se han reducido a reiterar la doctrina ya asentada sobre la garantía institucional y la doctrina de la participación, sin realizar esfuerzos ulteriores.

Las sentencias recaídas en los conflictos, en su mayor parte, han resuelto pretendidas intromisiones del legislador autonómico en materias que tienen un claro interés local, tal y como expresa la propia LRBRL (artículos 25 y 26): urbanismo (SSTC 142/2013; 37/2014, 27/2016), medio ambiente (STC 95/2014), gestión de residuos y abastecimiento de aguas (SSTC 95/2014; 152/2016), y modificación de términos municipales (STC 132/2014). Basta con aplicar la doctrina de la participación para salvar la constitucionalidad de la disposición impugnada. Se admite sistemáticamente la existencia de un interés supralocal y la participación, del modo que sea, del ente local en alguna parte del procedimiento. Se aplica, con carácter programático la garantía institucional y la autonomía se reduce al mínimo indispensable, un mínimo que, además, es de libre configuración por el legislador, y de libre valoración por el Tribunal Constitucional, dados los silencios de nuestra norma suprema. La garantía institucional, a fecha de 2006, cuando el Tribunal se pronunció por primera vez en el seno de este procedimiento, ya había sido ampliamente criticada. Mantener este criterio en un recurso específico que articula una vía de defensa para la autonomía local resulta poco conveniente desde el prisma municipalista porque anula, casi por completo, las posibilidades de tutela de la autonomía local en virtud de tal recurso y tiene, por consiguiente, serias consecuencias para la democracia local.

El conflicto en defensa de la autonomía local es, en definitiva, inoperante, tanto en forma como en fondo. Ni es sencillo cumplir con todos los requisitos procedimentales exigidos por la norma, en vistas a la realidad local española, ni aun cumpliéndolos está claro que se vaya a tutelar la autonomía del ente recurrente. De hecho, está más claro lo contrario. En los casos donde la transgresión de la autonomía sea más flagrante, como lo fue la promulgación de la LRSAL, probablemente se adelante a la formalización del conflicto el planteamiento de un recurso de inconstitucionalidad donde las entidades locales no tendrán ocasión de pronunciarse y su autonomía podría tratarse de un modo subsidiario. En los demás casos, si la vulneración de la autonomía local no es grave, el Tribunal Constitucional tendrá suficiente margen de discrecionalidad para aplicar la doctrina de la participación y salvar, de este modo, la constitucionalidad de la medida impugnada.

Conclusiones

Las potencialidades democráticas del municipio han sido unánimemente constatadas por las teorías políticas más influyentes en nuestra historia política y constitucional. La democracia local y el municipio como institución básica donde la misma se practica han actuado como premisas de reiterada aparición y de confluencia de los postulados teórico-políticos más dispares desde la antigüedad hasta la actualidad. Esta lógica es especialmente visible en los planteamientos contemporáneos que pretenden afrontar el cada vez más extendido individualismo imperante en las sociedades modernas, que a menudo desemboca en una disociación del bien individual y del bien del resto de la comunidad a la cual pertenece el ciudadano. A la luz de aquellos, la escala municipal constituye el espacio de confluencia entre lo institucional y lo comunitario, nivel óptimo para para cultivar la afección y el cuidado de lo público, la recuperación de esa comunidad de iguales que nos convierte en seres cívicos y políticos, y que nos integra en un mismo proyecto común.

Aquellas potencialidades que fueron constatadas por los planteamientos más clásicos, y también por los más recientes que se sitúan a la vanguardia de la teoría política y democrática, pueden verificarse, no sin sus claroscuros, en el marco de nuestros actuales municipios. Pese a no estar exento de problemáticas que a menudo impiden la materialización de un verdadero autogobierno municipal, el municipalismo que promueve nuestro texto constitucional dispone de importantes aptitudes y fortalezas de cara a consolidar el principio democrático en nuestro país, dada la existencia de factores como la cercanía de los ayuntamientos a la ciudadanía, la más sencilla comprensión de los asuntos que se gestionan en su seno o la facilidad para establecer sinergias comunicativas entre los equipos de gobierno municipales y el cuerpo político vecinal, entre otros.

La democracia local necesita un soporte teórico-constitucional para poder materializarse, pues esta no existe por sí misma, sino que, como el ser virtuoso en la teoría comunitarista, constituido el Estado democrático y afianzado el principio de descentralización del poder político, está en potencia para su consolidación en sede del municipio. En nuestro Estado constitucional ese soporte lo constituye la autonomía local, pues es ésta la que da cuerpo a la democracia en dicho nivel, la que le brinda un objeto sobre el cual poder decidir y le asegura que lo decidido finalmente llegará a término.

Sin embargo, el tratamiento de la autonomía de las localidades españolas, junto con la dependencia y yuxtaposición de la democracia local respecto de la autonomía local, ha restado muchas posibilidades a la materialización del principio democrático en España, en toda su potencialidad. Desde la misma génesis del municipio constitucional en 1812, la falta de atención hacia lo local y la ausencia de adaptación de la norma suprema a las posibilidades reales de los municipios españoles provocaron la asunción de numerosos errores cuya resolución es todavía una tarea pendiente para el constitucionalismo patrio. En el periodo decimonónico España fue receptora, al igual que el resto de los países europeos, de la teoría francesa del *pouvoir municipal*, mínimamente pergeñada en la Francia prerrevolucionaria, consolidada tras la Revolución Francesa y ampliamente difundida por Europa mediante el código napoleónico. La teoría francesa no fue la única que trató de articular una formulación teórica sobre la autonomía local, pero sí fue la pionera y marcó una pauta para las siguientes, sobre todo en el ámbito occidental europeo. Así se desprende del estudio de la *Selbstverwaltung* en Alemania, del *Selfgovernment* en Inglaterra, de la *autonomie locali* en Italia y de la *Home Rule* estadounidense.

La autonomía local francesa tuvo gran calado en la primera experiencia constitucional española. La Constitución de 1812 reprodujo la teoría del *pouvoir municipal*, con sus ventajas y excesos, y le añadió elementos propios de la organización del municipio premoderno español, pues en España, la autonomía entendida como autogestión de los intereses municipales existió mucho antes de su formulación en un plano más teórico o formal. La entidad territorial que ahora comprendemos como municipio, en la Baja y Alta Edad Media, era algo similar a una asociación vecinal que resolvía los problemas comunes y cotidianos de los vecinos del municipio. La experiencia gaditana supuso un punto de inflexión para las entidades locales en nuestra historia, tanto por ser la primera Constitución española, como, derivado de lo anterior, por ser la que marcó el rumbo de las subsiguientes.

Durante las primeras décadas de andadura del constitucionalismo español existía un reto prioritario a la consolidación de la autonomía local: la extensión del constitucionalismo y del municipio constitucional. La planta local española era un caos de unidades territoriales que habían de homogeneizarse en unas mismas estructuras tras la entrada en vigor de la Constitución de 1812. Y, para la consolidación de la autonomía local, primero había de consolidarse una estructura territorial mínimamente homogénea. Este aspecto es perfectamente visible en el estudio del periodo comprendido entre el Trienio Liberal en España hasta 1843. El municipio constitucional se expandió por todo el territorio nacional como nueva fórmula institucional del liberalismo burgués frente a las anquilosadas estructuras del Antiguo Régimen, a las que sustituyó, dando lugar, como consecuencia de la recepción de la mentada fórmula francesa, a un desmesurado número de municipios en España. Pero, la consolidación de la autonomía local no era (todavía) un objetivo, sobre todo en los periodos de marcada centralización como el que coincidió con la regencia de María Cristina de Borbón. Y así se comprobó, además, con las reformas del régimen local que recayeron sobre la provincia, cuyo principal propósito fue asegurar la presencia del Estado en todo el territorio nacional por medio de ésta, lo que provocaba una situación incompatible con la eventual autonomía de cualquier ente territorial al margen del Estado central.

Estas circunstancias junto con la coyuntura política del país no permitieron realizar demasiados avances respecto de la autonomía municipal, y la democracia local, hasta el Sexenio Revolucionario y la proclamación de la I República española. Los textos constitucionales surgidos a raíz de estos acontecimientos históricos introdujeron sustanciales avances respecto de ambos principios, el democrático y el de autonomía en el plano local, en el marco del constitucionalismo español. Las tendencias pendulares, hacia la centralización y la descentralización de un modo alterno, junto con el fenómeno del caciquismo en la larga restauración borbónica no aseguraban que los progresos alcanzados en fechas anteriores hubieran llegado para quedarse. Durante esta etapa fueron especialmente relevantes para nuestro municipalismo las malogradas contribuciones de Maura en 1903 y 1907, y de Calvo Sotelo con el Estatuto Municipal de 1924. Ambos proyectos tuvieron una vida muy limitada dadas las circunstancias históricas en las cuales se plantearon, sin perjuicio de que más tarde sus esfuerzos se vieran reconocidos, pues ambos se tomaron como textos de referencia para el régimen local español.

El estallido de la guerra civil española en 1936 y la dictadura franquista hicieron desaparecer la autonomía local hasta la reapertura del debate sobre el autogobierno local en la transición hacia la democracia. El mundo rural fue el más perjudicado en el periodo comprendido entre 1936 y 1978, debido al permanente e inaudito éxodo poblacional y a la apuesta política por un modelo de hiperconcentración demográfica. La caída del régimen franquista trajo consigo la apertura del proceso constituyente de 1977, en el cual, las entidades locales no ocuparon un papel protagonista. La recuperación de la autonomía local y de la descentralización política en las Cortes constituyentes de 1977 dieron una nueva oportunidad al municipalismo con la vigente Constitución de 1978. Para entonces, ya existían entidades intermedias entre el Estado y los municipios. El municipalismo y la incidencia política del municipio en nuestro país fue perdiendo peso paulatinamente hasta llegar a los debates constituyentes de 1977 y 1978, en los cuales, el protagonismo de las entidades intermedias iría relegando a la autonomía local en nuestro modelo territorial. Había un nuevo país por construir, y un nuevo modelo territorial con representación de numerosas fuerzas políticas en el debate constituyente, que optaron por concentrar sus esfuerzos sobre el modelo territorial en el genuino Estado Autonómico. Los silencios del debate constituyente sobre lo local se reflejaron en el texto definitivo. Encontramos poca atención, poca concreción y pocas garantías para las entidades locales en la Constitución de 1978.

Tras la entrada en vigor del actual texto constitucional el principio de autonomía local (140 CE) y el principio de suficiencia financiera de las haciendas locales (142 CE) fueron condenados a naufragar en la incerteza. A la falta de concreción constitucional se añadió una completa ausencia de garantías para el cumplimiento de ambos principios, lo que suponía entregar prácticamente su entera delimitación al legislador (sobre todo al estatal). Desde los primeros años de andadura de nuestra democracia, el Tribunal Constitucional asumió una importante función configuradora de las teorías de garantía del principio de autonomía local, así como una función interpretativa acerca de qué ente territorial tenía la competencia para entrar a regular el régimen local.

A partir de 1981, año en que comenzó a sentarse la jurisprudencia constitucional en la materia, la autonomía local, y también la democracia local y el municipalismo, fueron perdiendo peso como principios constitucionales. El municipio comenzó a situarse como tercero espectador de una disputa entre Comunidades Autónomas y Estado, ambos a la pugna por la regulación del régimen local. La concatenación de una restrictiva jurisprudencia y las intromisiones de los demás niveles de gobierno en lo local provocaron el paulatino abandono de un proyecto de verdadera democracia municipalista. Pese a que creemos que nuestro texto constitucional se dirige a la consecución de un proyecto municipalista y democrático (137, 140 y 142 CE), para que nuestra democracia sea municipalista, primero hemos de asegurar que el municipio pueda decidir con total libertad y sobre los asuntos y ámbitos de su interés. Y, tras 1981 el municipio dejó, cualitativa y cuantitativamente, de decidir con la potencialidad que habría caracterizado a la adjetivación de una democracia como municipalista.

Así, la perspectiva con la que se abordó la regulación del régimen local en España no estuvo guiada por el prisma municipalista. Aunque, de esta tónica generalizada dejamos al margen a la CEAL, cuya propia dicción y naturaleza laminaron sus posibilidades de aplicación y justiciabilidad en España. La falta de tal perspectiva es fácilmente constatable en la LRBRL, elaborada en virtud del título competencial del Estado para desarrollar las bases del régimen jurídico de las administraciones públicas (art. 148.1. 18ª CE), cuyo contenido, pretendidamente básico, abarca la regulación de tan numerosos aspectos que coarta el ulterior desarrollo por otros actores a cargo de la regulación del régimen local, y lo hace, además, con una defectuosa técnica legislativa. Y lo mismo se presume de las medidas legislativas realizadas en nuestro país como consecuencia de la introducción del principio de estabilidad presupuestaria y sostenibilidad financiera (art.135 CE), como la LOEPSF y la LRSAL. Los conflictos suscitados a raíz del choque frontal entre el mentado principio y la autonomía local pusieron de manifiesto que la autonomía local (137, 140 y 142 CE) y la democracia local no eran prioritarias, e incluso, que el legislador podía, sin incurrir en vicio de inconstitucionalidad, reducirlas al mínimo como consecuencia de nuestra pertenencia a un "sistema constitucional basado en el principio democrático" (STC 41/2016, FJ3). A raíz de los pronunciamientos del Tribunal Constitucional en los conflictos suscitados en 2016 asistimos a un vaciamiento de la democracia local en nombre del principio democrático.

Es más discutible que esta fuera la perspectiva de la regulación estatutaria del régimen local, pues tras la oleada de reformas sucedidas entre el 2006 y el 2011, varias Comunidades Autónomas se situaron al frente de la garantía del principio de autonomía local. Actitud que era y es controvertida porque, a partir de entonces, en la escala autonómica comenzaron a convivir dos situaciones contradictorias e irreconciliables. Por una parte, al menos, formalmente, éstas quisieron proteger la autonomía de sus municipios. Pero, por otra parte, éstas no articulaban mecanismos financieros adecuados, en consonancia con sus responsabilidades constitucionales derivadas del art. 142 CE, que permitieran a sus municipios alcanzar la suficiencia financiera, que es por todos comprendida como prerrequisito para alcanzar su autonomía política y administrativa y, por tanto, para asegurar que una serie de asuntos importantes puedan ser democráticamente decididos en sede del municipio. Derivado de lo anterior, lo más razonable es admitir que las Comunidades Autónomas también convinieron en que la autonomía local merecía ser tratada como un título competencial, que se encontraba en disputa entre éstas y el Estado. Las CCAA, realmente, también querían regular el régimen local y la garantía de tal principio podía eventualmente ser utilizada como moneda de cambio para la consecución de su objetivo, sin que la materialización de la autonomía y democracia locales tuviesen demasiado peso en las decisiones y acciones emprendidas por el nivel autonómico.

En todo este periplo de regulación del régimen local, al margen de las pocas, pero claras previsiones constitucionales en la materia de acuerdo con las cuales los entes locales son gestores políticos y democráticos de lo público, tuvo una especial repercusión la ausencia de garantías constitucionales que permitiera a tales entes reivindicar aquello que era (y que es) suyo. El conflicto en defensa de la autonomía local, que es la única posibilidad reactiva de la que disponen los municipios españoles, cuenta con una regulación tan exigente y tan poco adaptada a la realidad del (infra)municipalismo español, que nunca supuso una alternativa real para que estos entes encontrasen una tutela suficiente en sede de la justicia constitucional. A este respecto hay añadir que el criterio de nuestro Tribunal Constitucional nunca fue especialmente garantista para con el principio de autonomía local. En muchas ocasiones el supremo intérprete de la Constitución se encontró con asuntos cuya interpretación, fuera la que fuese, sería controvertida, como sucedió con la célebre sentencia del estatuto catalán (STC 31/2010). Ahora bien, no encontramos en la jurisprudencia del Constitucional sobre el régimen local, y más concretamente, en lo que concierne a la delimitación de la autonomía local, una evolución parangonable a la que se ha producido en la doctrina sobre la determinación de las implicaciones democráticas y políticas de la materialización del principio de autonomía local en nuestro constitucionalismo.

Todas las problemáticas reseñadas en el curso del análisis sobre la democracia y autonomía locales en esta obra nos invitan a reflexionar sobre el futuro del régimen local en España. La supervivencia de nuestros municipios como entes territoriales gestores de poder político es cada día más difícil desde nuestro actual ordenamiento jurídico. Esta situación deficitaria, a la que aquí nos hemos referido con el término inframunicipalismo, nos impele a proponer reformas desde el prisma municipalista y en beneficio de una democracia local, con el fin último de contribuir a un funcionamiento más democrático de nuestro Estado, y también de nuestro país.

Bibliografía

Aguiar, Fernando y Navarro, Clemente J. "Democracia y participación. Ciudadanía en los municipios: ¿un mercado político de trastos?". *REIS: Revista Española de Investigaciones Sociológicas* n.º 91 (2000): 89-114.

Albi, Fernando. "Las derivaciones inmediatas de la crisis del municipalismo". *Revista de Estudios de la Vida Local* n.º 150 (1966): 801-869

Albi, Fernando. *La crisis del municipalismo.* Madrid: Instituto de estudios de la Administración local, 1966.

Alonso Rocafort, Víctor. "Garrath Williams (Ed.): Hannah Arendt. Critical Assessments of Leading Political Philosophers. Routledge, London, New York, 2006". *Foro interno: anuario de teoría política* n.º 7 (2007): 224-227.

Alonso Rocafort, Víctor. "La libertad de movimiento en Hannah Arendt". *Revista de estudios políticos* n.º 145 (2009): 33-64.

Alonso Rocafort, Víctor. "Lo que Hannah Arendt llamaba democracia". En Antonio Robles Egea (coord..) (*et.al*) *La buena democracia: claves de su calidad*, pp.175-202. Granada: Universidad de Granada, 2012.

Álvarez García, Vicente. "Las reglas constitucionales sobre la interiorización del régimen local en los Estatutos de Autonomía de segunda generación y la problemática naturaleza jurídica de la Ley Reguladora de las Bases del Régimen Local". *Revista Española de Derecho Constitucional* n.º 99 (2013): 61-97.

Álvarez Junco, José. *Mater Dolorosa: la idea de España en el siglo XIX.* Madrid: Taurus, 2001.

Alzaga Villaamil, Oscar. *Comentario sistemático a la Constitución española de 1978.* Madrid: Marcial Pons, 2016.

Aragón Reyes, Manuel. "El tratamiento constitucional de la Autonomía local". En Ministerio de Hacienda e Instituto de Estudios Fiscales (edit.) *Organización territorial del Estado (administración local) [Jornadas de Estudio]* Vol. I, pp. 463-495. Madrid: Ministerio de Hacienda, Instituto de Estudios Fiscales, 1985.

Arendt, Hannah. *Los orígenes del totalitarismo.* Madrid: Alianza, 2006.

Arendt, Hannah. *Sobre la revolución.* Madrid: Alianza, 2023.

Aristóteles. *La Política.* Edición 26ª, 8ª Impresión. Barcelona: Austral, 2021.

Bagni, Silvia. “Fraternidad como principio epistemológico del derecho constitucional interno y comparado”. *Revista general de derecho público comparado* n.° 20 (2017).

Barron, David J. “Reclaiming Home Rule”. *Harvard Law Review* Vol.116, n. ° 8 (2003): 2255-2386.

Bayón Mohíno, Juan Carlos. “¿Democracia más allá del Estado?”. *Isonomía: Revista de teoría y filosofía del derecho* n.° 28 (2008): 27-52.

Bel i Queralt, Germà. *España, capital París. Origen y apoteosis del estado radial: del Madrid sede cortesana a la "capital total"*. Barcelona: Destino, 2010.

Beuchot, Mauricio. “Santo Tomás de Aquino: del gobierno de los príncipes”. *Revista Española de Filosofía Medieval* n.° 12 (2005): 101-108.

Blanco Valdés, Roberto L. *El valor de la Constitución.* Madrid: Alianza, 2006.

Bobbio, Norberto. *Liberalismo y democracia.* México: Fondo de Cultura Económica, 2018.

Bobbio, Norberto. *Teoría general de la política.* Madrid: Trotta, 2009.

Bocanegra Sierra, Raúl. “Nueva configuración de la tutela sobre las Corporaciones locales”. *Documentación Administrativa (DA)* n.° 182 (1979): 367-394.

Caamaño Domínguez, Francisco M. *Democracia Federal: apuntes sobre España.* Madrid: Turpial, 2014.

Caamaño Domínguez, Francisco. “Autonomía local y constitución. Dos propuestas para otro viaje por el callejón del gato”. *Revista española de Derecho Constitucional* n.° 70 (2004): 161-188.

Caamaño Domínguez, Francisco. “Sin vueltas... No es operativo”. En Antonio López Castillo y Antonio Arroyo Gil (dirs.), *Garantías y límites de la autonomía local,* pp. 149-160. Madrid: Fundación democracia y gobierno local, 2022.

Calderó, Albert y Zafra, Manuel. “El gobierno municipal, del voluntarismo a la gobernanza”. *Gestión Y Análisis De Políticas Públicas (GAPP)* n.° 25 (2002): 95-100.

Carbonell Porras, Eloísa. “Las competencias locales diez años después de la LRSAL”. *Revista de Estudios de la Administración Local y Autonómica* n.° 19 (2023): 8-28.

Carro Fernández-Valmayor, José Luis. “El debate sobre la autonomía municipal”. *Revista de Administración Pública* n.° 147 (1998): 59-96.

Carro Fernández-Valmayor, José Luis. “El régimen local alemán. Una introducción general”, *Anuario del Gobierno Local* n.° 1 (2005): 223-246.

Cicerón, M. Tulio. *Sobre la República.* Madrid: Gredos, 1991.

Cidoncha Martín, Antonio. "El significado constitucional de la autonomía local". En Antonio López Castillo y Antonio Arroyo Gil (dirs.), *Garantías y límites de la autonomía local,* pp. 59-96. Madrid: Fundación democracia y gobierno local, 2022.

Cidoncha Martín, Antonio. "La Ley Reguladora de las Bases del Régimen Local como ley de garantía de la autonomía local". En Manuel Aragón Reyes (*et.al*) (dir.), *La Constitución de los españoles estudios en homenaje a Juan José Solozabal Echavarría,* pp. 519-536. Madrid: Centro de Estudios Políticos y Constitucionales: Fundación Manuel Giménez Abad de Estudios Parlamentarios y del Estado Autonómico, 2019.

Comellas, José Luis. *La restauración como experiencia histórica.* Sevilla: Athenaica, 2018.

Constant, Benjamin. *Curso de Política Constitucional.* Traducción de Marcial Antonio López. Madrid: Imprenta de la Compañía, 1820.

Constant, Benjamin. *Principios de política aplicables a todos los gobiernos.* Madrid: Katz, 2010.

Cooper, John F. "The Citizen Initiative Petition to Amend State Constitutions: A Concept Whose Time Has Passed, or a Vigorous Component of Participatory Democracy at the State Level?". *New Mexico Law Review* núm. 28 (1998): 227-269.

Correa y Zafrilla, Pablo. *Pi y Margall. La federación. Discurso pronunciado ante el Tribunal de imprenta en defensa del periódico federalista La Unión, y otros trabajos acerca del sistema federativo, precedidos de una noticia biográfica del autor* (Madrid: Imprenta de Enrique Vicente, 1880). Este trabajo se encuentra disponible para su consulta online en el depósito de investigación de la Universidad de Sevilla. Puede consultarse en el siguiente enlace: https://idus.us.es/bitstream/handle/11441/114680/file_1.pdf?sequence=1 [Fecha de última consulta 14/02/2024]

Dahl, Robert y Tufte, Edward R. *Size and democracy.* California: Standford University Press, 1973.

De Aquino, Tomás. *Comentario a La Política de Aristóteles.* Traducción de Ana Mallea. Pamplona: Eunsa, 2001.

De Azcárate, Gumersindo. *El self-Government y la monarquía doctrinaria.* Madrid: Librerías de A. de San Martin, 1877.

De Cabo Martín, Carlos. *Desigualdad real y constitucionalismo crítico.* Madrid: Exedra: 2021.

De Cabo Martín, Carlos. *La crisis del Estado social.* Barcelona: Promociones y Publicaciones Universitarias, PPU, 1986.

De Cabo Martín, Carlos. *Pensamiento crítico, constitucionalismo crítico.* Madrid: Trotta, 2014.

De Castro, Concepción. *La Revolución Liberal y los municipios españoles (1812-1868).* Madrid: Alianza, 1979.

De la Quadra-Salcedo y Fernández del Castillo, Tomás. "Corporaciones locales, reforma de los estatutos y competencias estatales". En Alberto Luis Ruiz Ojeda (coord.) *El gobierno local: estudios en homenaje al profesor Luis Morell Ocaña,* pp. 397-452. Madrid: Iustel, 2010.

De la Vallina Velarde, Juan Luis. "Potestad organizatoria y autonomía local". *Revista de estudios de la administración local y autonómica (REALA)* n.º 255-256 (1992): 517-548.

De Lucas, Javier. *Nosotros, que quisimos tanto a Atticus Finch. De las raíces del supremacismo, al Black Lives Matter.* Valencia: Tirant lo Blanch, 2020.

De Pansey, M. Henrion. *Poder Municipal,* trad. Elías Acosta. Caracas: Imprenta de F. Antonio Álvarez, 1851.

De Sousa Santos, Boaventura. *Reinventar la democracia. Reinventar el Estado.* Quito: Abya-Yala, 2004

De Tocqueville, Alexis. *La democracia en América.* Barcelona: RBA, 2005.

De Vega, Pedro. *La reforma constitucional y la problemática del poder constituyente.* Madrid: Tecnos, 1985.

Del Molino, Sergio. *La España vacía. Viaje por un país que nunca fue.* Madrid: Turner, 2016.

Díaz de Liaño y Argüelles, Fernando. "Poder municipal y democracia". *Documentación administrativa* n.º 183 (1979): 27-72.

Díaz, Elías. "Aranguren: Ética y Política". *Revista Internacional de Pensamiento Político, II Época,* Vol.3 (2007): 165-192.

Díaz, Elías. *Estado de Derecho y sociedad democrática.* Madrid: Taurus, 2010.

Domènech, Antoni. *El eclipse de la fraternidad.* Madrid: Akal, 2019.

Durán García, Francisco Javier. "La suficiencia de medios en la Ley 3/2019, de 22 de enero, de garantía de la autonomía municipal de Extremadura". En Enrique Ortega Burgos (dir.) *Derecho Administrativo 2020.* Valencia: Tirant lo Blanch, 2020.

Durán García, Francisco Javier. *La fusión de municipios como estrategia.* Madrid: Dykinson S.L, Colección Derecho Administrativo, 2016.

Embid Irujo, Antonio. "Autonomía municipal y constitución: aproximación al concepto constitucional y significado de la declaración constitucional de autonomía municipal". *Revista de Derecho Administrativo* n.º 30 (1981): 437-470.

Entrena Cuesta, Rafael. "Comentario al artículo 142 de la CE". En F. Garrido Falla, (dir.) *Comentarios a la Constitución,* 3ª edición. Madrid: Civitas, 2001.

Entrena Cuesta, Rafael. *Los movimientos centralizadores en Inglaterra.* Madrid: Instituto de Estudios de la Administración Local, 1960.

Esteve Pardo, José. "Garantía institucional y/o función constitucional en las bases del régimen local". *Revista Española de Derecho Constitucional* n.° 31 (1991): 125-150.

Fenichel Pitkin, Hanna. *El concepto de representación.* Madrid: Centro de estudios políticos y constitucionales, 1985.

Fernández Farreres, Germán. "La posición de la Carta Europea de la Autonomía Local en el sistema de fuentes del Derecho español: una reflexión crítica". En Francisco Caamaño Domínguez (coord.) *La autonomía de los entes locales en positivo: la carta europea de la autonomía local como fundamento de la suficiencia financiera,* pp. 39-52. Madrid: Fundación Democracia y Gobierno Local, 2003.

Ferrajoli, Luigi. *Derechos y garantías. La ley del más débil,* trad. Andrea Greppi y Perfecto Andrés Ibáñez. Madrid: Trotta, 2019.

Ferreiro Lapatza, Juan José. "Principios constitucionales informantes de la hacienda local". En *Organización territorial del Estado (administración local)* Vol.1., pp. 203-221. Madrid: Instituto de Estudios Fiscales, 1985.

Fon i Llovet, Tomás. "Reforma básica y desarrollo del gobierno local: entre Estado y comunidades autónomas". *Anuario del Gobierno Local* n.° 1 (2002): 13-40.

Font i Llovet, Tomás y Galán Galán, Alfredo. "Gobierno local y Estado autonómico: la vida sigue... ¿igual?". *Anuario de Gobierno Local* n.°1 (2010): 13-64.

Font i Llovet, Tomás. "La escasa (o nula) operatividad del conflicto en defensa de la autonomía local". En Antonio López Castillo y Antonio Arroyo Gil (dirs.), *Garantías y límites de la autonomía local,* pp. 115-147. Madrid: Fundación democracia y gobierno local, 2022.

Font y Llovet, Tomás. "De la autonomía local al poder de las ciudades". En Rielaborazione dell'intervento al Convegno «Autonomie regionali e locali tra passato, presente e futuro. Convegno in memoria del Prof. Luciano Vandelli», Bologna, 15-16 novembre 2019, organizzato dalla SPISA–Scuola di Specializzazione in Studi sull'Amministrazione Pubblica e dalla AIPDA–Associazione Italiana Professori di Diritto Amministrativo, in collaborazione con il Reale Collegio di Spagna in Bologna. Disponible en: https://www.regione.emilia-romagna.

it/affari_ist/rivista_S_2019/Font.pdf [Fecha de última consulta: 26/11/2023]: 117-121.

Ford Rhodes, James. *History of the United States from the Compromise of 1850 to the Final Restoration of Home Rule at the South in 1877, Vol.II (1854-1860).* New York: The Macmillan Company, 1914.

Fournié, François. *Recherches sur la décentralisation dans l'oeuvre de Maurice Hauriou.* Paris: L.J.D.J, 2005.

Fraser, Nancy. *Scales of Justice. Reimagining political space in a globalizing world.* Oxford: Polity Press, 2008.

Fuentetaja Pastor, Jesús Ángel. "Marco constitucional de la Administración local". En Marta Lora-Tamayo Vallvé (dir.) *Manual de Derecho local,* pp. 95-130. Madrid: Iustel, 2020.

Fukuyama, Francis. *Identidad: la demanda de dignidad y las políticas de resentimiento.* Barcelona: Deusto, 2019.

Galán Galán, Alfredo. "El reparto del poder sobre los Gobiernos locales: Estatuto de Autonomía, Tribunal Constitucional e interiorización autonómica del régimen local". *Anuario del Gobierno Local* n.° 1 (2010): 97-159.

Galán Galán, Alfredo. "La reforma constitucional de la autonomía local: una asignatura todavía pendiente". En Antonio López Castillo y Antonio Arroyo Gil (dirs.), *Garantías y límites de la autonomía local,* pp. 13-25. Madrid: Fundación democracia y gobierno local, 2022.

García de Enterría, Eduardo. "Turgot y los orígenes del municipalismo moderno". *Revista de administración pública (RAP)* n.° 33 (1960): 79-110.

García de Enterría, Eduardo. *Revolución Francesa* y *Administración contemporánea.* Madrid: Taurus, 1981.

García Fernández, Javier. "Derecho constitucional y entidades locales. Sistema de fuentes y autonomía como fundamentos constitucionales básicos del derecho local". *Parlamento y Constitución, Anuario* n.° 6 (2002): 228-233.

García Fernández, Javier. "El municipio y la provincia en la Constitución de 1812". *Revista de Derecho Político* n.° 83 enero-abril (2012): 419-472.

García Fernández, Javier. "Henrion de Pansey. Municipalista doctrinario". *Revista de Estudios Políticos* (Nueva Época) n.° 68 (1990): 321-341.

García Macho, Ricardo Jesús. "La autonomía municipal y su protección en la Ley de Bases de Régimen Local". *Revista de administración pública* n.° 109 (1986): 413-426.

García Morillo, Joaquín. "La versatilidad de lo básico". *Revista de Administración Púbica* n.° 139 (1996): 125-152.

García Morillo, Joaquín. *La configuración constitucional de la autonomía local.* Madrid: Marcial Pons, 1998.

García Pelayo, Manuel. "Teoría social de la fisiocracia". *Moneda y crédito* n.º 31 (1949): 18-43.

García Pelayo, Manuel. *Inédito sobre la Constitución de 1978.* Madrid: Tecnos, 2021.

García Roca, Javier. "El concepto actual de autonomía local según el bloque de la constitucionalidad". *Revista de Estudios de la Administración Local y Autonómica (REALA)* n.º 282 (enero-abril, 2000): 23-70.

García Roca, Javier. "Un bloque constitucional local conforme al principio de subsidiariedad (un desarrollo constitucional pendiente)". *Revista de estudios de la administración local y autonómica (REALA)* n.º 294-295 (2004): 13-66.

García Rojas, José Adrián. "La administración local en el constitucionalismo histórico español". *Anales de la Facultad de Derecho* n.º 19 (2002): 23-40.

Genschmar, Klaus. *Die Preußische Städteordnung des Freiherrn vom Stein vom 19.11.1808.* Clingen: GRIN Verlag, 2003.

Giannini, Massimo Severo. "Autonomia". *Rivista Trimestrale di Diritto Pubblico* Vol. II (1951): 851-883.

Gil Soldevilla, Josué. "Una reflexión en torno al concepto de libertad como no-dominación en Walzer y Pettit". *Enfoques* Vol. XVI, n.º 2 (2004): 141-150.

Gil Villegas, Francisco. "Descentralización y democracia: una perspectiva teórica". En José Luis Méndez (edit.), *Lecturas básicas de administración y políticas públicas* pp. 337-374. México: El Colegio de México, 2000.

Gneist, Rodolfo. *L'amministrazione e il diritto amministrativo inglese,* Parte Prima. Torino: Unione tipografico-editrice, 1896.

Gneist, Rudolph. *Selfgovernment, Kommunalverfasung und Verwaltungsgesichte in England.* Berlín: J. Springer, 1871.

Gönnenwen, Otto. *Derecho municipal alemán.* Madrid: Instituto de estudios de la Administración Local, 1967.

González Cadenas, Diego. "El control judicial de las reformas constitucionales impulsadas y aprobadas en los estados de Estados Unidos mediante mecanismos de democracia directa". *Anuario Iberoamericano de Justicia Constitucional* n.º 25, Vol. 2 (2021): 457-484.

González Sánchez, Manuel. "Reflexiones sobre la autonomía o suficiencia financiera de las corporaciones locales según la Constitución española". *Revista de Estudios de la Administración Local y Autonómica (REALA)* n.° 229 (1986): 97-118.

Goodnow, Frank.J. "Municipal Home Rule". *Political Science Quaterly,* Vol.21, n.° 1 (1906): 77-90.

Goodnow, Frank.J. *Municipal Home Rule. A Study in Administration.* New York: Macmillan and Co. And London,1895.

Guerra Sesma, Daniel. *El pensamiento territorial de la segunda república española: estudio y antología de textos.* Sevilla: Athenaica, 2016.

Guerrero Vázquez, Pablo. *Freno constitucional al endeudamiento y descentralización política.* Zaragoza: Fundación Manuel Giménez Abad de Estudios Parlamentarios y del Estado Autonómico, 2020.

Guerrero, Omar. *La teoría de la administración pública.* Colección de textos universitarios en ciencias sociales. México: HARLA UNAM,1986.

Hahn, Erich. "Rudolf Gneist and the Prussian Rechtsstaat: 1862-78". *The Journal of Modern History* Vol. 49, n°4 (1977): 1361-1381.

Hauriou, Maurice. *Precís de droit administratif et de droit public.* París: Dalloz, 2002.

Jefferson, Thomas. *Political Writings.* Cambridge: Cambridge University Press, 2004.

Jiménez Asensio, Rafael. "La reforma local: primer análisis de la Ley de racionalización y sostenibilidad de la administración local: contexto, elementos estructurales y algunas pautas interpretativas para la aplicación de un marco normativo complejo". *Anuario aragonés del gobierno local* n.° 5 (2013): 281-328.

Jordana de Pozas, Luis. "La previsible alteración de nuestra división territorial". *Revista de Estudios de la Vida Local* n.° 155 (1967): 641-660.

Knemeyer, Franz-Ludwig. "Autonomía Municipal para el fortalecimiento de la Democracia". *THEMIS: Revista de Derecho* n.° 3 (1985): 5-12.

Knemeyer, Franz-Ludwig. "Autonomía Municipal para el fortalecimiento de la Democracia". *THEMIS: Revista de Derecho* n.° 3 (1985): 5-12.

Larmore, Charles. "A Critique of Philip Pettit's Republicanism". *Philisophical Issues.* Vol. 11, *Social, Political, and Legal Philosophy* (2001): 229-243.

Llombart Rosa, Vicent A. "El valor de la fisiocracia en su propio tiempo: un análisis crítico". *Investigaciones de Historia Económica,* Vol.5, n.° 15 (2009): 109-136.

López Aguilar, Juan Fernando. "De la constitución «irreformable» a la reforma constitucional «exprés»". *Teoría y Realidad Constitucional* n.° 29 (2012): 199-218.

López Aranguren, José Luis. *Ética y política.* Barcelona: Orbis, 1987.

López Guerra, Luis María. *Introducción al Derecho Constitucional.* Valencia: Tirant lo Blanch, 1994.

López Ramón, Fernando. "Políticas ante la fragmentación del mapa municipal". *Revista de Estudios de la Administración Local y Autonómica (REALA)* n.° 313-314 (2010): 67-104.

MacIntyre, Alasdair. *Tras la virtud.* Barcelona: Austral, 2013.

Marazuela Bermejo, Almudena. "El principio de autonomía local en el Constitucionalismo español". *Asamblea: Revista parlamentaria de la Asamblea de Madrid* n.° 8 (2003): 215-278.

Marion Young, Iris. *La justicia y la política de la diferencia.* Madrid: Cátedra, 2000.

Martín Martín, Sebastián, Gordillo Pérez, Luis Ignacio y Vázquez Alonso, Víctor Javier (dirs.). *Constitución de 1931: estudios jurídicos sobre el momento republicano español.* Madrid: Marcial Pons, 2017.

Martín Mateo, Ramón y Sosa Wagner, Francisco. "Cincuenta años en la Administración Local". *Revista de Administración Pública* n. °150 (1999): 285-316.

Martín Mateo, Ramón. "El gobierno municipal". *Revista de estudios de la administración local y autonómica* n.° 277 (1985): 409-430.

Martín Mateo, Ramón. *El municipio y el Estado en el Derecho alemán.* Madrid: Ministerio de la Gobernación, 1965.

Martín-Retortillo, Cirilo. "La desamortización y los municipios rurales". *Revista de Estudios Agrosociales* n.°6 (1954): 83-96.

Martínez Cuadrado, Miguel y Artola Gallego, Miguel. *Restauración y crisis de la monarquía (1874-1931).* Madrid, Alianza, 1991.

Martínez Fernández, Mateo. "La reforma administrativa de Javier de Burgos y la división territorial militar en Castilla y león. Proceso y criterios diferentes". *Investigaciones históricas: Época moderna y contemporánea* n.°15 (1995): 315-328.

Martins Do Vele, Antonio Manuel. "Republicanismo y Libertad". *Res publica* n.° 9-10 (2002): 189-204.

Maura, Antonio. *Ideario de Don Antonio Maura sobre la vida local (textos y estudios). Homenaje en el primer centenario del nacimiento de un gran español.* Madrid: Instituto de Estudios de la Administración Local, 1954.

Mazzini, Giuseppe. *Pensieri sulla democracia in Europa.* Milano: Feltrinelli, 2010.

Mazzini, Giuseppe. *Repubblica.* Milano: Mimesis, 2011.

Medina Guerrero, Manuel. "La garantía constitucional de la suficiencia financiera de las entidades locales". *Cuadernos de Derecho Local (QDL)* n.° 1 (2003): 38-57.

Meek, Ronald L. *La fisiocracia.* Barcelona: Ariel, 1975.

Mestre i Mestre, Ruth M. (coord.) *Mujeres, derechos y ciudadanías.* Valencia: Tirant lo Blanch, 2008.

Moreno González, Gabriel. *Estabilidad presupuestaria y constitución. Fundamentos teóricos y aplicación desde la Unión Europea.* Valencia: Tirant lo Blanch, 2019.

Moreno González, Gabriel. *La democracia humanista.* Sevilla: Athenaica, 2020.

Muñoz Machado, Santiago. "Informe sobre España". *El Cronista del Estado Social y Democrático de Derecho* n.º 32 (Noviembre) (2012): 4-8.

Muñoz Machado, Santiago. *Tratado de Derecho Administrativo y Derecho Público General, Tomo VIII.* Madrid: Agencia Estatal, Boletín Oficial del Estado, 2015.

Nieto Garrido, Eva. "El estatuto constitucional de los entes locales". En Antonio López Castillo y Antonio Arroyo Gil (dirs.), *Garantías y límites de la autonomía local,* pp. 29-58. Madrid: Fundación democracia y gobierno local, 2022.

Núñez Rivero, Cayetano y García Aranda, Santiago. "La autonomía local en los orígenes del constitucionalismo español (1808-1873)". *Revista de Derecho UNED* n.º 7 (2010): 489-524.

Orduña Rebollo, Enrique. *Historia del municipalismo español.* Madrid: Iustel, 2005.

Ortega Álvarez, Luis Ignacio. "La Carta Europea de la Autonomía Local y el ordenamiento local español". *Revista de Estudios de la Administración Local y Autonómica (REALA)* n.º 259 (1993): 475-498.

Ortega y Gasset, José. *La redención de las provincias y la decadencia nacional.* Madrid: Revista de Occidente, 1931.

Ortiz García, Jordi y Rufo Rey, Miguel Ángel. "Seguridad y prevención del delito en las comunidades rurales de Extremadura: un estudio de caso desde la criminología". *Revista de Estudios Jurídicos y Criminológicos* n.º 7 (2023): 153-185.

Pablos Mateos, Fátima. "El papel de las transferencias autonómicas en el sistema de financiación local de Extremadura desde la perspectiva de la cohesión territorial". En Gabriel Moreno y Fátima Pablos (dirs.) *Reformas de las políticas de solidaridad ante el reto demográfico y territorial,* pp. 81-109. Aranzadi: Pamplona, 2023.

País Rodríguez, Ramón. "Hacienda local". En Marta Lora-Tamayo Vallvé (dir.) *Manual de Derecho local,* pp. 525-570. Madrid: Iustel, 2020.

Parada Vázquez, J. Ramón. "La segunda descentralización: del Estado autonómico al municipal". *Revista de la Administración Pública* n.º 172 (2007): 9-77.

Parada Vázquez, Ramón. "La Administración local en España". En Marta Lora-Tamayo Vallvé (dir.) *Manual de Derecho local,* pp. 25-94. Madrid: Iustel, 2020.

Parejo Alfonso, Luciano y Cosculluela Montaner (dir.) *Garantía institucional y autonomías locales.* Madrid: Instituto de Estudios de Administración Local, 1981.

Parejo Alfonso, Luciano. "La autonomía local". *Revista de estudios de la Administración local y Autonómica (REALA)* n.º 229 (1986): 9-64.

Parejo Alfonso, Luciano. "La región y la legislación histórica de régimen local". En T.R. Fernandez (dir.), R.Calvo (et.al) *I Las autonomías regionales: aspectos políticos y jurídicos.* Madrid: Instituto Nacional de Prospectiva, 1977.

Parejo Alfonso, Luciano. "Relaciones interadministrativas y régimen local". *Revista española de derecho administrativo* n.º 40-41 (1984): 195-230.

Parejo Alfonso, Luciano. *Constitución, Municipio y garantía institucional.* Lima: Grijley, 2000.

Pateman, Carole. *El contrato sexual.* Cambridge: Menades, 2019.

Pavani, Giorgia. *El gobierno local: de los antiguos modelos europeos al nuevo paradigma latinoamericano.* Santiago-Chile: Olejnik, 2019.

Pérez Serrano, Nicolás. *Tratado de Derecho Político.* Madrid: *Civitas,* 1976.

Peterson, Merrill D. "Thomas Jefferson, The Founders, and Constitutional Change". En J. Jackson Barlow, Leonard W. Levy, y Ken Masugi (eds.). *The American Founding: Essays on the Formation of the Constitution* (Westport, Connecticut: Greenwood Press, 1988): 275-291.

Pettit, Philip. *Republicanismo. Una teoría sobre la libertad y el gobierno.* Barcelona: Paidós, 1999.

Pi y Margall, Francisco. *Las nacionalidades.* Madrid: Centro de Estudios Políticos y Constitucionales, 2014.

Posada, Adolfo. *Escritos municipalistas y de la Vida Local.* Madrid: Instituto de Estudios de Administración Local, 1979.

Posada, Adolfo. *Evolución legislativa del Régimen Local en España. 1812-1909.* Madrid: Instituto de Estudios de la Administración Local, 1982.

Proudhon, Pierre Joseph. *El principio federativo.* Buenos Aires: Terramar, 2008.

Quirosa-Cheyrouze y Muñoz, Rafael. "Los Consejos municipales: una nueva articulación del poder local en la retaguardia republicana". *Revista Historia Actual Online (HAOL)* n.º 4 (2004): 115-126.

Ramos Prieto, Jesús. "El necesario desarrollo normativo de la participación en los tributos de las comunidades autónomas". En Gabriel Moreno González (dir.) *Reformas para la cohesión territorial de España,* pp. 183-204. Madrid: Marcial Pons, 2022.

Requejo Pagés, Juan Luis. "El valor de la Carta Europea de la Autonomía Local en el ordenamiento español". En Francisco Caamaño Domínguez (coord.), *La autonomía de los entes locales en positivo: la carta europea de la autonomía local como fundamento de la suficiencia financiera*, pp. 15-38. Madrid: Fundación Democracia y Gobierno local, 2003.

Requejo Pagés, Juan Luis. "Garantía de la autonomía local y estatutos de autonomía". *Anuario del Gobierno Local* n.º 1 (2006): 51-56.

Ridaura Martínez, María Josefa. "La reforma del artículo 135 de la constitución española. ¿Pueden los mercados quebrar el consenso constitucional?". *Teoría y realidad constitucional* n.º 29 (2012): 237-260.

Riera Sagrega, Pedro (*et.al*), "Elecciones municipales en España. La personalización del voto". *Revista Internacional de Sociología* n.º 75 (2017): 1-18.

Rivero Ysern, José Luis. *Manual de Derecho Local*. Sevilla: Instituto Andaluz de Administración Pública, Junta de Andalucía, 1989.

Rodríguez Palop, María Eugenia. "La lucha por lo común. (Re)municipalizar para recuperar lo nuestro". *Cantárida: [revista mensual de Cabezón y Comarca]* n.º 407 (2017): 19.

Rodríguez Palop, María Eugenia. "Los bienes comunes". *Dossieres EsF* n.º 22 (2016): 26-29.

Rodríguez Ruiz, Blanca. *El discurso del cuidado. Propuestas (de)constructivas para un Estado paritario*. Valencia: Tirant lo Blanch, 2019.

Ronsenblatt, Helena. *La historia olvidada del liberalismo*. Barcelona: Crítica, 2020.

Rosanvallon, Pierre. *La sociedad de los iguales*. Barcelona: RBA, 2012.

Rousseau, Jean-Jacques. *El Contrato Social*. Barcelona: Taurus, 2012.

Rubio Llorente, Francisco. *La forma del poder: estudios sobre la Constitución*. Madrid: Centro de Estudios Políticos y Constitucionales, 2012.

Rugge, Fabio. "«Selbstverwaltung». Metamorfosi di una nozione constituzionale nella Germania contemporánea". En Pierangelo Schiera *Le autonomía e l'Europa. Profili storici e comparati*. Bologna: il Mulino, 1993.

Ruiz Cuadrado, Baldomero. "La autonomía local y su defensa ". *Anales de Derecho. Universidad de Murcia* n.º 16 (1998): 207-235.

Ruiz-Rico Ruiz, Catalina. *Reforma de la Administración local y problemática jurídico-constitucional. Experiencias de innovación democrática*. Valencia: Tirant lo Blanch, 2017.

Salvador Crespo, María Teresa y Sanz Arcega, Eduardo. "Las reformas competenciales como reformas de la financiación la ley 27/2013, de 27 de diciembre, de racionalización y sostenibilidad de la Administración Local, como caso de estudio". *Tributos locales,* n.º 126 (2016): 33-39.

Salvador Crespo, María Teresa. "El impacto de la crisis económica en la reforma del Gobierno local en España". *Revista general de derecho público comparado* n.º 15 (2014).

Salvador Crespo, María Teresa. *La autonomía provincial en el sistema constitucional español. Intermunicipalidad y Estado autonómico.* Barcelona: Fundación Democracia y Gobierno Local, Instituto Nacional de Administración Pública, INAP, 2007.

Sánchez Amor, José Ignacio. "Algunas cuestiones sobre la influencia de Martínez Marina en las Cortes de Cádiz". *Revista de Estudios Políticos* (Nueva Época) n.º 62 (1988): 89-129.

Sánchez Ferriz, Remedio. "Restauración y su ley fundamental". Tesis Doctoral, Universitat de València, 1978.

Sánchez González, José Juan. *La Administración Pública como ciencia. Su Objeto y su Estudio.* México: Plaza y Valdés, 2001.

Sánchez Morón, Miguel. *La autonomía local. Antecedentes históricos y significado constitucional.* Madrid: Servicios de publicaciones de la Facultad de Derecho de la Universidad Complutense y Editorial Civitas, 1990.

Sandel, Michael J. *La Tiranía del Mérito.* Barcelona: Debate, 2020.

Schelle, Gustave. *Euvres de Turgot et documents le concernant. Avec Biographie et Notes.* Tome Quatrième. París: Librairie Félix Alcan, 1922.

Sieyès, Enmanuel. *¿Qué es el tercer Estado? / Ensayo sobre los privilegios.* Madrid: Alianza, 2019.

Solozábal Echavarría, Juan José. "El marco estatutario del régimen local". *Revista de Administración Pública* n.º 179 (2009): 9-35

Solozábal Echavarría, Juan José. "Sobre el principio de la separación de poderes". *Revista de estudios políticos* n.º 24 (1981): 215-234.

Sosa Wagner, Francisco. "La autonomía local". *Revista de estudios de la administración local y autonómica (REALA)* n.º 239 (1988): 1351-1362.

Sosa Wagner, Francisco. "La autonomía local". *Revista de Estudios de la Administración Local y Autonómica* n.º 241 (1989): 9-30.

Taylor, Charles. *El multiculturalismo y "la política del reconocimiento".* México: Fondo de Cultura Económica, 2011.

Ubasart-González, Gemma. "Municipalismo alternativo y popular. ¿Hacia una consolidación de las tesis del nuevo localismo y la politización del mundo local?". *Revista de Estudios Políticos (nueva época)* n.º 157 (2012): 135-162.

Vandelli, Luciano (et.al). *Le autonomie territoriali, transformazioni e innovazioni dipo la crisi.* Santarcangelo di Romagna: Maggioli, 2017.

Vandelli, Luciano. "I progetti di riforma dell'ordinamento delle autonomie locali". *Istituzioni del federalismo: rivista di studi giuridici e politici* Extra n.º 2 (2010): 185-196.

Vandelli, Luciano. *El poder Local. Su origen en la Francia Revolucionaria y su futuro en la Europa de las regiones*, trad. Pablo Menéndez García y José Suay Rincón. Madrid: Ministerio para las administraciones públicas, 1992.

Varela Suanzes-Carpegna, Joaquín y Fernández Sarasola, Ignacio (edit.). *Historia constitucional de España.* Madrid: Marcial Pons, 2020.

Varela Suanzes-Carpegna, Joaquín. *Tradición y liberalismo en Martínez Marina.* Oviedo: Caja Rural Provincial de Asturias, 1983.

Velasco Caballero, Francisco. "El gobierno local en la reforma de los estatutos". *Anuario de Gobierno Local* n.º 1 (2004): 121-152.

Velasco Caballero, Francisco. "La planta local de España: criterios para la toma de decisiones". *Anuario de Derecho Municipal* n.º 4 (2010): 25-53.

Velasco Caballero, Francisco. "Nuevo régimen de competencias municipales en el Anteproyecto de Racionalización y Sostenibilidad de la Administración Local". *Anuario de Derecho Municipal* n.º 6 (2012): 23-60.

Velasco Caballero, Francisco. *Derecho local. Sistema de fuentes.* Madrid: Marcial Pons, 2009.

Viciano Pastor, Roberto y González Cadenas, Diego. "La revisión de las constituciones estatales de Estados Unidos: procedimientos y mecanismos de participación ciudana". *Revista d'estudis autonòmics i federals* n.º 32 (2020): 45-76. DOI: https://doi.org/10.2436/20.8080.01.53.

Viciano Pastor, Roberto. *Constitución y reforma de los Estatutos de Autonomía. Procedimientos constitucionales de modificación del Estado autonómico.* Valencia: Tirant lo Blanch, 2005.

Walzer, Michael. *Spheres of Justice. A Defense of Pluralism and Equality.* United States: Basic Books, 1983.

Walzer, Michael. *Sulla tolleranza.* Bari: Gius. Laterza & Figli Spa, 2015.